以新闻的视角写财政

YiXinWen De ShiJiao Xie CaiZheng

CaiZheng XinWen XieZuo

——财政新闻写作

苗福生　著

中国财政经济出版社

图书在版编目（CIP）数据

以新闻的视角写财政：财政新闻写作／苗福生著
—北京：中国财政经济出版社，2012.7
ISBN 978-7-5095-3713-8

Ⅰ.①以…　Ⅱ.①苗…　Ⅲ.①财政－新闻写作
Ⅳ.① G212.2

中国版本图书馆 CIP 数据核字（2012）第 114699 号

中国财政经济出版社出版
URL:http：// www.cfeph.cn
E-mail:jiaoyu@cfeph.cn

社址：北京海淀区阜成路甲 28 号　邮政编码：100142
发行电话：010-88190616
北京中兴印刷有限公司印刷
787×1092 毫米　16 开　22 印张　298 千字
2012 年 8 月第 1 版第 1 次印刷
定价：42.00 元
ISBN 978 － 7 － 5095 － 3713-8/G·0074

序

财政不能自说自话

在全国财政系统，能写文章的人很多，但能写财政新闻的人不多，而能写好财政新闻的人更少。究其原因，可能是财政干部本身没有学习过新闻写作，日常所从事的工作主要是财政业务工作，即便写点东西，也都是一些公文内容，最多写一些调查报告，对新闻这种文体不太熟悉。所以我们经常遇到这样一些情况，有的稿件往往是财政系统的领导已经认真改过的稿子，但是到了报社，还要经过刀砍斧劈，尽管作为机关报已经在新闻操作的标准上做了“妥协”，但是，见报稿件与原来的稿件还是有差距，为什么呢？这与新闻的写作要求有很大关系。

新闻在文体上不仅有自己一套独特的规律，而且在语言表达、思维习惯上也有自己的特色。总之，新闻与公文不是一回事。

财政作为一门专业，多年来形成了自己的一套语言体系，尤其是专业术语多。这些专业术语在圈里人之间流行，大家习惯了，习以为常，但放在财政圈子之外，许多人往往不明白什么意思，不仅普通老百姓不懂，就连审批预算报告的各级人大代表也不懂。这就出现一个问题，虽然财政和大家的利益息息相关，但是大家对许多财政政策却弄不明白。因此，作为大众媒体，宣传财政，就有一个“翻译”的过程。完成这个任务，不仅需要懂财政，而且能够用老百姓的语言讲清楚。

写财政新闻，需要有一定的形象表达能力，这正好和财政干部长期从事的公文写作在思维方式上是拧着的。如果说起草公文是在大量调查研究的基础上，是一个从具体到抽象的过程，那么，财政新闻的写作，则是将政策还原到生活事实的过程。比如，在医疗保障的一项政策文件中规定，受保人要具备哪些条件等，而新闻报道中则一定要采访某一位具体的受保对象对这项政策的感受和评价等。

对于新闻工作者来说，写好新闻不是一件容易的事。但就我自己的体会和观察，我认为，在一般都市类媒体工作，恐怕一个具备一般写作能力的记者在短时间内就能够适应工作，而从事财政报道，没有一定时间的专业学习，则很难适应。我常常看到，新闻素质、文字水平不错的记者，初到财政口，总是找不到新闻，就是给了一个新闻素材和线索，也往往不知从何下手。甚至在我的同事中，因为从事报道的业务分工与财政有比较大的距离，一旦接到财政新闻的报道选题，也感到很有压力。客观地说，报道好财政新闻首先是有一个比较高的门槛。这个门槛，首先要求记者了解财政，同时，由于这些年财政政策变化快，内容多，如果不了解其历史演变和最新的情况，也很难抓住新闻。

随着财政在经济社会生活中的影响越来越大，特别是公共财政理念的不断深入人心，财政新闻越来越受到社会各方面的重视。近几年，我有幸被财政部的一些司局、新闻界同行以及地方一些财政部门邀请作关于财经新闻写作的培训讲座，因为要站在讲台上“答疑解惑”，我便试着将这些年个人在新闻实践中的一些思考、经验等整理成教案。我是不喜欢重复自己的人，至少同样一个题目，讲几次就不想再讲了，总想换一个话题，把自己想说的讲出来。讲的多了，便有了现在书中的绝大部分章节内容。

我没有想过要出这么一本书。但每次讲课后总有学员问我要课件，也有人建议我把讲过的东西整理一下，出本书，还说这也算是填补了财政系统的一个空白什么的，我觉得虽然这话其中多少有些抬举的意思，但也充满了良好的愿望。我从 2011 年开始，利用国庆、春节以及业余时间，窝在家里开始整理，便有了这本书。

新闻是一门操作性、实践性极强的专业，我不太主张讲太多的写作理论。与理论相比，举一些例子，拿出一些案例进行分析，对于希望做好新闻报道的人而言，也许更为实用。正好比学习古典诗词，看多少理论都不如老老实实把唐诗宋词背上几百篇管用。书中的例子主要选自《人民日报》、《中国财经报》与《参考消息》中的一些新闻稿件。上述三份报纸几乎是我每天必读的，尤其《参考消息》是我非常喜欢读的。这里荟萃了西方多家著名媒体的新闻报道。我觉得欧美报纸的新闻写作在生动、鲜活等方面，积累了很多成熟的经验，他们的新闻报道特别值得我们学习、借鉴。而选自《中国财经报》的稿件，因为许多新闻是自己亲身经历，甚至亲自动手操作的，故熟悉且亲切。

书中不仅列举了许多例子，而且还把一部分例子的选题发现与形成过程也一并作了交代，但愿这些过程也能对读者有所启发。

财政新闻，作为新闻中的稀缺产品，需要总结的东西很多，需要探索的东西也很多，需要创新的东西或许更多，我在这里先抛出一块砖，希望能够引出更多更美的玉来。“玉”多了，中国的财政新闻自然也就有些模样了。

苗福生

2012 年 7 月

CONTENTS 目录

第一章　财政新闻有自己的独特规律 …… 1

第二章　寻找新闻线索（上）…… 31

第三章　寻找新闻线索（下）…… 55

第四章　新闻价值判断 …… 86

第五章　财政新闻价值的特性与展示 …… 105

第六章　导语是新闻的独有写作特色 …… 137

第七章　财政立场与专题报道 …… 153

第八章　做好财政新闻策划 …… 183

第九章　角度——找到最佳切入点 …… 223

第十章　标题、背景、语言 …… 243

第十一章　写好短新闻 …… 268

第十二章　写好财政人 …… 282

第一章
财政新闻有自己的独特规律

导　读

任何新闻宣传都有自己的价值取向与价值标准。坚持公平与正义，这是我们做好一切财政宣传的立足点、出发点与归宿点。

贴近财政中心工作的新闻宣传，就是要为各级财政工作创造良好的舆论氛围，为国家长治久安，为民生事业不断发展的国家大局创造一个良好的舆论环境。

将财政这个“圈里人”熟悉的话语习惯，转化成大众听得懂的语言，并且让他们一下子就能弄明白财政出台的一些政策所包含的意义究竟是什么，这是当前财政宣传迫切需要解决的课题。

财政应有大担当

财政人在真正了解了财政的深刻内涵后，财政人的思维要有大格局，要自觉地跳出财政看财政，要以一种崇高的使命感、责任感、自豪感来重新认识财政。

财政逐渐开始重视宣传了。这几年，我有幸受邀在不同场合给财政系统做财政新闻写作培训。财政新闻宣传，有其自身规律，作为现代财政人，我以为，财政干部应该熟悉和熟练掌握财政新闻的宣传与写作，这对于搞好财政工作不仅不矛盾，而且相得益彰。

财政人需要熟悉新闻宣传。但我始终以为，新闻写作不过是“术”而已，在掌握新闻手法的同时，财政人应有更大的抱负与担当。也就是，应当弄清楚为什么要宣传和宣传什么。这是“道”的问题。道是战略，术是战术，战略与战术比，战略更重要。

财政是干什么的？社会上多有误解。人们羡慕你手上管钱的权利，人们称你为“财神爷”；人们见你天天忙于收收支支，人们称你为“账房先生”。

财神爷也好，账房先生也罢，在人们的深层意识里，人们基本把财政定位在一个“财”字上，总之你是和钱打交道的，是管钱的，人们很少把财政和政治联系起来。

不仅社会上的人这样误读财政，实际上，不少财政人也很少自觉地将自己从事的事业与国家政治联系起来。虽然没有觉得自己是什么财神爷，但是，和账房先生也是没有什么差别的。财政人自己把自己做小气了。

实际上，财和政从来都是难以分开的。财政背后是政治，政治历来离不开财政的支持与保障。我国历史上并没有财政这个词，直到清朝末年，从日本引进来的这个专业术语，才开始在我国正式使用。仔细琢磨财政这个词，我以为，再没有另一个词汇可以如此精确地表达财与政之间的紧密关系。

财政是国家的神经。当代西方学者将财政中的预算与政治的关系做这样的描述：预算反映政府的执政目标，反之，政府的一切行为最终都将落实在具体的财政预算上。西方媒体对预算做过这样形象的比喻：所谓预算，就是贴着价格标签的执政目标。

财与政的联系是如此密切，所以当我们将这两个字连在一起，构成

"财政"一词的时候，我们会发现，财与政的关系，就像我们的手心、手背，它是一个不能拆分的生命体。

我们之所以强调财与政这种密不可分的关系，是为了提醒财政人要自觉地跳出财政看财政，要以一种崇高的使命感、责任感、自豪感来重新认识财政。

财政的钱，来自于纳税人的腰包，因此我们称之为公共财政。用公众的钱，办公众的事，就必须确保在进行第二次分配的时候体现公民社会的公平与正义。我想这就是现代财政的真正意义与价值取向。

本文强调的财政人要有大担当，就是这样的担当。眼下我国正处于重大转型时期。所谓转型，就既有面向未来，前景光明的积极一面；也有面临各种社会矛盾纵横交错，一触即发的消极一面。而隐藏在所有矛盾背后的最根本矛盾就是社会贫富差距的不断拉大。

不患寡而患不均，因贫富不均所造成的社会矛盾已经相当严重，由此而引发的社会不满情绪也相当严重，这种不满情绪随时随地可能因一个很小的矛盾而引发为社会群体事件——这样的案例已经很多，因此，本人深感当今财政人的责任重大，必须用好财政资金，在进行第二次分配时，更多地体现公平与正义的国家理念，将更多的财政资金用于民生事业，用于缓解社会矛盾上来。事实上，这些年财政在民生方面，成绩骄人，为老百姓办了许多可以载入史册的大好事。

我希望公平与正义能够真正贯穿于公共财政的具体实践中。要说绩效，公平与正义是衡量财政资金使用绩效的一个重要标准。要说财政人的立场，公平与正义也应是财政人分配财政资金的一个重要立场。

任何新闻宣传都有自己的价值取向与价值标准。坚持公平与正义，这是我们做好一切财政宣传的立足点、出发点与归宿点。

我们的心里有了这样的大格局，我们笔下写出的每一篇财政新闻报道，里面便处处有政治了。

立足财政 面向社会

跳出财政看财政，绝不是简单地停留于口头上的一句话，它是一种思维，是一种习惯，更是对日常生活的观察与体会。它应该渗透在我们从事财政新闻报道人的血液里。

常听一些财政领导说一句话，不能就财政说财政，要跳出财政看财政。这句话强调的就是看问题的视角，改变就财政说财政的思维定势，特别适合财政新闻报道。

就财政写财政，站在新闻人的角度看，这很容易把丰富多彩的财政题材限制死了，最后写出来的报道，只能是财政业务中表面上的收收支支，看山是山，看水是水，这样的新闻毫无新意可言，最终可能就是黑板报，写谁谁看，谁写谁看，完全失去了新闻传播的真正意义。新闻最终要有读者，读者越多，说明影响越大，如果写出来的报道，没有人看，或者很少人看，等于宣布该报道的死亡。这不是我们新闻报道的初衷。

现实中的财政工作生机勃勃，它不仅在贯彻落实国家大政方针方面发挥着重要作用，而且体现在日常生活中，它与我们百姓生活中柴米油盐酱醋茶、生老病死都有着非常直接或间接的关联，只要我们留心观察，政治、经济、社会生活中发生的种种事件，我们都能找到观察问题的财政视角。

仔细品味当初财政部党组创办《中国财经报》的时候，从起报名到办报的定位都是大有深意的。20 世纪 90 年代初期，财政部准备创办一份报纸的时候，有几个报名待定，其中包括有人建议将报纸取名为“中国财政报”，事实上部党组决定最终取名为中国财经报，用意非常明确，财经的范围更广，财经的视野更开阔，虽然是财政部的报纸，但是，这里面包含了跳出财政看财政的深刻内涵。报纸定位的前八个字更是直接明了：立足财政，面向社会。

立足财政，这是一个基本立足点与办报的主线；面向社会，则是将财政的视野指向了社会生活的方方面面。面向社会包含了两个指向，既有财政看社会的意思，也有社会看财政的寓意。这样，财经报的报道思路一下就打开了。

本人曾在一篇文章中提出财政人的视角问题。由于财政作为政府的一个重要综合经济部门，又处于替政府理财这样一个特殊位置，相对而言，财政部门看问题大局观较强，在分配财政资金时，比较重视资金分配的公平与资金使用的绩效。因此，“大局观、公平观、绩效观”，我称之为财政人的基本视角。以此为标准，我们新闻报道立足财政关注的一切社会热点问题，也应体现这样的财政人视角。

立足财政，我们能够看到许多社会热点问题的深层原因，看到别人所看不到的独特视角。例如，当前社会普遍反映的上学难、看病难等问题。既然百姓普遍反映，呼声很高，说明这肯定是个问题。但是，是不是财政投入不够，或者再继续加大财政投入就能如愿以偿顺利地解决问题呢？稍加分析，我们发现，这些年财政在不断地加大投入，以教育为例，这些年国家不仅完全实行了九年义务教育，而且在免除学杂费、增加贫困学生补助、化解普九债务等方面，各级财政对教育的投入可谓空前，可是，为什么投入这么大还是上学难呢？实际上，每个孩子都应该有学上，关键是，现在的父母都希望自己的孩子能够上当地最好的学校，这也就是说，上学难的深层原因，是上优质教育资源的学校难。显然，以财政的视角看，当前所谓的上学难，背后隐藏着巨大的教育资源分配不公的问题。这不是财政可以解决的，但是财政通过调整分配关系也是可以大有作为的。看病难，以及许多其他老百姓关注的社会问题，我们同样可以从财政的视角进行观察，这样既可澄清责任，也可理清思路，为财政更有作为提供参考。

有了大视角，就可以主动去碰一些大题材。以财政的视角来切入，我们会发现，大凡国家的重大决策与举动，背后必有财政的参与。深入采访与挖掘，一定能找到财政人的理财智慧与动人故事。

汶川大地震三周年前夕，各大新闻媒体都深入灾区，报道了汶川灾后重建三年以来发生的翻天覆地的变化。本人和本报的一位同事也深入灾区，见证了发生在灾区重建奇迹中的动人故事。灾区可写的故事很多，那么从财政的视角我们如何写出自己的独家报道呢？我们近一万字的长篇通讯，完全选择了财政的视角。我们从资金的筹措、管理、成效，社会反映以及灾区财政人日日夜夜付出的辛劳，完成了我们全景式的新闻报道，我们的主标题选择了社会关注的焦点——《汶川重生》，而我们的副标题，则选择了自己的角度，谨以此文献给为灾区重建做出贡献的全国财政人。这篇视角独特的长篇通讯不仅在财政系统产生了较好的反应，而且在全国记协众多中央大报的多篇报道中，独树一帜，被收录进了这一年的汶川报道的优秀新闻中。

好新闻，一定是独特的。同样是报道汶川的通讯，因为有了财政的视角，我们形成了自己独特的风格，也丰富了汶川灾后重建的内涵，展示了默默奉献的财政人的风采。

财政的视角，不是抽象的，深入新闻一线，我们的独特视角将为我们带来非常丰富的新闻素材，也因此让我们笔下的报道，有了地气，有了人气，有了扑面而来的生活气。

2002年年末，我接到报社分派的任务，去完成一篇反映退耕还林的新闻报道。退耕还林，这样一个听上去既抽象又宏观的国家政策，怎么入手，如何以新闻通讯的方式体现出来。当我和一位同事从甘肃到云南，真正深入一线采访以后，才发现，这项政策绝不仅仅是财政发点钱落实一项政策那么简单，这项政策甚至已经影响到水土流失地区老百姓千百年来的生活方式，这真是一项影响深远的国家战略。因此，采访归来，我们在中国财经报头版头条写出了占到一个版面的长篇通讯《一项政策与13亿人的命运》。一项政策怎么和13亿人的命运有关？这就是财政的视角给予我们的宏观视野。它让我们有了财政人的大局观，让我们从每一个细节、每一个故事、每一个人物身上都注入了财政的立场。

跳出财政看财政，绝不是简单地停留于口头上的一句话，它是一种思维，是一种习惯，更是对日常生活的观察与体会。它应该渗透在我们从事财政新闻报道人的血液里。财政新闻报道的最高境界应该是：文章通篇不提一句财政，然而尽得理财之精髓。这才是财政新闻报道的好文章。

❸ 贴近中心工作　创造舆论环境

财政需要从被动中走出来，正确引导舆论，让社会大众更多地了解财政这些年的中心工作是什么，这样人们才能看到财政许多年来一以贯之的不断改革、创新的为国理财主线。只有了解财政，才能理解财政；只有理解财政，才能支持财政。

财政在不同时期、不同阶段，均有自己的中心工作、重点工作。财政新闻宣传应主动跟进，积极配合，围绕财政的中心工作，进行多角度、多种形式的深入报道，以此从舆论上推进财政的中心工作，通过扎实、有效的新闻服务，让财政新闻报道真正成为财政中心工作的一个重要组成部分。

站在国家大局的角度看，财政的所谓中心工作，就是政府的中心工作。作为党和国家政权活动的物质基础、政策工具、体制条件和监管手段，财政工作较为集中地体现的是党和国家的目标和意志。因此，新闻宣传贴近财政的中心工作，就是贴近政府的中心工作。只是，作为财政新闻，这个贴近，要牢牢地立足于财政这个视角。

围绕中心工作，特别能体现财政的大局观。我们常说，财政要有大局观。财政的这个大局观，指的就是服务于政府中心工作的这个大局观。一般而言，一届政府的中心工作是什么，这里肯定能看到财政的身影。在西方经典的新闻教科书里，往往有一章介绍如何阅读各级政府预算报告的内容，认为专跑财经口的新闻记者应该具备阅读预算报告的能力，因为预算报告的每一个数字背后，都提供了政府做事的秘密。的确，政府做了什么，为什么要做，做的效果怎么样，公众是能够从预决算报告中找到答案的。

这几年，每年的中央一号文件都与三农有关。三农是中央的中心工作之一，毫无疑问，这也一定是财政的中心工作之一。有人开玩笑说，这些年的中央一号文件，句句都是真金白银的文件。这也从另一方面回答了财政与政府中心工作的紧密性。

科学发展观是本届中央政府提出的治国理念。按照这个国家战略，我们会发现，全国各地各级政府都在围绕科学发展观制定当地的发展战略。我国国情复杂，各地情况不同，各地财政又是如何结合当地实际积极服务于当地政府的中心工作呢？比如，同样是东部发达地区，广东有广东的省情，江苏有江苏的省情，财政在落实科学发展观方面，在体制、机制、监管等方面有什么创新，有什么值得总结的经验呢？积极跟进，及时总结，围绕这个时期的财政中心工作，财政新闻其实有很大的报道空间。

当今中国财政常常面临误解、曲解、不被理解的舆论环境。财政需要从被动中走出来，正确引导舆论，让社会大众更多地了解财政这些年的中心工作是什么，这样人们才能看到财政许多年来一以贯之的不断改革、创新的为国理财主线。只有了解财政，才能理解财政；只有理解财政，才能支持财政。

财政面临的环境异常复杂，各种矛盾异常突出，每一项改革向前推进异常艰难，贴近财政中心工作的新闻宣传，就是要为各级财政工作创造良好的舆论氛围，为国家长治久安，为民生事业不断发展的国家大局创造一个良好的舆论环境。

准与深：专业媒体的生存之道

真正有思想、有内涵、有专业水准的新闻报道，永远是媒体中的稀缺产品。

网络媒体的快速发展，加上电视媒体的独有优势，传统纸媒体感受到强烈的生存压力，不少纸媒体已经举步维艰。在这样的背景下，传统纸媒体未来还有生存的机会吗？特别是像《中国财经报》这样带有很强专业行业特色的传统纸媒体，还能生存下去吗？

在我看来，直接受到冲击的应该是晚报等社会新闻类纸媒体，因为无论从快速还是容量或者阅读查阅方便方面，这些纸媒体都不如网络媒体。事实上，在西方媒体竞争更为充分的市场经济国家，不少纸媒体已经日渐式微，不少传统媒体已经在强力打造自己报纸的网络版，并且表现良好。但是从国内情况看，由于网络媒体在获得新闻第一手资源方面还存在某种劣势，因此，纸媒体在新闻资源上并没有处于下风。至于未来这方面的竞争究竟能够维持多长时间，这可能要看新闻体制、管理以及读者群体的阅读习惯等多种决定因素，这是后话。眼下，纸媒体的生存处境有一定的难度，但还没有那么糟。关键看具体的每个纸媒体自己的发展状况。

最有希望生存下来的应该是那些具有独特竞争优势的专业性媒体。因为只有这样的专业媒体是专门为一个专业的读者群服务的。因此，衡量专业媒体能不能生存的标准，不在于是否受到了新兴媒体的挑战，而在于是否提供了具有专业水准的新闻产品服务。如果未来某个专业媒体没有生存下来，主要理由不应在客观因素上寻找，而可能是没有提供好的产品。

相对而言，未来新闻产品的分工，网络的主要优势在于社会新闻的快捷与便利，而专业媒体的优势不在于对一条新信息的快捷传播上，如果是独家新闻，这当然也很好，然而，其主要功能应是为一部分圈内的读者提供专业的服务。

在网络媒体产生之前，如果说，专业媒体也还按照传统的新闻传播手段，在不断地追求新闻的短频快的话，那么，现在这些缺乏个性、独家性、权威性的一般新闻，应当主动让位于分析性、综述性强、具有一定思想深度的专业新闻。

未来传统专业纸媒体的发展应该定位于两个字：一是准，二是深。有了准与深，这个报纸就找到了自己的生存空间，而且是唯一的生存空间。

财政新闻中的准与深，应当这样来理解：

准，就是抓准问题。具体地说，就是抓住当前财政改革当中热点、难点、焦点问题，特别是要抓住那些具有前瞻性和趋势性的问题。

深，就是能抓住问题的关节点，深入浅出，把问题写深写透，给人以启迪。

这是专业媒体的重要优势，具体地说，是纸媒体报道财政新闻的独特优势。这样的新闻选题，网络上很难看到，一般社会类媒体上很难看到，只有专业性媒体上才可能长期、连续地看到这样的报道。由于这样报道的大量存在，它必然在一个行业、一定范围的读者中形成气场，并拥有长期固定的读者群，从而找到自己的生存空间。

真正有思想、有内涵、有专业水准的新闻报道，永远是媒体中的稀缺产品。

我以为，《中国财经报》以及类似的专业媒体，应该走这样一条具有自己特色的办报之路。

每年“两会”是展示财政的重要时机

只要我们能坦诚、务实、理性、科学地向社会作出认真解释，我们的财政工作是能够得到社会理解的。财政没有退路，也没必要为自己找退路。面对公众，不回避矛盾，财政应当以更加开放自信的姿态，充分利用“两会”，宣传财政。

每年“两会”期间，都是各级财政向两会代表报告预决算草案的重要时刻，也是财政广受公众关注的时刻。

所谓关注，其中也伴随了很多的挑剔，随着预算的公开与细化，公众对财政挑剔的目光会越来越尖锐，越来越专业。

"两会"期间，代表热议的问题，一般也是眼下社会普遍关注的社会热点问题，而每一个热点的背后往往与财政有着直接或间接的关系，诸如官员腐败、三公消费、收入差距、教育公平、就业难、看病难、住房难以及一系列民生问题。有些问题十分具体，比如，南方某省省直机关幼儿园经费过高的问题，代表委员都要拿出来让财政直接回答。虽然很多问题产生的原因并不是财政部门造成的，但是，这些问题都是通过预算体现出来的。这时候，财政往往就被推到了风口浪尖上。

钱不够花这是一个永恒的矛盾。但是在现有财力的条件下，财政资金分配的怎么样，分配是否公平，是否充分反映社会关注等，许多矛盾都会集中到财政身上。客观地说，转型时期遇到的许多社会矛盾，不是财政能够解决的，构成社会矛盾的原因十分复杂，有文化传统因素，有历史遗留因素，也有体制、机制原因等等。在直面社会舆论压力时，许多其他政府部门，相对可以轻易将矛盾推掉，特别可以用资金不足等理由把责任推给财政，比如教育没有搞好，教育部门可以说，因为资金不足；卫生没有搞好，卫生部门可以说，因为资金不足。几乎所有的部门都可以用资金不足来推脱责任，但是，财政没有退路。有人开玩笑说，这些只好由财政来背黑锅。是不是黑锅，姑且不论。即便是黑锅，财政也应该背下来，因为财政代表政府理财，财政背黑锅，某种程度上，可以看作是替政府分忧解难。谁让你是财政呢？

作为政府的职能部门，财政部门不应当有自己的部门利益。财政的利益，就是政府的利益。从这个角度说，财政应当充分利用"两会"的机会，积极引导舆论，创造一个让全社会理解财政、支持财政的社会舆论氛围。

宣传财政，就是宣传政府。平心而论，这些年，按照科学发展，建设和谐社会的要求，各级财政为民生办了许多好事、实事，这在中国历史上，恐怕是绝无仅有的。财政应当理直气壮地告诉我们的社会大众，在财力有限的前提下，我们的财政办了很多好事；当今许多问题，是发展中的问题，许多问题需要用发展的眼光来解决。

我们今天确实存在许多问题，任何国家在不同的发展阶段都面临种种问题，这是人类社会文明发展过程中必然存在的问题，关键是，我们已经做了什么，准备做什么，能够做什么。只要我们能坦诚、务实、理性、科学地向社会作出认真解释，我们的财政工作是能够得到社会理解的。财政没有退路，也没必要为自己找退路。面对公众，不回避矛盾，财政应当以更加开放自信的姿态，充分利用“两会”，宣传财政。

这几年，各级财政的预算报告均出现了一个喜人的变化，就是预算报告越来越细化、通俗了，从中央到地方的各级财政预算报告，报告的后面，不仅附有大量的专业名词解释，而且配备了直观易懂的图表，预算报告的这种变化，不仅传递的是财政从庙堂之高走向公众的观念转变，更重要的也是一种赢得舆论的形象展示。要说宣传，这是最好的宣传。近几年，预算报告的这种进步，受到了舆论的普遍好评。

“两会”期间，财政应当从多方面下功夫，不失时机地宣传自己。根据这些年两会报道的经验，本人有如下建议：

提前筹备。根据本级财政的实际情况，选择一部分主流媒体，与跑口记者进行认真的沟通，提前2个月左右做好筹备工作。筹备工作包括选题、时机、重点稿件安排、版面位置选择等。两会之前10天左右，财政宣传的预热很重要，预热内容一般包括上一年代表、委员提案、议案的答复情况，如果可能，尽量选择一些有代表性的提案、议案进行详尽报道，在这个时间段，对社会的热点关注，主要媒体上应该有所回应。

找好选题。选择百姓关注度高的民生话题，积极回应，这一年财政做了什么，效果怎样？这方面的选题要精心策划，以老百姓的切身感受为切入点，有人物，有故事，有情节，由点到面，以生动感人的新闻故事，让财政变成可以触摸的与百姓生活息息相关的生活故事。这个工作应该交给专业记者来完成。这样的报道，应该以大版面、大篇幅、大照片等的新闻手法呼应“两会”，为“两会”造势。近年来，全世界有目共睹，我们的经济社会生活发生了翻天覆地的变化，而其中最大的变化之一，就是民生不断得到改善。尽管我们的社会仍然面临重重矛盾，但是，成绩是主要的，成效是显著的，这是我们的基调。

精心策划一期主打报道。主打报道应当紧贴财政热点，围绕预决算这条主线，从多角度展开、呼应预决算报告这个主题。一般在3月5日全国人大当天开幕之后，财政部的预决算报告就会发到代表委员的手中，此后几天，预决算报告成为代表委员热议的话题之一。不可否认，由于代表委员来自社会各界，个人素质高低不一，对财政的了解、认识程度存在不小的差异，误读误解的情况也不少。财政新闻的主打报道，必须体现出专业与通俗的新闻水准。经过多年的两会报道实践，我们认为，在3月6日或者再后一天，应当倾力推出精心打造的主打报道。内容可分：图文并茂的预算报告全文，专家解读预算报告，预算报告的起草过程，预算报告名词解释，后面再配以若干个财政热点新闻专题故事报道，等等。由于报纸要上两会，因此在版面设计上，不仅要美观大方，而且要大胆创意，显得卓尔不群，让人在一大批纸媒体中，一眼认出这是一张与众不同的报纸。这一期报纸要有珍藏价值，至少8个版面。照片、标题、版面语言要具有报道财政舍我其谁的气势。

回应热点。选择一些容易被社会误解的财政热点问题，可以请专家学者等权威人士，主动回应。事实证明，面对社会热点问题，回避、沉默、不理不睬的态度不可取。今天的舆论环境已经发生了很大变化，你不说，别人说；别人说，又往往是片面之言，有些片面之言，招摇惑众，以讹传讹，等到财政发现谣言越说越邪乎，想去补救、解释时已经来不及了，让自己处于十分被动的局面。这方面的例子实在很多。有些歪理邪说至今仍在社会流传，正是应了那句老话：谬论说了九十九遍就成了真理。

总结这些教训，不能不说，财政人的长期保守、低姿态是有责任的。真理不怕辩论，真理越辩越明。当然，有些财政问题，确实很敏感，即便要说，也要注意时机、分寸、火候。但是，问题不在于要不要说，而在于怎么说、谁来说、说到什么程度。总之，要以积极的姿态，面对新时期的舆论环境。

用好“两会”报道成果。每年两会，是财政充分利用各类媒体平台宣传自己的重要良机，但是，新闻报道最终还是要让读者进行广泛阅读的，否则文章写得再好，新闻策划再精彩，没有实际效果，也只能是自娱自乐。因此，报道出来以后，应当将新闻及时送到代表委员的手里。及时送报，也很重要。这些年,《中国财经报》几乎每年上会，将当天报纸送到代表委员的住处，这为宣传财政起到了较好的作用。

❸ 财政报道中的数字与口径

过多的数字是新闻报道中的毒药，数字是抽象的，为了便于读者阅读，不妨可以打个比方。财政数据要特别注重口径，口径不同，效果不同。

财政每天都在与数字打交道，数字在财政报道中是一个绕不开的话题。

办报经验丰富的西方财经类媒体，对于财经中经常出现的数字问题，做过这样的告诫：由于读者对枯涩的数字不感兴趣，要尽量少用数字，并且进一步指出，过多的数字是新闻报道中的毒药。

的确是毒药。媒体与专业报告不同，财政专业报告主要是写给领导、同行看的，需要用更多的数据来说明情况；而在报道财经新闻故事时，必须尽量少用或者不用专业术语与数字，否则将严重影响新闻的阅读效果。

新闻报道中的数据应该少到什么程度呢?应该少到少了某个数据读者就不能阅读下去的时候，再考虑写上数据。

目前的反映地方财政新闻的报道中，数据太多了，碎片化现象严重。这些数据不仅让读者不感兴趣，而且对报道所要反映的主题也不能更清晰地展示出来，反而让人坠入云里雾里，冲淡并掩盖了文章的主题。比如反映某地财政近几年投入民生的财政资金力度越来越大，如果是反映近 5

年的投入，只要两组对比数据就够了，一个是5年前的第一年到最近一年的投入增幅，一个是这两年投入各占当年财政支出的比重。但是，我们经常看到的是，每一年的投入总量，所占财政支出的比重，甚至每年投入中，各项民生投入的具体数据也罗列其中，给读者视觉带来极大的疲劳，直到把读者弄晕为止。这样的数据，当然是毒药，阅读效果肯定不会好。

用数据，要讲技巧。

数字是抽象的，为了便于读者阅读，不妨可以打个比方。比如说，某财政局因为加大政府采购的力度，一年为当地财政节约资金2000万元人民币。2000万元是个什么概念呢？可以尽量找到人们生活中熟悉的事物，以类比的方式做比方，比如相当于建多少所希望小学、幼儿园等。

可以对不同数据进行比较。比如，报道一个县级财政收入突破10亿元。单独地看这10亿元，这是一个非常孤立的抽象的数据，几乎什么问题都不能说明。这是一个贫困县财政高速增长的10亿元，还是找到新增长点的10亿元，这个10亿元与该县过去比增幅多少？原因是什么？最重要的是，这个10亿元在当地可能有意义，在全国县级财政中，可能十分普通，没有什么意义。那么，它的新闻意义在什么地方呢？作为财政新闻的记者，脑子里必须装有全国的概念。要看这个数据放在全国财政的背景下，有什么意义。

财政数据要特别注重口径。口径不同，效果不同。比如现在地方财政部门，谈到财政收入，一般都会强调全口径财政收入、一般预算收入、地方可支配财政收入，有的甚至还在讲预算外收入。

中国当前的统计口径常常存在问题，还有些数据似是而非。比如众所周知的所谓的三公支出的三个三千亿，这个数据到底是怎么算出来的，是否科学、权威、精确，很少听到质疑，但人们都在开口闭口引用这个数据；比如一些财政支出占GDP比重的所谓国家惯例，这些似是而非的观点其实也有待科学分析；比如孤立地看，按照国际标准，教育支出占GDP的比重为4%，那么，显然中国没有达到这个标准。但是，如果我们分析一下，国际上财政收入占 GDP 普遍远远大于中国近 20% 这个标准，甚至高达 40% 以上这个标准，那么，我们会发现，教育的这个比重可能是偏高了，再加上不少部门都在纷纷比照这个所谓的国际标准，财政预算如何更好地兼顾国民经济与社会发展的平衡发展，这可能是个非常值得关注的问题。

财政数据不同于其他数据，每一个数据背后都是真金白银，这里面体现了重大的利益。因此，财政新闻报道一旦引用数据，还要考虑数据的精准，即便是引用地方的材料，当前后出现不同数据的时候，还要注意严格把关，认真对数据进行核对，以防前后口径不同，对不上数，贻笑大方。

数字在财政新闻报道中占有非常重要的位置，用好了，事半功倍；用不好，事倍功半。特别是，财政干部对数据极其敏感，使用不当，常常会受到来自各方面的质疑。因此在报道中使用数字必须谨慎。

6 财政新闻中的“禁区”

多年以来，财政就是自己过于谨慎，少说或不说造成了不少的舆论被动。事实上，恰当地利用新闻，是促进财政工作的重要一环。

由于财政具有调节国民收入，规范财务管理等重要职能，在国民经济活动中扮演了举足轻重的角色，因此财政在酝酿、筹划、出台一项政策时往往非常谨慎与敏感，这也客观造成了财政在新闻宣传方面多说不如少说或者不说的职业习惯，即便在面对媒体时，也表现出这也不能报、那也不能报的谨小慎微，客观上错过了许多宣讲财政政策的重要时机，丢掉了不少向公众及时传播财政知识的重要新闻。

从根本上说，财政报道不应有禁区。财政资金除了极少涉及国家安全与保密的事项外，公开已经是大势所趋。我所说的没有禁区，并不是说不问青红皂白地乱报，而是有准备、有策划、有节奏、有选择地进行积极引导与主动创造良好的舆论氛围。

多年以来，财政就是自己过于谨慎，少说或不说造成了不少的舆论被动。事实上，恰当地利用新闻，是促进财政工作的重要一环。某种程度上，伴随着一项重要财政政策的出台，充分利用新闻舆论平台，做到事前吹风、事中解释、事后不断跟进报道，是做好财政工作的重要一环。可惜，财政干部埋头干活的人多，善于利用新闻舆论的人少。以至于私下里经常听到一些财政干部抱怨，财政背了太多的黑锅，受了太多的委屈。我觉得这不能怪别人，这是财政人不重视财政宣传造成的。

我承认，有些政策由于时机不成熟，触及到的问题太敏感，确实有一个"禁区"问题。但是，财政日常工作中，到底有多少这样的禁区，以及这样的禁区到底能不能碰，这是一个值得商榷的问题。

有人说，财政政策许多问题都很敏感，所以很多敏感问题最好别报。我以为，越是敏感的问题，就越是社会关注的问题；越是社会关注的问题，就越需要加强报道。

大众敏感的问题，说明这项政策与大家的利益息息相关，这样政策的出台就要加倍小心，那么适当地利用舆论宣传，在政策出台之前，听听大众的意见，让大众适当释放一下个人的意见乃至情绪，为政策出台做准备，这是很好的选择。任何一项政策的出台，都不可能皆大欢喜，总有受益者，也有受损者。这时候，适当做些政策解释，对缓解社会矛盾，增强社会理解也是很有好处的。这样的精心宣传，总比什么也不说效果要好得多。

当然，宣传财政敏感问题，要掌握好火候与分寸。很多财政被误解的问题，往往与口径有关。比如财政增长幅度远远大于GDP增幅的问题，比如中国个人与企业的税负到底是高还是低的问题，比如中国教育财政支出占GDP4%与国际标准的可比性问题，比如三公支出中的3个3000亿等等类似的问题，很多很多，其实，由于口径不同，导致了社会的指责批评不断。显然，面对舆论压力，财政采取鸵鸟政策肯定不行，这就需要客观、公正、科学、理性地正面回应。

有些财政敏感问题，看似棘手，好像不能碰，但只要换一个角度或者形式，许多问题也可以公开刊发。我听到这样一个故事，某省财政监督检查，为了回应社会上普遍反映的殡仪馆乱收费与丧葬费过高的问题，该省财政监督局对全省的殡仪馆进行了大检查，结果发现其中问题十分严重，检查结果报到省政府以后，主要省领导非常重视，省长亲自把问题严重的6个市长分别叫到办公室谈话，严厉批评，要求整改。这是一个非常具有新闻价值的新闻。当然由于涉及某省的社会形象，这个新闻不好报，当地财政部门也惹不起这么多的地方部门。但我以为，类似的新闻同样可以报道。可以换一种方式，隐去地名、人名，将这种现象写成一篇评论，因为这个问题绝不是某省的问题，而是全国一个非常普遍的问题。写成评论，提出解决问题的对策，同样能够引起社会关注。

新闻报道，可以分为硬新闻与软新闻。硬新闻要求真实客观，具备完整的新闻基本要素5个“W”；但软新闻，可以隐去基本要素，以评论、思考、空穴来风的方式进行报道，同样可以取得良好的社会效果。

作为一份负责任的财政新闻媒体，我们不应追求轰动效应，但应立足于规范财务制度，严肃财经纪律的角度，有利于问题的解决。总之，我们报道敏感问题，应当牢牢把握的尺度是：理性、建设性。基于这样的出发点，我想，财政宣传应该没有什么“禁区”。

3 提高与媒体打交道的能力

媒体危机公关的策略多种多样，然而无论方法有多少种，其基本规则是相通的，就是一要坦诚，二要公开透明，三要及时寻找第三方支持，四要以人为本。

转型时期，社会矛盾冲突不断增多，突发事件时有发生，财政作为政府综合职能部门，也难以置身其外，有时还可能首当其冲，成为矛盾的焦点。在互联网时代，一个看似不起眼的新闻，可能会在很短的时间内成为影响广泛的社会新闻。对于我们身边正在发生的舆论环境的巨大变化，财政干部迫切需要转变观念，逐步提高与媒体打交道的能力，主动参与，积极引导，应对自如，创造一个良好的舆论环境。各级财政部门，提高与媒体打交道的能力，可以从以下几方面着手考虑。

财政部门应设立专门与新闻媒体打交道的岗位，有条件的地方应建立新闻发言人制度。即便是在市县一级财政部门，也应当设有新闻宣传的岗位，负责对外宣传。这样的好处是可以统一口径，专人负责。财政政策性强，如果没有专人负责，容易人多嘴杂，口径不一致，造成不必要的麻烦。

财政部门应当重视培养那种懂得财政宣传的干部。不会宣传，不擅宣传，是财政系统相当一部分干部的软肋，算算账可以，但是面对公众或者从宣传自己的角度来说财政，往往说不好。财政部门应当积极适应时代发展需要，主动培养那种既懂财政、又熟悉新闻，能说能写能算的复合型人才。

财政宣传不是自吹自擂，不是宣传哪一个人，哪一个领导干部，它是为了整个财政事业，既是在向公众普及财政知识，更是在向社会广泛宣传党的方针政策，以赢得一个广泛支持的舆论环境。所以，一定要站在政治的高度认识这项工作的意义。

选择好财政新闻宣传的具体人员很重要。他们是一些准新闻工作者，根据财政部门不同时期的工作重点，按照新闻规律，有选择有重点地主动向媒体提供稿件，供媒体参考刊发。同时由于长期在这个岗位上与媒体打交道，与各类媒体又比较熟悉，这样彼此沟通起来也比较方便。

这个岗位是锻炼财政干部的一个重要平台。财政宣传需要大局观，需要政策敏感性，需要良好的文字把握能力，需要对新闻出台的时机（天时、地利、人和）有一个准确的判断力，经过这个岗位的训练，相信能够做好这方面工作的财政干部，放到其他岗位也一定能够胜任。所以，这个岗位应该成为各级财政部门培养锻炼干部的一个重要平台。条件允许，可以几年一轮岗，让优秀的干部脱颖而出。

积极引领正确导向，占领主要舆论阵地。财政宣传除了充分利用专业媒体如《中国财经报》等财政系统内的报刊之外，还应跳出财政圈子，充分利用社会其他重要媒体来广泛宣传财政。财政政策涉及国计民生，财政利益惠及千家万户，财政必须主动出击，积极引领舆论导向，占领主要舆论阵地，多吹风、多解释、多宣传，让公众真正理解财政、体谅财政、支持财政，为改革大局创造一个良好的舆论氛围。

不可否认，这些年财政为民生办了许多实事，但是，许多人却没什么感觉，这不能不说与财政宣传不够有关。各级财政部门应当共同营造一个良好的舆论氛围，尽可能选择与一些有影响的主流媒体积极合作，尤其要重点培养一些固定的跑口记者，让他们多熟悉财政政策，以实现共赢。这些年随着公共财政的不断深入人心，财政在国民经济中第二次分配的作用越来越大，受关注度也越来越高。应该说，能够作为媒体分工的跑口记者，一般都是各家媒体的骨干力量、资深记者，他们在捕捉挖掘财政新闻中的重要新闻价值方面，都是极其努力的，但是，囿于财政自身的专业性，有时候，这些记者对财政政策的出台以及可能产生的影响认识不完全到位。财政人要主动与他们交朋友，多与他们沟通、交流，有时候可以通过正式场合比如座谈会、吹风会等方式，也可以通过更轻松的场合，如一起喝茶、用餐、聊天等方式进行交流。智者千虑，难免一失，记者考虑问题的角度也许是政策制定者当初不曾想到的，这时候，提前进行坦率的交流十分必要。当然，为记者提供更多的背景材料与多视角的观察角度，对记者理解政策也是十分有益的。但是不管怎样，记者见报之前的稿件，一定要坚持审稿，相信由于与媒体记者之间形成的彼此信任关系，负责任的记者也都会主动提出审稿，确保政策宣传的准确、到位，避免可能出现的不必要的失误。

正确应对“负面”报道。作为新闻传播，本身不存在正面、反面报道。只要符合客观事实的，都应当叫做新闻报道。但是长期以来，我们不少人对新闻报道的理解停留在“宣传”的层面，因此，习惯上把批评类报道统称为负面报道。客观地说，人们都喜欢听好话，批评谁，谁都不高兴。但是，新闻作为大众传播——尤其是在不断强化其市场化特色的时候，新闻天然地要选择报道人们爱看的角度，比如批评的角度，比如突发性新闻事件。在网络高度发达的现代社会，更是“好事不出门，坏事传千里”，负面新闻报道会在很短的时间内迅速地传播出去。面对负面报道，或者被批评的报道，消极回避不是办法，财政部门应当积极面对，增强媒体危机意识，妥善处理已经被动的舆论局面。媒体危机公关的策略多种多样，然而无论方法有多少种，其基本规则是相通的，就是一要坦诚，二要公开透明，三要及时寻找第三方支持，四要以人为本。财政政策本身复杂敏感，遇到大众不理解或误解的事情，请真正的专家出来答疑解惑，比自己一味强调自己的正确性要好得多。

当然，主动宣传，积极引导本身最重要。下面是2012年两会的部分报道。

【例文 1 】

财政部长释疑：财政收入增速为何远高于GDP增速

十一届全国人大五次会议3月6日举行记者会，财政部部长谢旭人透露，今年全国财政将进一步加大民生支出，集中财力进一步办好几件保障和改善民生的大事。其中，中央财政预算安排用于教育、医疗卫生、社会保障、就业、保障性住房、文化等方面的民生支出13848亿元，比上年增长19.8%。

财政收入为何增长较快

主要得益于经济平稳较快发展，企业效益大幅增长

近年来，我国财政收入总体保持较快增长，去年全国财政收入增长

24.8%，明显高于GDP9.2%的增速，这种现象是否合理？对此，谢旭人指出，财政收入增长较快主要是得益于我国国民经济保持平稳较快的发展，企业效益大幅提高。同时，物价上涨带动税收收入增长，地方政府预算外资金统一都纳入公共预算和基金预算管理等政策因素，综合形成了财政大幅增长。

谢旭人作了具体分析，财政增幅明显高于GDP，主要是因为财政收入特别是税收收入以现价计算，而GDP公布的数字9.2%是以不变价，即多年以前的价格相比较来计算的。如果是按照现价来计算的话，去年我国GDP的增幅应该是17.4%。此外，近几年我国进口数量保持较快增长，进口环节税收也相应大幅增长。进口发生了，进口环节税收就要征收，但是在计算GDP的时候，进口量又是一个减项，GDP计算方法是国内投资、消费，加上出口减掉进口，所以进口增长越高、越快，导致税收会增长快，但对GDP会往下拉，就造成了其中的差距。

财政民生支出进一步加大

今年新开工保障房700万套以上，人均城镇居民医保补助标准提高40元

谢旭人介绍，去年全国财政用在与人民群众生活直接相关的民生支出累计达到38108亿元，比上年增长30.3%。用在农业、水利、扶贫、公共交通、节能环保、生态建设以及城乡社区事务等方面与民生密切相关的支出累计35629亿元，这些方面的支出占全国财政支出的2/3左右。

今年的财政民生支出，首先将进一步加大教育投入，确保实现国家财政性教育经费支出占国内生产总值4%的目标，进一步提高教育经费的支出质量。进一步加快推进社会保障体系建设，实现新型农村和城市居民社会养老保险全覆盖。进一步深化医药卫生体制改革，进一步提高新农合以及城镇居民基本医疗保险的财政补助标准，人均城镇居民医疗保险补助标准从去年的200元提高到240元。扎扎实实推进保障性安居工程建设，新开工保障

房700万套以上。大力促进文化发展繁荣，保证公共财政用于文化方面的支出增长幅度要高于财政经常性收入增长的幅度。要加大强农、惠农、富民政策，大力推进农田水利建设等，着力推动农业科技创新和科技进步。

实施积极的财政政策

进一步减轻企业和居民税费负担，提高城乡居民收入

我国政府提出今年经济工作的总基调是稳中求进，实施积极的财政政策。“既要保持财政政策的连续性和稳定性，又要增强财政宏观调控的针对性、灵活性和前瞻性。”谢旭人表示，积极的财政政策主要体现在以下方面：一是进一步完善结构性减税政策，减轻企业和居民的负担。今年，要进一步落实好新的个人所得税法，减轻中低收入者的负担。实施好提高增值税、营业税起征点等减轻小型微型企业税费负担的政策，大力推进营业税改征增值税的试点，以进一步促进服务业的发展和税制的优化。二是进一步增加城乡居民的收入，努力提高消费能力。落实好最低工资制度，同时促进建立职工工资正常增长的机制，还要进一步扩大财政补助的规模，提高城乡居民，特别是中低收入者的收入水平。三是进一步优化财政支出的结构，保障和改善民生。今年从中央预算稳定调节基金当中调入2700亿元，保持了比较大的财政支出强度。为了保证财政发展的可持续性，全国的财政赤字8000亿元，比去年减少500亿元。整体财政支出增长幅度达到14.1%，保持了比较大的财政支出力度。四是进一步促进经济结构调整与区域协调发展，推动经济发展方式加快转变。

推进房产税改革

计划适当扩大试点范围，引导居民合理住房需求

对于人们关心的房产税改革，谢旭人透露，上海和重庆两市的个人征收房产税改革试点进展比较顺利。推进房产税改革试点有利于引导居民合理的住房需求，有利于进一步发挥税收的作用来调节收入分配。财政税务

部门已经会同有关部门，与上海、重庆两市人民政府一起，认真总结试点经验，并计划在这个基础上进一步研究推进房产税改革的方案，适当扩大试点范围，积极稳妥地加以推进。

财政收入与居民收入并非此消彼长

财政收入相当大一部分以劳动报酬等形式转移给居民

谢旭人说，有人认为，财政收入增加了，企业和居民收入就减少了，是此消彼长的关系。实际上，财政收入增长以后，通过预算安排用于保障和改善民生，其中相当大一部分是以劳动报酬，以及直接或间接的生产生活补贴等多种形式转移给了城乡居民个人，这也是城乡居民个人收入增长很重要的一个来源。因此，财政收入与居民收入并非简单的此消彼长的关系。“当然，我们还要进一步根据经济发展做好收入的管理工作，做好支出的管理工作，更好地发挥公共财政作用。”谢旭人表示。

（摘自 2012 年 3 月 7 日《人民日报》）

【例文 2】

代表委员热议财政预算报告

3 月 5 日，财政部提请十一届全国人大五次会议审议《关于 2011 年中央和地方预算执行情况与 2012 年中央和地方预算草案的报告》。代表委员普遍认为，今年的财政预算报告使用了 27 张图表详细说明各方面情况，可读性增强、精细化程度提高，在“三农”、教育、社会保障等一系列关系国计民生的重大支出领域亮点频现。

“三农”投入：首超万亿元

2011年，中央财政用于“三农”的投入首次超过1万亿元。2012年，中央财政用于“三农”的支出将安排1.2万亿元。民建陕西省委副主委赵超代表认为，我国“三农”投入连续多年大幅增长，去年又再创新高，对巩固农业基础地位，促进农民增收，深化农村综合改革和推动农村社会事业发展都具有重要意义。

全国工商联副主席张近东委员关注到，2012年将安排101亿元用于加大农业科技投入，比2011年增长53%，“政府在‘三农’方面的补贴性支出和扶持政策，将有力地调动农民生产积极性，提高农业生产的科技含量，促进粮食生产稳定发展和农民收入稳步提高。”

教育投入：落实4%目标

2012年，我国将继续加大教育投入，确保实现国家财政性教育经费支出占国内生产总值4%的目标。“这个目标充分反映出国家对教育事业的重视。”上海交通大学环境资源法研究所所长王曦委员表示，近年来国家不断加大教育投入，教育资源分配不合理、困难地区困难群体教育投入不足等情况得到有效缓解。

财政部财政科学研究所副所长刘尚希说，据初步测算，今年国家财政性教育经费支出将超过2万亿元，占公共财政总支出比例超过17%，从财政的努力程度来看，在世界范围内都是非常突出的。

“财政投入提高后，下一步关键问题就是管好用好资金，让百姓感受到财政投入带来的教育改善。”赵超代表说，国家应切实减轻百姓教育负担，特别是解决好入学难、上学贵等焦点问题。

民生支出：分量越来越重

2011年，全国财政用在与人民群众生活直接相关的教育、医疗卫生、社会保障和就业、住房保障、文化方面的支出合计38108亿元，增长30.3%。

2012年，仅中央财政用于这四方面的支出就将达到13848亿元，增长19.8%。

2011年，新型农村合作医疗和城镇居民基本医疗保险的财政补助标准由每人每年120元提高到200元。而今年，新农合和城镇居民医保的财政补助标准将增加到每人每年240元，实现新型农村和城镇居民社会养老保险制度全覆盖。

张近东委员认为，在财政支出这个大盘子里，民生支出的分量越来越重，既是保障民生事业发展的要求，同时也是政府支出结构不断优化的重要表现。

“与人民群众生活相关的支出成为财政投入的重中之重，在体现政府关心人民生活的同时，对经济社会发展也将产生深远影响。”刘尚希表示，教育、医疗、住房保障等方面的支出都将成为社会公共消费的一部分，在当前经济环境下，财政加大这方面的支出力度，对于扩大内需、拉动经济增长具有积极作用。

财政支出：力度不断加大

根据2012年财政预算，在财政赤字减少500亿元、全国财政收入仅增长9.5%的情况下，全国财政支出将安排124300亿元，增长14.1%。其中，中央预算稳定调节基金调入2700亿元，为继续实施积极的财政政策奠定坚实的基础。

“在欧美国家普遍爆发国债危机的背景下，减少财政赤字有利于保证我国财政稳定健康发展。但实施积极财政政策，又要求财政支出不断增大，因此，国家通过预算稳定调节基金继续增大财政支出，保障2012年一系列重要经济社会发展目标的实现。”刘尚希表示，我国当前实施积极财政政策的意义重大，通过结构性减税可以增加居民收入、降低企业负担，从而扩大国内需求、刺激经济增长，并通过合理税收来调整经济结构。

赵超代表认为，财政收支“一减一增”，也对企业转方式、调结构创造了良好的条件，“通过结构性减税，企业成本得到降低，可以投入更多的资金用于科研开发和产业升级。”

预算外资金：纳入预算管理

在财政支出力度不断加大的同时，我国财政预算监管和精细化程度显著提高。2011年，我国全面取消预算外资金，将其纳入预算管理。同时，92个中央部门向社会公开了部门预算表和财政拨款表，并公开了部门决算，省级公共财政预算全部公开。

代表委员普遍认为，今年财政预算报告的可读性和精细程度都有所提高，公开透明度显著增强，特别是很多中央和地方有关部门公开了“三公经费”支出情况，充分体现了财政为民、自觉接受人民监督的决心。

“预算编制精细程度不断提高，公开程度越来越高，可以保证民生、‘三农’等政策资金及时到位，并且有效控制不必要的浪费，进一步提高财政资金的使用效率。”王曦委员说。

（摘自2012年3月7日《人民日报》）

【附文】

走到台前的中国财政

只做不说，保持低调，这是财政人长期以来的做事风格。但是，随着公共财政框架的建立和公共财政思想的不断深入人心，当大众觉得财政与自己的生活、命运越来越密切的时候，人们对财政的关注也就越来越多。道理很简单，因为关注财政就是关注自己。

用众人之财，办众人之事，这是公共财政的基本思想。但是，由于每一项公共财政政策的制定，都涉及不同群体之间的利益调整，说白了，也就是财政蛋糕向谁多切一块、向谁少切一块的问题，这样，公共财政政策的选择也就成了不同社会群体之间的利益选择。

由于财政处于"分钱"这样一个核心位置，人们很容易把矛盾的焦点集中到财政的身上，甚至当一些部门由于自身管理不善而引起社会普遍批评时，这些部门也会很轻松地找到经费不足等理由将矛盾直接引向财政。财政如果仍然保持这种只做不说的低姿态，就处在了一个非常被动的局面。事实上，由于当前财政所处的这种凸显位置，财政已经被推到舆论的风口浪尖上，有时候甚至处于非常被动的局面。显然，事前对舆论的积极引导与受到误解后再去做解释工作，效果不可同日而语。因此，审时度势，主动出击，积极引导，为自己创造一个良好的改革环境，是当前财政新闻宣传面临的崭新而迫切的课题。

坦率地说，做好财政宣传很不容易。政策性强、专业性强、影响面大，这是财政工作的几个基本特点。前两个特点决定了财政宣传一定要讲内行话，抓问题要准，分析问题要深，后者则要求通俗易懂。财政宣传针对的不仅是同行，更重要的是社会大众。财政宣传的最终目的是营造一个理解财政、支持财政、关心财政同时又监督财政的良好社会氛围。因此，让社会了解财政，就有一个从专业化向大众化的"翻译"过程。这就要求从事财政报道的新闻工作者既懂财政又熟悉新闻。说实话，把简单的问题说复杂，容易；而把复杂的问题用简单明了的语言说明白，不容易。由于专业特点，多年来财政形成了一套自己独特的思维模式，因此，将财政这个"圈里人"熟悉的话语习惯，转化成大众听得懂的语言，并且让他们一下子就能弄明白财政出台的一些政策所包含的意义究竟是什么，是当前财政宣传迫切需要解决的课题。

从 2003 年开始，财政部北京财经电子音像出版社和中央电视台合作，连续推出的《中国财政纪事》，是财政宣传借助电视媒体所做的一种有益尝试。在有限的三集专题片里，反映财政一年的工作，就要求这部片子必须是高屋建瓴、统揽全局的，同时又是通俗易懂、为老百姓所喜闻乐见的。我认为这两年所做的尝试基本上是成功的。2003、2004 两年的财政纪事，我都看了。2004 年的年度纪事我刚看过，印象很深。这三集专题短片各有侧重，互为呼应，都牢牢地把握住了财政部新一届党组“理财为民”的这一核心思想。如果说政府部门制定政策是从具体到抽象的过程，那么，新闻报道则是从抽象到形象的过程，也就是说，新闻是将政策还原为生活的一个过程。一项政策好不好，老百姓欢迎不欢迎，好的新闻报道就是要通过老百姓的真实感受折射出来。

“2004 中国财政纪事”对这一年财政工作的把握，脉络十分清晰，从宏观调控、稳健财政政策、粮食直补、“两免一补”，到出口退税、财政支出的规范管理等，2004 年财政工作的大事基本抓住了；选择的报道视角也很好，用老百姓看得懂的生活故事，以点带面，还原政策，其中特别注重找到政策中最人性化的一面，突出感人的细节，比如讲“两免一补”政策，镜头中出现的就是上寄宿学校的内蒙古自治区的蒙古族孩子；宣传农村合作医疗政策，画面中就出现了因为能够报销才做了手术的农村青年。这些政策的还原在新闻处理上都很到位。

去年是公共财政的阳光照耀“三农”最多的一年。本届政府上任以来，为老百姓办了那么多的实事、好事，财政作为一个重要的职能部门，宣传财政，就等于是宣传政府。这种宣传，怎样大书特书都不为过。对于今天的媒体来说，报道和宣传财政同样面临一个创新的问题。但是，不管怎样创新，万变不离其宗。对于从事财政新闻宣传的同行来说，首先要熟悉财政政策，对财政政策的出台背景、内涵、来龙去脉耳熟能详，同时还要了解财政的基本立场，由于财政在国家政治、经济生活中所处的特殊位置，我们认为，财政的立场就是全局的立场、效益的立场、公众的立场，当然，一级财政也代表了一级政府的立场。在财政系统，能写文章的人很多，但能写新闻报道的人不多，其中原因就是能够跳出财政，站在公众的立场，以新闻的视角报道财政的人不多。我对财经音像出版社的刘金花、张龙以及央视记者张帆的敬业精神，十分感佩。在这两年财政年度纪事专题片的制作中，我多多少少直接或间接地参与了他们的工作，他们工作的认真、执著给我留下了很深的印象。我觉得以这种专题片的方式，对财政进行宣传，带有探索与创新的意思，很有成效，并且具有了品牌的雏形。我以为，如果继续坚待下去，适当扩大报道面，在各级财政的支持下，财政年度纪事一定能够成为财政每年宣传自己的重要品牌。

今后如果把专题片放在两会之前播出，效果也许更好。

（以上是本人2004年为中央电视台拍摄的《2004中国财政纪事》所写的序，其中表达了我对加强财政宣传的一些思考）

第二章 寻找新闻线索（上）

导　读

世界上不是没有美，而是缺乏发现美的眼睛。新闻也如此，生活中不是没有新闻，而是缺乏发现新闻的眼睛。

读者普遍不喜欢会议报道，其实仔细分析一下，读者不喜欢的并不是会议上的新闻，而是没有新闻的会议。会议是记者获得新闻线索的一个重要途径。

写观点新闻，媒体可以选取自己的角度，但是不能断章取义，更不能按照自己的需求歪曲别人的观点。

新闻就在你身边

对于一个刚从事新闻工作或者业余新闻爱好者而言，经常感到困惑的是，不知道到哪里去找新闻。可是，对于一个经验丰富的职业记者来说，有写不完的新闻。实际上，稍作留意就会发现，新闻无所不在，新闻就在你身边。法国著名雕塑家罗丹说：世界上不是没有美，而是缺乏发现美的眼睛。新闻也如此，生活中不是没有新闻，而是缺乏发现新闻的眼睛。

从我们身边的几件“新闻”说起。走在北京的街头，我们发现在人口流动多的地方，有不少的报摊。随着媒体竞争的加剧和繁荣，全国许多城市可能都有同样的现象。对于这种熟视无睹的现象，我们已经麻木了，但是《纽约时报》的记者在这个现象中发现了新闻。在一篇名为《中国人热衷成功学》的报道中，这位记者注意到，在报摊上热销的杂志和畅销书都和人们渴望成功有关系，什么名人传记，什么青少年考上名校的故事，什么中国当前的富人故事等等，都受到媒体的追捧。记者从这个现象入手，还报道了记者采访中国的社会学家对此发表的观点。在不到千字的报道中，该报道以独特的角度，向读者传达了这样一个印象：中国北京等这样的大城市，一方面为中国的年轻人提供了成功的机遇与可能；另一方面，也反映了今天人们的一种急功近利、渴望一夜暴富的浮躁心态。是不是这么回事，可以见仁见智，但是作为一名职业的新闻记者，在司空见惯的身边生活小事中，见人之所未见，找到了自己独特的视角。

翻阅一下海外媒体的报道，比如《参考消息》，我们会发现外电关于中国的报道，经常有自己非常独特的角度，将我们耳熟能详的日常生活转化成了“独家新闻”。比如，有这样一篇有趣的新闻，是英国《卫报》记者写的，题目叫《中国父母替子女寻找爱情》。这篇新闻讲的是在北京的中山公园和紫竹院公园经常出现的场景：每到周末，一些老人举着牌子在公园里走动，牌子上写着儿女的姓名、年龄、职业，希望找到一个门当户对的婚姻。这个有趣的现象背后是，两代人不同的价值观。父母们看着儿女们一天大似一天，但因为忙于工作等原因，却一直找不到合适的伴侣，父母们比子女还要着急。类似这样的新闻有很多。

朋友们会说，这些都是外国记者在中国的见闻，自然有一种新鲜感。其实，我们的周边每天也都在发生着各种不同的新闻。主要还在于发现。

【例文 1】

教授纷纷当“会计”

辽宁省越来越多的高校财务处处长，由校内从事专业教学方面的学者来担任

本报讯 由教授担任财务处处长，成为近两年来辽宁省高校中颠覆传统印象的一道风景：旧式的“账房先生”正向高级理财专家转型。

辽宁省财政厅会计处宋京伟说，这些特殊的“会计”，大多是在高校内长期从事会计、投资、审计等经济类课程教学和研究的教授，同时还具有高级会计师职称或者注册会计师资格。

高校人才集中，有条件从本校教授队伍中挑选出既具有财务管理专业职称，又具备专业理财知识的复合型人才，来充当高校理财人这样一个重要角色。据悉，从2002年以来，在辽宁省39所高等院校中，已有一半以上的财务处职能实现了从过去的收支核算向现在全面理财的“升级换代”。

“学生扩招了，学校扩建了，钱从哪里来，钱要怎么用?”沈阳理工大学财务处处长张明用一连串反问回答了记者的提问，“一所高校每年的支出都在亿元以上，相当于一个县级单位一年的支出水平，这么大的资金规模，加上投融资、高校扩建进行的土地置换问题等，对高校的会计是一个全新的课题，靠过去简单的写写算算、记记账，已经不能适应现在高校的发展速度了。新的理财人要有融资、现金管理、投资管理等各方面的知识，甚至将来还要具有资本运作的能力!”张明的名片上，有一连串引人注目的头衔：会计学教授、会计学科带头人、硕士研究生导师、注册会计师、高级会计师。在从事财务管理工作的同时，她还担任着学校的教学、科研等任务。

记者了解到，随着高校规模的不断扩大和快速发展，辽宁省各学校的财务处长在向四个方面“升级”。一是文化水平高，基本都是研究型的学者；二是职称高，通常都具有高级以上职称；三是会计知识水平丰富，通

常都经过规范的考试获得资格；四是管理内容广泛，不仅仅要搞核算，更要搞理财。

据悉，辽宁省还有一些高校也正准备拿出财务处长这个岗位，动员教授竞聘上岗。

（摘自《中国财经报》 记者：李玉京）

这篇新闻是在一次采访中的偶然所得。当时，我和两位年轻的记者在辽宁采访政府采购的招标活动。其中一位被财政厅邀请评标的专家是辽宁一所大学的教授，同时担任了该校的财务处长。在闲聊中，她告诉我们，现在辽宁一些高校的财务处长由教授担任。教授当会计本来是一件新鲜事，许多大学的教授当会计就更是一件很有新闻价值的消息。于是，我们向该教授详细了解了这件事的来龙去脉，当夜就写出了这篇报道。

获得新闻线索的途径

采写新闻，首先需要获得新闻线索。怎么获得新闻线索呢？对于一个职业记者而言，不仅是一天 8 小时上班，即便是正常上班之外，生活中无时无刻不在观察各类社会现象。在餐桌上的一次随意聊天，一次偶然的路遇和旁听，一次优哉乐哉的乱翻书，这一切，都可能成为获得重要新闻线索的途径。获得新闻线索，很重要的一点是，你必须是一个生活中的有心人。只要是有心人，就永远有写不完的新闻。新闻线索，可以从这样一些渠道来获得。

从信息资料中发现新闻

这是记者以及地方通讯员获得新闻线索的主要途径。各级财政部门都有自己的信息，有不少信息具有重要的新闻价值，只要在文体上稍作调整，按消息的写作要求，往往就可以改写出一篇不错的新闻。由于受众的不同，信息和消息的差别在于，信息基本上是就事说事，把一项工作写清楚就行了，显得比较干；而消息在写作上要求突出新闻价值以及向读者交代一项政策出台的背景等，从标题制作到导语的提炼都有自己独特的写作要求。下面这条新闻就是记者从山西省财政信息中获得的新闻线索，该消息后来刊发在《中国财经报》的头版头条位置。

【例文 2】

陵川职务消费向社会公开

县委书记、县长等主要领导在从事公务活动中，花了多少钱，公示栏里均写得清清楚楚

本报讯 对于普通百姓来说，领导干部和单位用公款消费，究竟花了多少钱，一直是个谜，但是在山西省陵川县实行职务消费公开化以来，当地老百姓终于看到了一本明白账。

记者在陵川县了解到，从2003年第四季度开始，由县四大班子的领导带头，将主要领导的职务消费在本单位张榜公布，内容包括：差旅费、通讯费、培训费及其他费用；此后又从2004年第二季度开始，对县直74家行政事业单位的公务消费也进行了公示，内容包括：车辆修理费、燃油费、过桥过路费、培训费、通讯费、会议费、差旅费、公务接待费等。

陵川县位于晋东南，太行山之巅，财政十分困难，直到2004年，财政收入才刚突破一个亿，但财政供养人口却有7000多人。要维持政府的正常运转，上级财政转移支付每年大约8000万元左右，然而，如何用好钱却成了当地理财者的难点。因为一方面是财力捉襟见肘，连保正常工资都有难度；另一方面，职务消费和公务消费年年增加，降不下来。

职务消费是个筐，什么消费都能往里装。陵川县县委书记张满祥对记者说，职务消费之所以难以控制，其主要原因一是与权力联系紧密，难以通过内部监督体制实施有效监督，二是随意性大，难以通过财政预算等措施进行有效控制，三是隐秘性大，外人很难辨别职务消费行为是否合理和适度，因此，只有公开才能更好地对一些不自觉的官员和单位形成压力和约束。

记者在采访中了解到，为了防止单位上报的数字造假，当地充分利用该县财政局会计核算中心掌握的数据进行核对，同时将所有单位的公务消费放在一起进行公示，这样也起到了单位之间相互比较参照的作用。

职务消费向社会公开取得了明显成效，陵川县县长焦光善告诉记者，和过去比，公务经费减少了20%以上，有的领导看到自己的职务消费和本单位的公务消费明显偏高，感到了社会压力，主动找到主管部门去做解释。焦光善说，陵川县的做法，只是刚迈出第一步，还有一些地方需要改进和完善，比如如何界定个人消费和公务消费，如何将这些消费和部门预算结合起来等，这些都有待在实践中找到一个好办法。

（摘自《中国财经报》　记者：苗福生　郭中）

3 从各类读物中寻找新闻

记者每天的写作时间应该多长？除了赶一些特急稿之外，记者每天的写作时间不会超过四小时，也就是半天的时间，更多的时候，可能不超过2小时。因此记者其实有大量的时间可以用来阅读。我觉得一个记者除了有外出采访任务，否则，每天至少应当保持四小时甚至更多的时间用于阅读。

一个优秀的记者一定是一个阅读广泛、掌握大量信息的人。阅读的好处，不仅是学习充电的过程，也是一个获得新闻线索的重要渠道。记者除了阅读同行尤其是走在时代前面的媒体以外，很重要的是要阅读自己关注报道的某些专业领域。《华尔街日报》有这样一个普遍经验，就是鼓励记者大量阅读“包括专业期刊、行业通讯、学术刊物、智囊团和基金会的报告、政府机构发布的信息。这样的阅读可能是令人痛苦的，很可能大量的内容都枯燥无味、没有用处。但这样的出版物不是新闻媒体的竞争者，也就是说，我们可以从中窃取思想而不受惩罚。不仅如此，这些出版物所发表的最新进展和原创思想，往往都要先于大众媒体。”

《华尔街日报》的建议很有道理。报道当前某一个新闻热点，一味地跟着同行跑，大家一起凑热闹，当然换个角度也不失为一种策略，但是终归很难有自己的原创，也很难形成自己的独家新闻。而一些不起眼的行业信息学术刊物、影响不大的杂志，里面往往藏着“重要新闻”，及时而敏锐地捕捉到，常常会形成很有分量的重磅炸弹。

《中国财经报》在2007年12月19日用头版和二版两个版面推出的《老谭家的账本》就是一个非常典型的案例。这篇新闻的线索就是报社领导在财政部一个司局的内部调研材料上看到的，后来通过报社领导的精心策划和组织，记者深入当地再调查，就形成了这篇独家的长篇通讯。由于这篇通讯长达一万多字，这里就不再引述。

本人曾经报道过的一篇通讯《“民心工程”如何得民心》也是在同行的一份杂志上看到的。该杂志只是将无锡的参与式预算当做一个豆腐块信息处理了，而当时我在随意乱翻中看到了这篇有价值的新闻线索，于是，很快与无锡方面联系，并写出了这篇报道（见例文3）。

类似这样的新闻线索，在我的印象里有很多。记得在1998年，在当年的一家中央经济类大报上看到过一篇大庆试行公车改革的几百字新闻，当时感觉到公车是一个大问题，同时也是一个值得探索的改革话题。正好赶上一位同事去大庆出差，我把线索告诉同事后，同事采写的这篇通讯，产生了较大的社会反响，为此，本报还辟出专栏，策划了一场关于公车改革的大讨论，直到多年过去，一些地方的朋友还提起这次公车改革的报道影响。至于后来在全国不少地方开始试点的公车改革是不是与本报的这次讨论有关系不敢说，但至少对后来的车改产生了一定的影响。事后听说，有不少财政局干部曾拿着这份报纸到大庆等地去调研、取经，这个报道掀起的改革话题热闹了很长时间。

【例文 3】

“民心工程”如何得民心

——无锡市试行参与式预算的调查

政府为老百姓办实事的良好意愿，如何与社会大众最急迫的现实需求结合起来？无锡正在进行试点的参与式预算模式，或许为政府真正了解民众的需求提供了一个具有重要参考价值的切入点。同时，民众的广泛参与也为今后管好、用好财政资金开辟了一条新路。

——记者手记

（一）

眼下，在各级政府的文件中，“民心工程”可能是使用率最高的词汇之一了。可是，全国这些大大小小、名目繁多的“民心工程”是否都真正代表了民意？换句话说，政府能否把好事做好，真正把“民心工程”建在民心上，最终让老百姓满意呢？江苏省无锡市试行的参与式预算所取得的经验是：在与老百姓有关的项目上，广泛听取老百姓的意见，上什么项目，不上什么项目，让老百姓说了算。

由于这些“民心工程”与老百姓自己的利益密切相关，当地百姓不仅对选择上什么项目，项目要花多少钱积极参与，而且对选定项目的建设过程和最终的花钱效果也开始积极参与了。“没有想到老百姓民主理财的积极性这么高！”这是记者在当地调查所到之处听到最多的来自地方官员的评价。

在滨湖区河埒街道溪南文化活动中心，退休老人张洪坤正在一间展室展览自己的书法作品。张洪坤告诉记者，他是一位书法爱好者，过去他想展示自己的作品，找不到地方，就摆在公园的地上展览，自从有了文化活动中心，这里就经常举办一些展览，他现在可以免费申请在这里展示自己的作品了。

溪南文化活动中心的落成，正是老百姓选择的结果。2006 年年初，滨湖区计划在河埒街道安排 100 万元左右的预算搞一些与老百姓生活相关的“民心工程”，备选的项目一共有四个，上什么好呢？政府决定让老百姓自己来选择。经过各居民委员会的推选，共选出 130 名代表不同群体的民意代表，投票结果最终是 105 票赞成修建文化活动中心。

“这个投票结果是出乎我们政府部门最初预料的。原来计划是把这笔预算投向当地的一所小学，可是不少代表的理由是，小学的条件已经不错了，相对而言，居民更需要一个文化活动的场所。”当地一位政府官员对记者感叹到，政府想的和老百姓想要的，未必一致。

该活动中心的文化站长蔡左蕾告诉记者，文化活动中心是在原来的街道文化站的原地改建起来的。10 多年前，这里原来有一个文化站，由于经费困难，文化站出租给了 8 家小企业，环境混乱不堪，周边老百姓连个活动的场所也没有，意见很大，现在经过改造、翻修，共有 3 亩多地，2500 平方米用房，街道老百姓的文化生活一下子丰富了。据记者了解，这里目前共有 37 支文艺团体。记者穿过闹市，一下就进入到一个江南园林般的优雅环境中，在各个活动室内，有打牌的、练乐器的、学习舞蹈、练武术的……家住附近的居民李艺灵告诉记者，她 49 岁了，几乎每天都来转转，今年在文化活动中心学会了电脑，自己经常到这里上网聊聊天。一位从银行退休的摄影爱好者，每天拿着相机来活动中心抓拍一些照片，免费送人。他说，文化活动中心给当地居民提供了一个大家交流的平台，借给大家拍照的机会，认识了不少朋友，自己也图个高兴。

（二）

与滨湖区不同，北塘区北大街的居民则把自己最想要的项目选择在社区的老年人服务上。北大街有12个社区居民委员会，2006年，街道在广泛征求社区居民意见的基础上，在众多的项目中，初选了四个项目让102名代表投票排定项目的优先顺序。该区副区长田玲告诉记者，北大区老年人占到20%，最终大家选择这个为老年人服务的项目，并取了一个好听的名字：金色港湾居家养老服务中心。虽然投资只有100万，该中心却解决了老年人的大问题。中心下设救助、洗浴、配餐、教育、健身等5个部门，老人花上几元钱就能订到一餐荤素搭配的午饭。当地街道的负责人介绍说，经过招标，餐厅对外营业，但对社区老人则给予40%的优惠。

社区上什么项目，让老百姓自己去选择，这个做法在无锡市一经试行便受到老百姓的热烈欢迎。

“100多人投票，场面热烈极了。”当地街道干部回忆老百姓投票的场景时，对记者如是表示。

67岁的退休教师钱渝娥参与了项目的全过程。钱渝娥是南尖社区的居民小组长，她在征求社区老人意见的时候，大家对上这个项目十分赞成，她告诉记者，政府免费为老人在家里装了一个呼叫器，呼叫器按一下，能够按顺序自动转移到8个电话号码上，老人一旦遇到危险，8个电话总有一个能够收到，社区工作人员及时赶来救助。

参加投票的退休干部王金泉向记者表示，过去要搞什么项目，都是由领导说了算，现在政府要老百姓参与，大家拍手欢迎，老百姓的事让老百姓参与，一定能办得更好，而且也避免了暗箱操作，这样的民心工程比政府做什么宣传都更管用。王金泉高兴地告诉记者，在项目施工过程中，他也经常到现场去看，提了几条改进意见，比如考虑到老年人行走不方便，建议把走进活动室的楼梯改为斜坡，这些好的意见都被施工单位采纳了。

（三）

记者在采访中了解到，无锡市试行的参与式预算是在中国发展研究基金会和当地政府的积极推动下展开的，尤其是在江苏省委常委、无锡市委书记杨卫泽的直接推动下进行的。杨卫泽书记曾说过："财政工作长期以来有一种神秘化倾向，其实没必要神秘，人民的钱对人民有什么好神秘的。财政要用好纳税人的每一分钱，就要公开透明，在阳光下制定财政预算，决定财政预算和监督预算的执行。"

据统计，参与式预算模式18年前于巴西诞生，已经有200多个城市采纳了参与式预算以及类似的模式进行市政管理。无锡是从2006年开始在该市两个区进行试点的。北塘区作为最早的试点区之一，经过一年多的实践，该区区长王进健对记者说，从试点情况看，有三点体会：一是转变了政府的观念。通过参与式预算这样一种形式，政府找到了执政为民的一个很好的载体和抓手，让老百姓直接参与，就使得政府的执政意愿与老百姓的愿望更接近了，也避免了一些政府部门官员在出台政策时可能出现的闭门造车。二是通过老百姓的直接参与，打破了财政的神秘感，让财政变得更加公开、透明，真正体现了聚众人之财、办众人之事的公共财政思想。三是解决了老百姓最关心、最紧迫的实际问题。

"实际上，这样做也让老百姓了解了政府为民办事的诚意和有多大财力办多少事的现实情况。"王进健最后总结说。

有了2006年的试点做基础，在无锡市委、市政府的大力支持下，2007年参加试点的街道一下子增加到16个，参加投票的群众代表达1190人。由群众代表从73个预选项目中投票产生了32个参与式预算实施项目，比上年增加29个，项目总预算2506万元，比去年扩大了8倍，预计有36万多老百姓年内就可享受到参与式预算带来的实惠。

按照无锡市委、市政府的要求，无锡市将力争用3年左右的时间，逐步在街道一级全面推行社会事业项目的参与式预算。无锡市财政局毛保家局长认为，无锡正在进行的试点体现了老百姓全过程参与的鲜明特色，相对而言，在财政资金的管理上比巴西模式更加全面。按照市委市政府的要求，无锡将把从国外引进的管理模式与探索为民服务的长效机制结合起来，使得参与式预算在当地更有生命力。

据毛保家介绍，长效机制将从 5 个结合考虑：一是与为民办实事工程相结合，从讲政治的高度提高各部门对试点工作的认识；二是与部门预算相结合，将参与式预算纳入财政预算管理体系，保证参与式预算项目资金的可靠来源；三是与政府采购相结合，彻底杜绝暗箱操作，提高财政资金的使用效率；四是与信息系统相结合，建立参与式预算项目库，实现参与式预算项目的统筹规划；五是与绩效评估相结合，建立群众满意测评指标，提升为民服务质量。

（四）

走在无锡市街头，记者听到了人们对参与式预算的种种评价。人们在普遍积极评价的同时，也提出了更高的期望。有的说，规模可以再扩大一些，目前试点的数额只占预算规模的 1%；有的说，老百姓只看到眼前的利益，预算观念也不强，随意性大；也有的提出，在街道一级试行参与式预算能够说得过去，如果扩大到县乡一级，就可能和现行的管理体制相冲突，从预算审批的角度看，决定权应该在人大，民意代表在法律上有没有合法地位，等等。

有一位学者曾经说过大致意思是这样的一段话：财政改革是低调的，它不会过高提高人们的期望值，但是经过一段时间，人们回头再看时，却往往给人们带来意想不到的惊喜。因为政府的一切行为最终都体现在财政预算上，预算的公开，意味着政府行为的公开。

参与式预算作为一项新生事物，究竟能够走多远，对中国未来能够产生多大影响，时间将会做出最好的回答。

（摘自《中国财经报》 记者：苗福生）

❸ 从机关文件中发现新闻

我们几乎每天都在和各种各样的文件打交道，对于政府部门而言，制定文件是因为要解决某个问题。比如针对社会上普遍反映的吃喝风的问题，各级政府就可能出台严禁吃喝风的文件；比如针对向农民乱收费的问题，政府部门就可能出台一项严禁乱收费的文件。这些凡是不涉及国家机密又是社会大众所普遍关心的文件，都可以成为新闻。例文4这篇新闻，就是从一份文件中淘到的新闻。众所周知，文件作为一种实用型的文体，有一套自己独特的写法，但是要改写成新闻，就必须抓住读者关注的新闻眼加以强调。与新闻相比，文件更侧重严谨与面面俱到，而新闻追求的是突出重点、亮点，强调传播的效果。

例文4就是一篇非常典型的新闻改写稿件。在原来文件当中，只是在条文中非常具体地提到，如何修改农村厕所，强调了其中的标准问题，但是，这不是新闻。这篇由文件改写的报道，好就好在从标题到导语，都牢牢抓住了文件中最引人关注的问题：农村中小学公厕。

【例文4】

村校厕所卫生成了部委眼中大事

中央财政总计投入2亿元，在10个省份率先开展“新农村卫生新校园建设工程”试点工作

农村中小学中长期被忽视的厕所卫生问题如今成了财政部、教育部、农业部三部委共同关注的“大事”，不仅被写进三部委的文件中，还特别增加了“人性化”的新建厕所设计标准。

厕所卫生是现代文明程度的标志，然而，在我国广大农村中小学，厕所

设施简陋，生活垃圾、污水得不到及时处理，这些都容易成为一些疾病的传播源头。为彻底改善农村中小学的环境卫生和生活条件，保障广大师生的身体健康与生命安全，财政部等三部委决定在广西、云南、陕西等10个省份率先开展“新农村卫生新校园建设工程”试点工作，中央财政为此总计投入2亿元。通过因地制宜建设沼气综合利用系统等方式，改造农村中小学现有厕所，既可以解决旱厕卫生、生活垃圾处理的问题，还能解决师生热饭、做饭难的问题，同时还能起到阻断肠道传染病、血吸虫等传染性强、容易集中爆发的疾病传播的作用。

这份日前由三部委联合下发的《关于认真做好“新农村卫生新校园建设工程”试点工作的通知》（以下简称《通知》）规定，此工程涉及到农村中小学的改水、改厕、建沼气池及净化系统、改灶等多个项目。目的就是要彻底改善农村中小学环境卫生，切断疾病传染源和潜在的安全隐患，在农村中小学建立“生态厕所＋沼气＋食堂改灶”的卫生新环境。

《通知》中明确规定，改造后的农村中小学厕所要符合“按女生每15人设一个厕所蹲位，男生每30人设一个蹲位，每40人建1米长的小便槽”的标准。

据了解，“卫生新校园”的建设主要分两种模式：第一种模式是“生态厕所＋沼气池＋食堂改灶”，适用于200人左右的走读制学校。这种模式是通过改建学校厕所、兴建沼气池、进行食堂改灶的方式，使厕所和沼气池实现一体化建设，配置沼液回流冲厕设施，产生的沼气用作师生做饭烧水的能源，沼肥则施用于附近的农田。第二种模式是“生态厕所＋沼气净化工程＋食堂改灶”，适用于300人以上的寄宿制学校。这种模式是在前一种模式的基础上，增加生活污水净化沼气池工程建设，用于处理寄宿制学校的食堂、浴室、宿舍排放的生活污水和粪便，所产生的沼气也是作为能源使用。三部委在《通知》中强调，各地要在传染病高发、水污染严重及存在安全隐患的地区和具有示范效应的地区首先开展试点工作。同时规定，纳入“卫生新校园建设工程”的学校必须是在全国中小学布局调整规划中长期保留的学校，而且要符合基本办学条件完善、校园布局规划合理等要求，确保“建设一所，成功一所”。

（摘自《中国财经报》　记者：刘雅琼）

从会议中找新闻

读者普遍不喜欢会议报道，从电视新闻到纸媒体，读者看到会议新闻，一般都是跳过去，除非是特别重大的会议新闻。

其实仔细分析一下，读者不喜欢会议新闻，主要是冗长乏味的会议报道将重要的新闻价值掩埋了。实际上会议是记者获得新闻线索的一个十分重要的途径。

一般而言，会议上信息最密集，会上的专家、官员相对比较集中，很多平时很难采访到的官员、专家，这个时候可以近距离接触；更重要的是，会上往往有一些讨论或者争论，这些观点就很有新闻价值。还有会上往往会发布一些带有趋势性或者导向性的观点、措施、政策等。这些都是记者重点报道的对象。

有一个例子堪称经典。2003 年中国“非典”结束之后，国外的舆论焦点从“非典”转向人民币升值问题上。一时间，以美、日、欧为代表的一些国家大造舆论，大有逼压人民币非升值不可的势头。这个时候，我们注意到，国内召开了一个关于人民币汇率的国际研讨会。会上，美国著名经济学家、欧元之父蒙代尔对人民币升值持完全反对的观点，他呼吁中国政府一定要顶住压力，不能让人民币马上升值。会上他打了一个比方说，让人民币升值的危害超过“非典”，这句话后来成为一家媒体的重要新闻。该媒体以醒目的标题写道：蒙代尔说：人民币升值的危害将超过“非典”。这篇新闻就很好地抓住了这次研讨会的核心价值，是一篇非常成功的报道。

例文 5 是《中国财经报》记者在 2006 年 7 月 25 日财政部教科文司在

云南召开的一次培训班上，根据教科文司司长的讲话发回的报道，从报道的引题到主题，可以看出，记者在对这次会议内容的报道选择上是下了一番功夫的。报道跳出培训班上的具体内容，而放大了这次会议上领导关于事业单位资产管理讲话的核心价值。

【例文 5 】

针对事业单位资产管理薄弱的现状，财政部等部门联合出台中央级事业单位国有资产的具体管理制度

对症下药　管住苦乐不均

本报讯 一方面是闲置，一方面是短缺。针对事业单位资产管理薄弱的现状，财政部教科文司司长丁学东日前在对中央部门的《事业单位国有资产管理暂行办法》培训班上透露，财政部将会同有关部门加快制定中央级事业单位国有资产管理暂行办法及有关资产配置、使用、处置等具体管理办法。

事业单位资产是国有资产的重要组成部分。据权威统计数据表明，截至2004年底，全国国有资产共11.58万亿元，其中事业单位国有资产总量已达到2.73万亿元，占国有资产总量的23.5%。而且近几年，事业单位国有资产每年都以10%以上的较高速度增长，其总体规模和占国有资产的比重将越来越可观。

当前事业资产的管理还十分薄弱。主要表现在资产产权不够清晰，本应享有资产占有使用权的部门（单位）往往拥有对资产的全部支配权；家底不清、账实不符，资产日常核算和管理水平有待进一步提高；配置不均衡，不同部门（单位）之间资产占有苦乐不均，资产闲置浪费与短缺现象并存；监管比较薄弱，国有资产及其收益的流失比较严重等。

丁学东指出，社会上有一种说法认为教育、医疗的投入不足，不能满足人民群众的需要，实际上，矛盾主要是因为拥有优质资源的学校和医院不够

多，不能满足人们群众对高水平服务的需求。可另一方面，一些地方却利用财政投入大建豪华学校、豪华医院。豪华学校利用资源优势收取“择校费”或通过“校中校”进行高收费；豪华医院也是通过高收费来为少部分人服务，造成大多数人的需求得不到满足。这些现象的根源都是由于国有资产配置不均、管理不善造成的。他建议，在考察公共设施，设立最低标准的同时也应该设立一个最高标准，凡是超标准、超豪华的公共设施都不属于公共财政应该提供的范围，而应该由市场去提供。

下一阶段，财政部教科文司将会同有关部门加快制定中央级事业单位国有资产管理的有关制度，抓紧制定中央级事业单位国有资产管理暂行办法及有关资产配置、使用、处置等具体管理办法。同时，还要确立中央级事业单位资产管理的工作规程，明确对有关部门的授权事项和范围，全面开展中央级事业单位资产管理工作。

（摘自《中国财经报》　记者：刘雅琼）

从名人、专家观点中找新闻

名人、专家出席各种各样的社会活动，他们经常会就当前的一些社会热点问题发表自己的看法，这些看法往往具有一定的新闻价值。由于各种媒体的定位不同，许多媒体根据自己媒体的定位，选取不同的报道角度，也有的往往抓住名人或者专家观点中的某一个亮点加以突出报道。

需要特别指出的是，写观点新闻，媒体可以选取自己的角度，但是不能断章取义，更不能按照自己的需求歪曲别人的观点。这样往往造成负面的影响，不仅对名人、专家不够尊重，而且媒体的公信力也会大打折扣。

眼下，名人、专家参加的各类社交活动很多，获得观点新闻的机会也很多，记者必须选好角度，才能写好类似的新闻稿件。

【例文 6】

贾康：国内近20%市级地方政府负债率超100%

财政部财政科学研究所所长贾康15日在一论坛上表示，现在国内有接近20%的市级地方政府和3%的县级政府负债率超过100%，但他同时称，未必超过100%就一定出事，如果成长性很好就可以有比较高的负债率。

贾康是10月15日在清华大学中国与世界经济研究中心举办的论坛上做出上述表述的。贾康说，从现在来看，没有普遍发生跟这一轮的刺激计划相关的、有威胁的、成规模的呆账、坏账。

贾康还称，从现在逻辑来看，如果借银行贷款不能按期归还，或展期的话，首先要冲抵银行自己的呆账准备金。而如果某几家银行的呆账准备金不足以抵消坏账的话，中央可调集资源灭火，消化坏账的资金来源也是有的，例如可以通过长期债来注资，在安全区内动用公共举债的空间，对国家财政来说资源是有的，但贾康反复强调不认为会走到这一步。

据此前国家审计署公布的数据，截至2010年底，除54个县级政府没有政府性债务外，全国省、市、县三级地方政府性债务余额共计10.72万亿元。

（摘自2011年10月17日《东方早报》）

【例文 7】

大吃大喝须“严刑重典”

——代表委员建言遏制“嘴上腐败”

“更加注重勤俭节约，严格控制‘三公经费’，大力精简会议和文件，深化公务用车制度改革，进一步降低行政成本。”

政府工作报告中有关“三公经费”的论述，在出席两会的代表委员中引起强烈共鸣。

代表委员们认为，过去一年，中央有关部门在公开“三公经费”上迈出坚定步伐。但是，面对各地暴露出来的公款大吃大喝顽疾，一方面要加大现有制度的执行力度，一方面也急需“严刑重典”遏制“嘴上腐败”。

“三公经费”公开 吃喝之风依旧

从98个中央部门和北京、上海、广东、陕西等省（市）公开“三公经费”，到去年年中十一届全国人大常委会第二十一次会议首次审查中国政府中央财政“三公”经费决算支出的情况，2011年，“三公经费”的公开在一段时间内持续成为社会关注的热点新闻。

代表委员们认为，深化部门预算改革，推进政府预算、决算公开，从中央到地方进一步完善预算管理制度的决心很大，起步喜人。

“形势仍然不容乐观。”今年两会，全国人大代表、富润（浙江）控股集团董事局主席、党委书记赵林中依然关注“三公”尤其是公款吃喝问题。作为一名企业经营管理者，他坦言：“我本身既是这种风气的受害者，同时又无奈地成为这种风气的助长者——经常请吃和接受吃请。”

曾向全国人大常委会提交《关于遏制过度应酬、公款吃喝》建议的赵林中，为记者列举了调查后整理的过度应酬、吃喝之风泛滥的表现，他认为公款吃喝应酬已慢慢变成“灰色腐败”。

“适度的公务接待是开展工作的需要。”赵林中说，但超过了一个“度”，就会导致巨大的负面效果。

公款吃喝加重了国家的财政负担，损害了党和政府的形象。“公款吃喝的目的、过程及费用来源的隐蔽性和模糊性，都导致其实际开支成为难以统计和羞于公开的糊涂账。”全国政协委员冯培恩对此深恶痛绝。

原因分析：谁在“纵容”公款吃喝

为制止公款大吃大喝，中央和地方各级各部门不仅形成了一整套预算管理制度，而且相继出台了招待费限额控制、定点招待、发票管理等约束性规定。全国政协委员施耀忠说，但是这些制度仍然存在漏洞，执行力有待提高。

“我国公款吃喝监管措施虽多，却难以落实，其重要原因之一是暗箱操作，缺乏透明度。”冯培恩委员认为，缺乏规范和监督管理，形成“上级不好监督、同级不愿监督、下级不敢监督”的监督“死角”。

“财务报销制度的不完善，也在纵容着公款吃喝。”代表委员指出，公款吃喝可以在所谓会议费、出国费、培训费、调研费、科研费等合法的项目下报销。而公款吃喝的费用之所以能够顺利通过财务部门、审计部门等的审核与监督，是发票在“漂白”庞大的黑色账目。

同样是关于公款消费的问题，中科院院士郑兰荪等 30 多名科技界全国政协委员联名向政协大会提交提案，将矛头对准了公款消费烟酒。

“虽然喝酒在一些宴会上难以避免，但还是应当加以限制。”郑兰荪等委员认为，“这部分费用由政府埋单，成本转嫁到了纳税人身上。”他们建议审计部门对相关费用加以严格审核，各级纪检监察部门切实落实有关规定。

“制度的生命力在于落实。”施耀忠说，如果每一项现行招待费管理制度都能得到有效落实，如果每一个国家公职人员都自觉遵守制度，特别是每一位领导干部能严于律己、率先垂范，那么我们有理由相信：公款招待费居高不下的局面一定能够得到有效控制。

全国政协委员迟福林建议，在制度上尽快把行政成本核算机制引入各级政府的考核之中，建立既注重结果，又注重成本的现代行政绩效考核体系，并将群众的满意度等指标都纳入这一体系中。

界定公款吃喝的“罪与非罪”是核心问题。赵林中代表认为，贪污在我国刑法中已经明确属于犯罪行为，而公款吃喝等浪费问题没有列入，这也是公款吃喝等不能得到遏制的重要原因。

多管齐下："严刑重典"堵住"嘴上腐败"

尽管我国GDP总量排名世界第二，但人口多、底子薄的基本国情仍没变。代表委员纷纷呼吁真正建立起遏制公款大吃大喝歪风的长效机制，用"严刑重典"堵住嘴上腐败。

朱永新代表说："管住了嘴，不但可以轻轻松松地省下巨额财政支出，又有助健康。应该把公款吃饭的支出列入单独预算，实行单独公示、单独考核。"

他建议财政部制定、公开和实行严格规范的公务招待财务报销制度，规定允许公款招待的范围和条件、规格和额度、审批和报销程序等。

全国人大代表、海南大学校长李建保提出，制定和施行严格的公务接待报销制度，所有单位都实行公款接待网上公示制度，让每个官员和公务员接受全体纳税人的严密监督。

借鉴国外经验，结合中国国情。九三学社中央向政协大会提交的提案，建议从财务报销、网上公示、外部和媒体监督、行政绩效考核以及反浪费立法等多个角度，构建立体式、严密的制度体系。同时要加强体制外监督，例如引入无公款吃喝机会和无公款吃喝权力的来自民间的监督力量，通过完善相关法律制度来保障媒体行使监督公款吃喝的权利。

全国政协委员史贻云则建议尽快把行政成本核算机制引入各级政府的考核之中，建立既注重结果，又注重成本的现代行政绩效考核体系。

"公款吃喝者侵占和浪费了社会财产，应当对此通过立法定罪"，赵林中建议修改刑法设立"挥霍浪费罪"。同时他表示，定罪不是目的，主要是为了通过立法来遏制挥霍浪费。

冯培恩委员也建议制定反浪费法，使惩治公共资源浪费有法可依，进而使公共资源浪费无立足之地。

（摘自新华社北京2012年3月7日消息）

在数字中找新闻

财经报道离不开数字。数字是抽象的，但是在媒体工作者的笔下，数字应当是活着的。今天，我们几乎每天都在和数字打交道，在新闻报道中，应当注意的是，要抓住关键数字，并通过比较、分析等对数字的背后作深入的报道。在财经报道中，也应当特别警惕使用过多的数字。实际上，在文字中使用数字时，一般都是必须出现这个数字才去选择这个数字，而罗列太多的数字往往会造成阅读的困难。

在数字新闻中，对比往往能产生非常好的效果。比如2008年浙江省公布了第一季度的GDP增速为11.8%，这个数字多了还是少了，对读者而言，毫无疑义。而一家媒体通过在副题中的对比，就把这个数字用活了，该新闻主题是：浙江一季度经济增长11.8%，副题是：经济增速同比回落2.8个百分点，企业景气指数偏冷。全文用800多字对这个最新的数字进行了分析，这对读者了解浙江经济起到了很好的辅助的作用。

例文8是关于三农支出的新闻，眼下，三农投入到底多少，这篇报道用大量的数字作了回答。

【例文8】

生产1斤粮食，中央财政支出逾0.4元

2011年，中央财政投入“三农”资金将首次达到1万亿元左右

本报讯 据财政部农业司有关负责人介绍，从目前的投入情况来看，今年中央财政对“三农”方面的投入规模将在年初预算安排9884.5亿元的基础上进一步加大，预计全年对“三农”的投入规模将首次达到1万亿元左右。

该负责人表示，据测算，种1亩粮食，农民的物化成本约为300元左右。

中央财政平均对每亩粮食的补贴资金将近 100 元，财政投入占农民物化投入的 1/3。今年，中央财政支持农业生产支出 3938.7 亿元。执行下来，这个数字还会有所增加。如加上今中央财政对种粮农民的 1406 多亿补贴资金在内，按我国今年粮食总产 1.1 万亿斤计算，平均每生产 1 斤粮食，中央财政的支出将会超过 0.4 元。

据介绍，2011 年，中央财政用于“三农”的资金主要用于促进农民增加收入、增强农业综合生产能力、深化农村综合改革和推动农村社会事业发展。地方财政也相应加大了“三农”投入。

2011 年，中央财政新增 129 亿元资金支持粮食生产和抗旱工作，全面启动 2011 年全国粮食稳定增产行动。在夏粮生产十分关键的时刻，国家决定提高今年的补贴规模，补贴总额达到了 1406 亿元，比去年增加了 14.7%。安排粮油奖励 225 亿元，又增加了 40 亿元，粮食风险基金地方配套 249 亿元全部改由中央财政补助，取消了地方的配套。实施粮食最低收购价政策和主要农产品临时收储政策，大幅度提高并及时公布了小麦和稻谷的收购价格。

加强农田水利等农业农村基础设施建设，是巩固农业基础地位、加快发展现代农业的迫切需要，也是统筹城乡发展、建设农民幸福生活的美好家园的迫切需要。2011 年，中央财政预算安排资金近 1600 亿元，比 2010 年增长超过 15%，主要用于强化以水利为重点的农业农村基础设施建设。

2011 年，国家拟再解决 6000 万农村人口的饮水安全问题，农村安全饮水普及率达到 77%；积极发展农村沼气，力争年末农村沼气户数达到 4325 万户，比上年增加 325 万户；实施新一轮农村电网改造，加快无电地区电力建设；继续支持农村公路建设；加大农村危房改造力度，今年拟安排 150 万户以上；实施好游牧民定居工程。

为大力改善牧区群众生产生活条件，加快推进基本公共服务均等化，让广大牧民共享改革发展的成果，今年 6 月，国务院出台《关于促进牧区又好又快发展的若干意见》。决定从 2011 年开始，在内蒙古、新疆、西藏、青海、四川、甘肃、宁夏和云南8个省区，全面建立草原生态保护补助奖励机制，覆盖60亿亩草原、惠及近200万户牧民。中央财政安排草原生态保护补助奖励资金136亿元。

今年，中央财政促进农村教育、卫生等社会事业发展支出3963.6亿元，农产品储备费用和利息等支出576.2亿元。

在一系列强农惠农政策的支持下，我国农业生产形势良好：夏粮再次丰收，秋粮丰收已成定局，为稳定通胀预期、保持经济平稳较快发展奠定了坚实基础，也为确保国家粮食安全、稳定粮食市场提供了有力支撑。

（摘自《中国财经报》　记者：李存才）

第三章

寻找新闻线索（下）

导　读

一些研究报告、政府文件中的重要观点与举措，不同地区经济文化的地域特色等，往往具有重要的新闻价值。

记者手上最好备一份标有国际国内重要纪念日活动的日历表，以备适时查阅，找到新闻。

生活处处有新闻，做生活的有心人。好奇心是新闻记者最重要的秉赋之一。

从“新闻”中找新闻

2008 年春天，网上和报纸纷纷爆炒一个新闻，就是中国平安老总的年薪问题。数据显示，中国平安的董事及高管中，有 3 人税前薪酬超过 4000 万元。其中，董事长兼 CEO 税前报酬为 4616.1 万元，另有 2000 万元奖金直接捐赠给中国宋庆龄基金会，累计 6616.1 万元，折合每天薪酬为

18.12万元，刷新A股上市公司高管的薪酬最高记录。

在当前收入分配差距过大的时代背景下，中国平安老总的薪酬无疑是一个典型的案例，《北京晚报》的这篇报道就是在大量新闻报道的基础上，进行的深度报道，应该说，在众多的报道中，这个围绕平安老总收入话题的专题报道，显得相对理性，也体现了新闻报道的公正、均衡的报道立场，同时为读者提供了几个思考的角度。

该报道共分为几个部分，即：新闻回放、新闻思考、新闻纵深等三个板块。在三个板块中，新闻回放部分首先客观介绍了董事长年薪6000万的新闻事实以及中国平安和网民的解释和不同看法；新闻思考部分通过采访中国人民大学两位专家引入更加深入的思考；而新闻纵深部分则介绍了当前国际上的老总年薪的话题。在类似的热点问题的报道中，显然这篇报道在报道的深度、广度，尤其在处理新闻的平衡方面，值得参考。

媒体到了今天，信息的传播可谓铺天盖地，如何处理一个广受争议的新闻事件，媒体的责任是，有必要将争论引向深入。在舆论多元化的年代，严肃的媒体不应受社会舆论情绪化的影响，应当在掌握更多信息的基础上，理性把握好社会舆论，特别应当敏锐地抓住当前的重要新闻，将之当做重要案例。

例文1这篇关于养狗的新闻也是一段时间以来，各家媒体纷纷关注的一个社会话题。由于媒体定位不同，各媒体关注的重点，角度也各有侧重。刊登在《中国财经报》的这篇报道，角度独特，在同类题材的报道中，展示出了专业媒体的独特眼光。

【例文1】

对养狗者应征收高额消费税

一看题目，一定有人会问，凭什么养狗就要收消费税?

没错，古往今来，一提到狗，人们往往把其和“忠诚”联系在一起。过去是风里雨里看家护院，现在又能搜毒导盲，狗一直任劳任怨地充当着人类的助手和朋友。可是现在养在都市里的宠物狗却似乎变了其中味道，不但不能吃苦，反而金贵起来。现在流传着一个笑话，说的是现代人的十大颠倒事，其中一条便是：管自己儿子叫小兔崽子，管自己养的狗叫儿子。

如今的宠物狗甚至比人更有身份。吃饭有狗粮、狗罐头；穿衣有公主裙、迷彩装；出门有狗厕所、狗餐厅；生病了有狗医院；没事就去做个狗美容，闲了可以上上狗学校；想交朋友有狗婚介，结婚还有婚纱照……总之，人有的，狗都有了，人没有的，狗没准先有了。

当然，这全套服务的背后，是一笔庞大的经济开支。狗洗一次澡 50 元，剪一次发 200 元，买一件衣服 500 元，看一次病几百元到上千元，照个写真集竟然高达 4 万元……就算这些并不是普遍现象，但办狗证一年也需要 500 元，加上需要为狗注射免疫疫苗和平时的吃喝拉撒睡，一年养狗的费用再节省也要超过 1000 元。以目前北京市注册的 53.4 万只宠物狗为例计算，北京市民一年养狗的费用将超过 5 亿元。加上狗咬人后，需要花钱注射狂犬疫苗；狗在外随地大小便，需要大量人力物力进行清扫；社会付出的成本也以亿元计。据某中央媒体披露，全国的宠物狗高达 7000 多万条，这其中巨大的社会成本已经远远超出我国这样一个发展中国家的承受能力。

同养狗人的“大手笔”相比，另一组数字同样让我们惊心。社会科学文献出版社出版的《中国全面小康发展报告（2006）》透露，目前全国农村贫困人口约 2600 万人，城镇居民最低生活保障线下约有 2200 多万人，两者合计有 4800 多万人。而如果根据国际上每人每日消费不足 1 美元即为贫困人口的标准，按照世界银行最近的估计，目前中国约有 1.35 亿人还处在国际贫困线以下，相当于总人口的 1/10。一边是一年养狗的费用数以十亿计，一边是 1.35 亿人每人日消费不足 1 美元，强烈的反差足以引人深思。

向狗收税在国际上早有先例。在德国养狗必须得到政府批准，而且要交狗税。在柏林养第一只狗每年交税为 120 欧元，第二只狗则要再交 180

欧元，不许养更多的狗。对于狗可能对人、其他动物和财产造成危害，德国还规定养狗人必须为狗上强制保险，用于赔付因狗造成的损失。柏林就规定，养狗人要为狗上不低于100万欧元赔偿额的保险。还有不少国家对养狗人都有严厉的规定，如美国纽约，如果不及时清理狗屎，养狗人将被处罚50至100美元。奥地利首都维也纳一位议员甚至曾于今年5月建议登记所有狗的DNA数据，以此追踪影响市容的狗屎。狗主人要为狗屎支付225欧元的罚款，还要支付DNA测试的费用。

必须指出的是，在我们实现中华民族伟大复兴的进程中，要时刻牢记胡锦涛总书记提出的“以艰苦奋斗为荣，以骄奢淫逸为耻”的谆谆教导，厉行节约，把精力和财力尽可能用在建设社会主义祖国上。当然，少数有钱人愿意养宠物狗，过超乎常人的奢华生活，是其个人自由。但是其必须为此支付高额的消费税，以补偿其造成的社会总成本的浪费。我们的各级政府不仅仅要加强对养狗行为的管理和对养狗人的社会公德教育，更重要的是要通过对养宠物狗征收高额消费税，体现我们这个社会主义国家倡导什么、限制什么，通过税收调节贫富差距，构建社会和谐。

（摘自《中国财经报》　作者：笑非）

从研究报告中找新闻

研究报告本来与新闻并不搭界，但是，一些研究报告中的重要观点、重要发现，往往具有重要的新闻价值。这一点是记者应当特别关注的。比如，法国一个权威机构经过调查得出一个结论，这个发达资本主义国家的国民，大多数人反对市场经济，这可能是出乎人们预料的。因此，这篇新闻的报道就是《多数法国人反对市场经济》，再有，前几年，国内一家著名媒体做过一项调查，在这项针对大学生就业调查的问卷中，许多大学生认为，当前就业并不是靠真本事，而是社会关系很重要。因此，这家媒体突出了这个重要调查结论，新闻标题为《大学生就业要靠“关系”》。这样的新闻有很多。例文 2 是美国人口普查局发表的调查报告，不同媒体均从中找到了新闻报道的角度。

【例文 2】

美国贫困程度创52年新高

美国对于贫困的定义是，一个四口之家的年收入低于 22314 美元或者个人收入低于 11139 美元

【英国广播公司网站 9 月 13 日报道】美国人口普查局的年度报告显示，美国贫困人口去年增加到 4620 万人，差不多每 6 个人就有一人生活在贫困之中。

美国对于贫困的定义是，一个四口之家的年收入低于 22314 美元或者个人收入低于 11139 美元。

18 岁以下儿童中 22% 生活在贫困线以下。针对这一数字，美国儿童权益保护组织儿童领导委员会说：“贫困儿童人数的增加是政治领导人重视富翁而不重视儿童的直接后果。儿童应该成为我们首要的考虑对象。”

从地区来看，南部的贫困率最高，为 16.9%。

密西西比州是贫困率最高的州，为 22.7%，新罕布什尔州的贫困率最低，为 6.6%。

【合众社华盛顿 9 月 13 日电】美国人口普查局今天说，2010 年美国的贫困率攀升到 15.1%，也是连续第三年上升。

这一比例意味着有 4620 万人生活在贫困之中，是有统计数据的 52 年来的最高数字，高于 2009 年 14.3% 的比例（4360 万人）。不过人口普查局说，这一比例比 1959 年的贫困率还是要低 7.3 个百分点。

贫困家庭的比例则从 2009 年的 11.1%（880 万人）上升至今年的 11.7%

（920万人）。

排除通胀因素后的家庭中值收入2010年同比下降2.3%，达49445美元。

最新统计数据涵盖的时间为2007年12月至2009年6月。

人口普查局说，自2007年以来，家庭中值收入减少了6.4%，比1999—2000年经济衰退前的峰值低了7.1%。

【美国国家公共电台网站9月13日报道】并不出乎人们的意料，美国贫困率上升的主要原因是工作岗位缺乏的情况持续存在。

康奈尔大学经济学家里奇·伯克豪泽表示，几乎每个人的收入都下降了，而令人吃惊的是整体下降的速度要比2008年经济危机最严重的时候更快。伯克豪泽说，主要的原因是就业人口人数大幅萎缩。

他说："男性就业人口的人数自2007年以来已经减少了超过300万人，去年又减少了65万。所以这很令人不安。"

女性就业人数也在减少，而兼职的人数则有所增加。这导致越来越多的人生活在贫困线已下。

从政府例行报告中找新闻

政府的不同部门经常会发布一些工作报告，这些报告由于其所代表部门的权威性，其中经常隐藏一些重大新闻。这些报告本身不是新闻，但是报告里面会有一些重要观点、数据等，记者的任务就是从里面将具有新闻价值的部分挑选出来，有的时候，还需要补充一些新闻背景材料，让新闻变得更立体、全面。下面两条新闻就是从地方政府债务风险和会计假发票的角度分别报道了国家审计署发布的审计报告。应该说，两个角度，都有特色，都是好新闻。

【例文3】

中国地方政府债务风险高

中国各部门预算年年审，年年被发现各种资金使用问题。但是审计工作也在问题不断被发现的过程中，强化审计深度与内容公式的细致程度。

审计署昨天向全国人大常委会作的审计工作报告就对外披露，2009年，各级财政中有超过7亿元人民币民生资金被挪用；中央部门用假发票套取资金的问题普遍；一些中央部委与单位违规运用资金金额达34.84亿元。此外，审计署也首次披露了中国地方政府债务存在的风险。审计报告指出，到2009年底，全国18个省、16个市和36个县的政府性债务余额就高达2.79万亿元。

报告也显示，庞大的地方性债务有相当部分是2009年中国政府刺激经济背景下的副产品。在当局审计的政府性债务中，超过三分之一即1.04万亿元属于2009年新增债务。而这些新增债务中，仅有8.92%用于中央扩大内需新增投资项目的配套资金，此外相当部分用于建设2008年前已开工的交通、市政等基础建设。

审计结果也显示，有关地方政府的还债能力堪虞。

在金融危机中快速膨胀的地方政府性债务的解决，如今被视为中国能否顺利走出金融危机，实现“平稳着陆”的关键之一。

今年全国“两会”期间，就有来自银行界的政协委员提出，去年地方政府投融资平台负债达到6万亿元；最近国内媒体也引述不具名业内人士称，央行与银监会查出的数字是7.6万亿元。与此同时，美国西北大学教授史宗瀚提出的估算惊人，他认为地方政府去年底的债务可能超过11万亿元。

（新加坡《联合早报》）

【例文 4】

审计部门查出金额达1.42亿元的假发票

中国审计署发现，数十个国家部委和中央政府机构存在使用虚假发票报销开支的现象，涉及金额达 1.42 亿元人民币。

审计署审计长刘家义昨天表示，审计署对近 3 万张来自各个中央部门的已报销发票进行了随机抽查，发现其中 5170 张是虚假发票，涉及金额达 1.42 亿元人民币。

中央部门存在非法小金库和侵占公共资金等违规行为，这是由于缺乏透明和监督导致的一个痼疾。

中国国家行政学院一位教授说，这次审计报告特别具有警示意义，因为中央部门从来没有被披露过这么大规模的虚假发票事件。他说："这真的是一个丑闻，应该引起更高层的注意，关注中央部门里泛滥使用虚假发票现象。"

虚假发票已经形成了一个产销一条龙的地下产业。对会计部门构成了很大挑战。但这位教授说："既然审计人员能够认出假发票，那么各中央政府机构的会计部门也应该能够辨别，前提是他们愿意的话。"

（香港《南华早报》网站）

从民意调查结果中找新闻

各类民意调查是获得新闻的渠道之一，民意调查一般选择的都是当下社会所普遍关注的社会、经济等热点问题，民意调查出来的结果，往往能够出现人们意想不到的结果，因此，对其中的重要结论进行报道，往往具有新闻价值。

【例文 5 】

半数俄罗斯人是“月光族”

全俄民调显示，半数俄罗斯人是“月光族”，每月花光所有收入，从不存钱。专家指出，俄罗斯国民储蓄情况有所恶化。和 2008 年 10 月一样，2010 年 6 月只有不到四分之一的俄罗斯人表示拥有存款。

在拥有存款的人中，富人占了大多数。例如，在那些百万人口城市中，50% 以上的高收入受访者拥有积蓄。但是，他们储蓄的数额均不大，只有 17% 的中产阶级受访者的存款够维持一年以上的生活。专家指出，随着收入的增加，人们的储蓄意愿也会增高。

包括中等收入者（39%）和富裕公民（30%）在内的多数人更愿意持有现金，其次才是将钱存入银行定期账户。

据俄审计署统计，59% 的俄罗斯人认为，目前的储蓄环境并不算好。差不多同样比例的人认为，他们的物质生活明年不会得到改善。相反，只有 15% 的人预期一年之内自己的经济状况将会好转。

（俄罗斯《晨报》2011 年 7 月 14 日）

6 从纪念日中找新闻

做新闻报道，手上一般都要备一份标有国际国内重要纪念日活动的日历表，以备适时查阅。除了重大节日之外，诸如世界睡眠日、世界环境日、世界水日等等，作为媒体，均应当有所呼应，有所反应。此外，有些在专业领域具有象征意义的日子，也有一定的新闻价值，比如在财政系统，分税制实施多少周年，农业税取消多少周年等均具有回顾、纪念的意义。有的时候，一项特殊的活动也很有意义，比如，胡锦涛总书记 2003 年春节前夕到河北张北县视察“三农”工作，一周年过去了，这里的三农工作有没有进展，财政做了哪些工作，这些也都可以反映。

【例文 6】

今年年初，胡锦涛总书记到张家口视察时，对提高农民收入表示了高度的关注，一年即将过去，这里的农民生活发生了什么变化呢？

张家口交出一份“三农”答卷

回忆起胡锦涛总书记今年大年二十九到家里包饺子的情景，张北县喜顺沟村的农民吕占林仍然显得很激动。吕占林指着家里的土炕说，“胡总书记就盘腿坐在这个炕上，胡总书记边包饺子边问我家里的收入生活情况。”吕占林记得他对总书记说，“您每天为国家大事操不完心，还为农民操心。”胡总书记说，“农民富起来也是国家大事。”说到这里，吕占林的眼角流出了热泪。他告诉我们，胡总书记一点架子也没有，就和家里来了一位普通客人一样。

吕占林不清楚，国家主席选择在这个中国传统大年的前夕来到张家口所具有的重要象征意义。胡总书记就是为“三农”而来，为农民尽快脱贫致富奔小康而来，16 年以后，中央再一次将“三农”当作“一号文件”发出，就已经向全国发出明确的信号，新一届中央政府将把“三农”问题当做当前工作的重中之重来抓。敏感的美国《时代周刊》嗅到了这个信号，一个中文名字叫傅睦友的美国记者在翻译的陪同下专程跑到张北采访了吕占林。张家口市政府当然也完全领会了“一号文件”的分量，并且在这一年很快出台了一系列的惠农政策，可谓声势浩大。

作为普通农民，吕占林也许不能读懂“一号文件”的全部内涵和深远意义，但是一年即将过去，他感觉到自己生活发生了明显变化。今年 54 岁的吕占林掰着手指为我们算了一笔账：他家 5 口人，今年收入达 12000 元左右，比去年的8000元多了4000元。这还不包括减去下调3个百分点的农业税，取消的农业特产税，还有粮食直补，以及政府免费为他家修建的2500元沼气池等。

吕占林对政府为农民办的好事全记在心里，他说，政府还为村里免费打了一口井，因为这里缺水，有了水浇地，种甜菜就有了保证，自从今年种上甜菜，收入直接增加了2000多元。他说，政府提供的小尾寒羊，品种好，免费咨询，政府今年把水泥路也修到了村里，交通方便多了。

与老实厚道的吕占林不同，白庙滩乡哈拉沟村的55岁村民李英则显得喜形于色。"今年的政策好，太好了！"李英怀里抱着一只小羊羔，就像抱着一个孩子一样显得十分亲热。除了享受到所有的惠农政策外，李英今年是两项政策的最大受益者：一是当地政府出台的周转羊政策；二是粮食直补政策。为了提高农民的收入，今年张家口出台了"周转羊"、"周转棚"政策。"周转羊"的意思是：政府向农民免费提供几只优质种羊，两年之后，在小尾寒羊快速繁殖之后，农民再还给政府原来的头数，留下的全部归自己，而交给政府的，政府接着周转给其他农民。李英说小尾寒羊繁殖快，两年以后，他就有40只左右的羊群了，几年之后就是几百只。李英的儿子指着堆了半屋子的粮食说，今年粮食直补和减少农业税，他家又包了一些地，去年一年粮食产量只有3000多斤，今年余粮还有7000多斤。今年的收入也比去年增加3000多元，李英说，到明年，就计划把黑白电视换成大彩电。

据记者了解，张家口市今年出台了一系列的惠农政策，年初推出"千村经济振兴"计划，列入活动之内的105万农民今年人均纯收入达2253元，比去年增收265元。全市共安排财政支农资金支出预算1.16亿元，增长19.5%，全年发展"周转羊"22万只，"周转棚"3776个。"千村经济振兴"活动以"四通工程"为突破口，着力改善农民的生产生活条件。具体体现在：年初人畜饮水困难的村有175个，目前已解决了149个村；有263个村完成通油（水泥）路工程，通路里程704公里，实现街道硬化的村198个，硬化里程280.4公里，对20个不宜通油路的村，修通了沙石路，通路里程

131 公里；解决了 84 个村的通电话和 78 个村的电视信号接收。此外，已完成 7 个村的移民搬迁，使当地农民生产生活生存条件得到切实改善。

记者获悉，张家口市委书记刘永瑞、市长高金浩近日就展开“提高农民素质大培训”活动，向全市农民发了一封公开信，信的大致意思是，在今冬明春，围绕提高农民素质这一主题，农民需要什么就培训什么，什么能使农民致富就培训什么，力争使全市直接受训农民达 100 万人，350 万农民受益。

来自国家统计局的消息称，今年农民收入增幅首次超过城镇居民，农业是今年经济的最大亮点。今年张家口交出的“三农”答卷，就是一个最好的例证了。

（摘自《中国财经报》　作者：苗福生）

地方来稿中发现新闻

媒体除了自己记者采写一定数量的稿件之外，全国各地通讯员以及普通读者的来稿也不在少数，但是采用率相对比较低；然而采用率低并不意味着地方的新闻稿件没有新闻价值，相反，许多重要的新闻价值来自地方的稿件。需要强调的是，地方来稿往往将新闻价值埋没了，或者没有真正体现新闻价值，这需要媒体专业编采人员在拿到稿件后要具有化腐朽为神奇的功夫。遗憾的是，今天处于急功近利的时代，特别认真、负责任的编采人员已经越来越少了。例文 7 就是地方财政系统发过来的稿件，稿件内容原本非常简单，相当于一篇简讯，后来经过我们的分析，发现这是一篇具有新闻价值的线索。对免费教科书进行循环使用，具有时代的特色。在此之前，我们还没有发现有哪家中央新闻媒体对此进行报道过，说明不仅有新闻价值，而且具有独家性。经过我们打电话与地方核实，对此稿进行了重新补充采访，并按照新闻的写法，在《中国财经报》头版头条并且以配评论的方式进行刊发。

【例文 7】

教科书的另一种“读”法

成都市青羊区推行教科书循环使用的做法，财政部教科文司表示，今后这项工作要继续在有条件的地方推开

本报讯 一本教科书，从一届学生的手里传到下一届学生手里，只要教材内容没有更换，书本没有严重破损，就会一年一年地传下去。这是目前在四川省成都市青羊区实行的教科书循环使用试点的预期目标，也是他们正在进行的一项新工作。

青羊区从 2005 年春季开始进行了教科书的循环使用试点工作，将教科书作为学校公共物品统一配置，免费为学生提供，逐年循环使用。据了解，在已经试行的学校，这项做法不仅受到了学生及家长的一致欢迎，而且循环使用的教科书绝大部分被保护得很好，完全可以直接转交给下一届学生。对于个别破损的书籍，学校也及时予以补充，没有影响正常教学。

目前，我国中西部地区正在全面推行农村义务教育阶段的“两免一补”政策，惠及了约 3000 万名贫困中小学生。其中“两免”就包括免交书本费和杂费。政府承担了教材经费之后，每年将投入 27.8 亿元，确是一笔非常可观的开支。据测算，如果各地都能成功推行教科书循环使用，每年最少节约三分之一的资金，一年可节省约 9 亿元的财政支出。如果这笔钱继续投入到扩大“两免一补”政策范围上，每年又会有 660 万中学生或 1300 万小学生受益。四川省财政厅教科文处处长常江告诉记者，四川全省每年用于教科书购买的经费就达 10 个亿，如果教材循环使用一年就能节省 5 个亿的财政支出。

“教科书循环使用的做法为实行真正意义上的义务教育开辟了道路，”常江说，家长免缴课本费，又没有将这笔开支转移到政府身上，没有加重政府

的负担，这样就又向实行免费义务教育迈出了一大步。

财政部教科文司有关负责人表示，对教科书的循环使用工作给予大力支持。他们评价，这项新做法不仅对减轻学生家长的经济负担，保证家庭困难学生顺利完成义务教育具有重要意义；而且大大节约了财政资金，省出的教材经费可由当地建立教科书循环使用基金，用于推进资助贫困生的工作。今后这项工作还要继续在有条件的地方逐步推开，让更多的农村孩子能享受“两免一补”政策的实惠。

（摘自《中国财经报》　记者：刘雅琼）

带着问题找新闻

财政在不同阶段，均有其重点工作。而在推进某项重点工作时，新闻宣传往往要择机寻找不同的地方典型经验，以此作为案例进行深入宣传。作为财政新闻工作者，就要带着这些问题与地方财政联系，找到这样的典型案例。这时候，就要看记者的人脉。

一个优秀的记者，人脉很重要。人脉即是朋友之间的工作往来，也是重要的新闻来源。人脉资源广的记者，往往能够很快获得第一手信息。记者与别的行业不同，获得第一手信息至关重要。因此，有人问，什么才是优秀记者必备的重要素质？我以为，交往能力、沟通能力、好奇心可能是最重要的。能写，当然也很重要，但是相对于获得新闻线索的能力，写则在其次。因为，记者即便写的不够好，由于新闻这个行业体现的是团队的力量，后面还有层层修改与把关，只要第一手信息有价值，这个新闻就可以得到比较好的处理。

带着问题找新闻，我们每年根据财政的工作重点，找到了很多的新闻。比如关于科学化精细化管理，关于“两基”建设，关于县级基本财力保障，关于财政预算绩效管理等等，我们做了很多这方面的选题报道。

【例文8】

省里少花点　县里多花点

——吉林省加大县级基本财力保障综述

开栏的话

近年来，县乡基层政府提供公共服务的内涵和外延均发生了较大的变化，在“保工资、保运转”以外，保障和改善民生、促进当地经济社会发展等方面的支出责任和压力越来越大，部分财力困难县乡财政收支矛盾较为突出。按照党中央、国务院的要求和部署，2010年9月，中央财政在缓解县乡财政困难“三奖一补”政策的基础上，全面部署建立和完善以“保工资、保运转、保民生”为目标的县级基本财力保障机制。中央财政采取以奖代补的办法，对保障好的地区给予激励性奖励，对存在财力缺口的地区，根据消化缺口的实际情况给予保障性奖励。

本报记者日前赴各地采访发现，一年多来，这一激励约束机制的建立，有效地引导了各地主动采取措施，完善了省以下财政体制，均衡了区域内财力分配，加大了对基层的财力倾斜和支持力度，积极推动了县域经济发展，切实提高了财政管理效率和资金使用效益。基层政府实施公共管理、提供基本公共服务以及全面落实中央制定的各项民生政策所需基本财力的长效保障机制逐步形成。本报从今日起开辟“县级基本财力保障机制建设巡礼”栏目，将一些地方建立和完善县级基本财力保障机制的探索实践展现给读者。

到吉林调研县级基本财力保障情况，该省的一组数字给记者留下深刻印象：从2005年到2010年，省级财政收入占全省的比重持续下降，从32.4%降到25.3%，5年时间，下降了7.1个百分点，幅度很大。

实事求是地说，吉林省级财力并不富裕，某种程度上，还比较困难。在全国，吉林是个财政小省，财政收入规模在全国一直排在后面。省级财政要办的事很多，但是站在全省一盘棋的角度，吉林省财政在省本级财力仍然比较困难的情况下，能够从大局出发，下大决心，将财力下沉，首先缓解县乡财政困难，从而使得中央财政推动的县级基本财力保障机制政策，在吉林得到较好的执行。吉林是如何做到的呢?

财力下沉不是一拨了之

“财力下沉，也不是简单地把钱拨给地方了事。”吉林财政厅厅长邹继宏说，按照财政部关于建立和完善县级基本财力保障机制的工作要求，吉林财政从三方面进行了筹划与布局。

一是在体制上动脑筋，不断完善省以下财政体制，加大转移支付力度。近几年，按照省委、省政府扩权强县的有关要求，为调动县（市）财政收入的积极性，促进县域经济加快发展，省财政在本级财政非常困难的情况下，将除基数以外的省级共享收入增量全部下放给了县（市）财政。2005年，省本级财政收入67.1亿元，占全省地方级财政收入207.2亿元的32.4%；2010年，省本级财政收入152.7亿元，占全省财政收入602.4亿元的25.3%；“十一五”期间，省本级财政收入占全省比重下降了7.1个百分点，年均下降1.4个百分点。同时，为支持开发区（工业集中区）加快发展，增强城区的财政实力，吉林财政还对中心城市开发区实行了税收返还政策（省级共享收入返还），近五年来，共返还78.8亿元。

吉林省把省共享收入下放，加上中央财政支持的资金，使完善县级基本财力保障机制在财力上有了保障。在中央财政的大力支持下，吉林省不断加大对县（市）均衡性等转移支付补助力度，近五年来，吉林财政对县（市）的各项转移支付达到618亿元，是“十五”期间的5.9倍。

二是在调动县级增收积极性上下功夫，强化完善各项激励措施。实行激励性转移支付，从2005年起，吉林财政每年安排一定额度的奖补资金，与县（市）地方级财政收入增长直接挂钩，努力调动其增收的积极性；设立工业集中区建设奖补资金2亿元，每年对工业集中区提供地区生产总值和财政收入等情况进行考核和奖补，重点支持县域工业集中区、开发区基础设施建设等；对进入全国经济百强县的县（市），省财政给予奖励；扩大县域突破工作奖励资金规模，从2009年起省财政安排奖励资金，到2011年已增加到了1000万元，对发展较快的县（市）给予奖励。激励机制的不断完善，使吉林近年来县域经济出现了活力，为较快实现县级基本财力保障起到了助推作用。

三是下大力实行省直管县的财政管理改革。按照国家要求，吉林省从2005年实行省管市，同时管县的财政管理体制，并根据财力与事权相结合的原则，进一步明确划分了财政收支范围。改革坚持了“三个不变”：即原有财政体制确定的既得利益不变；收支范围划分不变；市级财政对县级财政指导、支持和监督的职责不变。达到了“十个到县”：财政收支划分到县，体制补助（上解）基数核定到县，税收返还补助计算到县，专项拨款下达到县，转移支付补助分配到县，各项财政结算办理到县，预算资金调度到县，财政决算批复到县，政府债务管理到县，财政工作部署到县。省管县财政体制有效运行，进一步提高了工作效率，节约了行政成本，调动了市县当家理财积极性，增强了县市财政保障能力。

县乡“日子”好过多了

“县乡财力得到很大缓解，日子好过多了。”记者在前郭、大安等县听到了基层财政部门对这项政策更多的赞扬。这些过去财力保了运转和吃饭，保不了民生的贫困县，近年来可以拿出钱来做更多惠及民生的事了。

对于取得的效果，吉林省财政厅副巡视员张宝政说，省对县（市）下放共享收入等政策的实施，极大地调动了县（市）自我发展的积极性，县（市）级财政收入增幅高于全省财政收入增幅，财政实力明显增强，保障水平逐年提高。

县级财力状况逐步好转。在省下放共享收入等政策推动下，全省县（市）积极采取有效措施，大力发展县域经济，壮大地方财政实力。“十一五”期间，吉林省县级财政收入年均增长30.3%，高于全省平均水平

6.5 个百分点。省里通过不断加大县级基本财力保障机制奖补资金、均衡性转移支付等一般性转移支付力度，使县（市）财力规模不断扩大，2010 年县级财力规模达到 357.1 亿元，比 2009 年增加 50.2 亿元，增长 16.4%。这些数字意味着，吉林基层财力困难得到了很大程度的缓解。

保障能力进一步增强。通过下放省共享收入、不断加大县级基本财力保障机制奖补资金、均衡性转移支付等各项转移支付力度，县（市）财政保障能力明显增强。近五年来，全省县级财政支出年均增长 27%，高于全省平均水平 3.9 个百分点。全省县级保工资、保运转、保民生的能力明显提高，与经济发展、财政收入增长等多种因素密切相关，中央财政建立的县级基本财力保障机制，更是起到了直接有效的推动作用。

机制的推动引导作用得到逐步发挥。下放省共享收入、建立健全县级基本财力保障机制等措施，不断向县（市）下沉财力，有效地发挥了省管县财政体制的推动调节作用，充分调动了县（市）自我发展、增加收入的积极性，增强了基层政府提供公共服务的能力，促进了基本公共服务均等化。

省里少花点，让县里多花点，尤其是把共享收入的一大块“蛋糕”切给了基层，省里的钱少了，要办的事很多，面对目前很大的支出压力和矛盾，吉林财政厅预算处处长刘晓峰说，近年来从厅领导到机关各部门都在下功夫做精打细算的事，把有限的钱花在刀刃上。虽然近年来预算的压力很大，但相信财力下沉后全省县乡的财力状况好转了，省级的“日子”也会逐步好起来。

（《中国财经报》　记者：宁新路　通讯员：张艳华）

从地方特色中抓新闻

记者跑的地方比较多，中国之大，文化多样，看到的东西自然比较多。如果说，有特色便有新闻，中国的许多地方都各具特色，均可以写成文章。

过去，笔者对许多地方的认识，往往停留于阅读经验留下来的印象，这些年，走的地方多了，才体会到，走的地方越多，越是敬畏。许多地方，听上去不起眼，经济也挺贫困，可是，一旦走入这块土地，对这个地方多一点了解，常常惊叹，这里的历史、文化、人物、景观，乃至风土人情，也都有让人惊叹之处、意外惊喜之处。即便到了最落后偏僻的地方，都有这样的感受。我写过不少这样的文字，我觉得，只要留心，这样的新闻总是能够捕捉到的。下面是我到重庆綦江县和陕西米脂出差写过的新闻。

【例文 9】

将农民版画推向大雅之堂

过去贴在当地农家土墙上的綦江农民版画，现在成了重庆市政府馈赠国际友人的典雅礼品

本报讯 记者苗福生、童加跃报道 重庆市綦江县政府投资 350 万元正在修建一所农民版画院，而此举仅仅是当地政府将綦江农民版画推向国内外市场的雄心勃勃计划的一部分。

作为打造綦江农民版画产业化的一个整体构想，当地政府曾于 2004 年出台一份文件，并专门成立一个旨在具体落实政府构想的农民版画产业化办公室，制定了一个从人才培训到版画一条街、版画艺术节、去世界各地举办画展以及最终将产品卖出去的一系列计划和步骤。

綦江是被文化部命名的“中国现代民间绘画版画乡”。作品内容多取材于当地农民的生产生活实践，色彩鲜艳，乡土气息浓厚，具有夸张浪漫、古朴稚拙的艺术风格，有较高的艺术价值，是中国现代民间绘画艺术的一朵奇葩。2年前，重庆市政府开始将其当作对外交往的一张城市文化名片，深受世界各国友人的喜爱。

綦江农民版画源于明清时期的木版年画，一直在民间流行。随着经济社

会的发展，近几年政府开始认识到，发掘和保护地方特色文化是提高城市品位和个性的重要内容，也是推动经济社会发展的重要载体。据财政局长罗书权介绍，根据县委、县政府的要求，财政专门建立了农民版画产业发展基金，财政每年投入一部分，以此引导和鼓励文化和企事业单位采用市场运作方式，广泛吸引社会资本发展该产业。罗书权介绍说，以版画为龙头，政府还鼓励版画公司对当地的棕编、竹艺、蜡染、挑花、刺绣等民间艺术资源进行整合，形成更大的产业，以此带动更多的就业岗位和创收。据悉，在政府的扶持下，现在有许多农民主动接受政府请来专家的免费培训，作为素质教育的内容，农民版画也走进了当地的小学课堂。据统计，当前该县从事版画创作的作者队伍有100人左右。2005年的销售情况高出上一年的2倍，达80万元。

綦江县副县长王前元对记者说，保护农村具有独特个性的地方文化，也是建设社会主义新农村的一部分，政府不保护，那些具有悠久传统的非物质文化遗产就可能失传。

（摘自《中国财经报》）

【例文10】

米脂婆姨，打造传说中的美丽

脸上挂着几分羞涩和稚气，王红霞鼓足勇气，向我们表达了渴望到城市生活的愿望。

王红霞是一位18岁的米脂姑娘，再过不久，她将和她一起接受培训的姐妹们作为“米脂婆姨”品牌的合格“产品”，输送到北京等一些大城市从事家政服务。

“我们这里培训出去的米脂姑娘，纯朴、勤快，很受欢迎。”米脂女子家政学校的负责人自豪地对记者说。

米脂是传说中古代四大美女之一貂禅的故乡。“米脂的婆姨绥德的汉”，多年来，米脂的女子以聪颖美丽、善良贤惠、忠贞勇敢而名扬天下，随着现代城市生活对家政服务质量需求的不断加大，米脂县政府顺应市场需求，敏感地意识到米脂婆姨这个品牌的巨大商业价值，因此于不久前在国家工商局将“米脂婆姨”作为一个著名商标成功注册。

“我们从2003年已经开始通过家政培训，认真打造米脂婆姨这块品牌。”女子家政学校校长郭满宏告诉记者，女子家政现在已经培训到第七期，每期三个月，仅往北京已经输出400多名。由于岗前培训比较系统，因此这些女子在北京等劳务市场很有竞争优势。

刚从烹饪课上下来，站在我们面前的王红霞，还没有来得及摘下方格子头巾和围裙。王红霞来自一个叫王沙沟村的山区，包括爷爷在内的全家三代6口人，除了一点土地，家里几乎没有什么经济收入。我们问王红霞会什么，她说，会唱歌、做饭、讲故事、绣花和纳鞋子，而诚实、善良、不给米脂的婆姨丢脸又成了她自我介绍的主要优点。她的梦想是到城市去，最渴望到首都北京去。等将来有了钱，自己开一个小店。

米脂作为陕北革命老区，女子家政和其他劳务输出培训一道，受到了国家扶贫资金的支持，仅2004年，国家给予了100万的无偿扶贫资金。

据县长王丽华介绍，米脂是一个贫困县，属于典型的山区县，全县23万人口，财政收入只有1000多万元，按照黄土高原每平方公里最多能生存47人的权威标准，现在米脂县已经达到178人，黄土高原承受着太沉重的人口压力，因此由政府指导进行有计划的劳务输出是解决贫穷的一个重要途径。作为女县长，王丽华特别表示了对陕北女性为贫困付出太多代价的同情，王丽华说，现在要改变她们的命运，教育和输送出去见世面非常重要；同时，“米脂婆姨”作为有着丰富内涵的文化商标，米脂县正准备做系列的开发，比如将绣花、剪纸、民歌、秧歌等集中到一条街，打造出“米脂婆姨”的一系列产品。王丽华透露，米脂的婆姨已经写成了一首歌，并请著名作曲家赵季平谱好了曲子，今后就像人人能唱《大阪城的姑娘》一样，人人能唱《米脂的婆姨》。

王丽华是一位漂亮、精干的女县长，我们问她："你也是米脂的婆姨吗？"

她听后哈哈大笑，说："我大概也是受到了米脂水土的滋养吧。"

（摘自《中国财经报》 记者：苗福生）

"命题作文"

作为行业媒体，积极宣传党和国家的方针政策是义不容辞的责任。具体到财政部门，每年从中央到地方各级财政部门都会出台多项政策，这些政策需要媒体的宣传、引导、解读，这样的新闻报道，我们可以称之为"命题作文"。2007年春季开学，国家财政第一次在全国农村中小学实行免交学杂费，为了配合这项政策的贯彻执行，在开学的头几天，本报记者连续跑了两个省，第三天推出了这篇新闻（见例文11）。这篇新闻同时还被推荐到《人民日报》头版与《中国财经报》同期刊发，产生了较好的反响。

【例文11】

不交学杂费　开学真高兴

——中、东部地区农村中小学开学第一天见闻

才免农业税，又免学杂费

又到新春开学时，今年的开学却与往年格外不同。

今年春季学期开学的当日，正是国家在免除西部地区农村义教阶段学杂费的基础上，在全国免除农村义教阶段学杂费的第一天。中、东部地区的广大农民是一种什么样的心情呢？

3月1日上午，记者在湖北省沙洋县看到的场面，可以用感人二字来形容。

在沙洋县后港小学，很多农民都自发聚集到学校门口，纷纷拿出自家制作的年货和土特产，热情地往老师和校长手里塞："这是我们的一点心意，你们一定要收下。"

后港小学的大门口贴的一副对联也许最能反映农民的心声：废五千年农税誓让民生旺且兴，免八百万学资定叫国基宏又固。

走进校园，道路的两侧更是张灯结彩，挂满了红灯笼。每盏灯笼上都写有宣传农村义务教育经费保障机制的标语："贫困家庭读书郎，没钱也能上学堂"，"不交学杂费，免除书本费，补助生活费"，等等。

学校的公示栏里，贴出了农村义务教育经费保障机制实施之后的收费标准和新机制的主要内容。操场上，摆放着几组以宣传新机制为主题的花灯。校长黄祥军介绍说，这些花灯本来是为了正月十五闹元宵准备的。

由于政策深入人心，加上宣传得力，当地农民对取消学杂费，建立农村义务教育经费保障机制政策早已耳熟能详。他们带来的感谢信写着：税费改革刚刚为我们免去了农业税，教育新机制改革又为我们的孩子上学免去了学杂费，大大减轻了我们的经济负担，我们从内心深处感激党和政府的好政策。

从此不为学费愁

免交学杂费，普通农民高兴，经济困难的农民更是由衷地感激。

在江苏省淮安市东双沟镇中心小学，开学第一天，记者遇到75岁的顾姓老奶奶。顾奶奶颤颤巍巍赶到学校来，心愿只有一个——感谢。

顾奶奶的高兴是写在脸上的，可是她说不出来。她看见来人就用她那粗糙的手紧紧地握着对方的手，用浓重的地方口音说谢谢，饱经风霜的脸上绽放出孩童般的笑容。

与往年开学不同，今年开学之前，顾奶奶不用为孙子东拼西凑地借学费了。顾奶奶的孙子顾顺金，在该校读四年级。顾奶奶因为儿媳亡故，儿子在外打工，孙子每学期开学将近200元的学杂费就成了她的一块心病。

顾奶奶不识字。可是她对读书有着朴素的认识：不读书，没本事，一辈子受穷。顾奶奶说，她这一代兄弟姐妹9个人，没有一个念过书，都是农民；自己有5个子女，因为丈夫早逝，家里穷，孩子想念书没条件，最多只念到初中，也都是农民；在孙子这代，因为家庭困难，也差一点失去读书的机会，现在赶上了国家的好政策。她拉过站在身边一直低头不语的孙子对记者说，现在国家政策好，上学不用交费，能不能读出来就看这孩子自己了。

刚刚领到一摞新书的6年级学生邵天航显得比同龄的孩子更成熟。几年前，他还是个衣食无忧的孩子，因为父亲突患重病，家庭状况发生了巨大的变化。免交学杂费之前，每到开学之初，母子俩都要为学费的事情发愁，亲戚朋友几乎借遍了。说起今年儿子不用再交学杂费、书本费，还能领到生活补贴的事情，邵天航的母亲掩饰不住地激动，几次躲在一边哭泣。她含泪告诉记者，孩子病重的父亲听说学校免了学费，十分高兴，躺在病床上一直叮嘱儿子要好好念书，以后报答国家。

农民苦，到了基层才能体会到许多困难农户家庭的疾苦是那么具体，那么千差万别。不少农民激动地对我们说：没有政府的好政策，我们的孩子就念不起书了。一位当地的干部对记者说，200来元学杂费，对经济条件好的家庭来说不算什么，但对困难家庭来说，就是一笔不小的开支。

公用经费有保障

免除学杂费，也受到了学校老师们的欢迎。

江苏省洪泽县朱坝镇中学的校长张宽本已经在这个岗位干了10年了，年年都要为经费不足的事情发愁："过去每年都有一部分家庭困难学生的杂费收不上来，学校又不能因为这个原因就不让孩子上学，只好欠着。今年好了，不用再向学生收学杂费，政府还按照学生人数拨了公用经费，而且标准还比以前提高了。"

张宽本校长算了一笔账。以前每个学生每年按照300元收学杂费，扣除一部分学生交不起的费用，去年实际收了10万多一点；今年财政按照实际学生人数每生350元的标准拨付公用经费，总体算下来，政府核定朱坝中学的公用经费为14.7万元，比去年还多了4万多元。

张校长说，以前学校运转经费都很难保证，更别说改善办学条件了。现在不仅经费来源有了保障，还比以前增加了不少，更让人安心的是建立了稳定增长的投入机制，以后再也不用为凑不齐经费发愁了。

在湖北沙洋县，记者走访的几个中小学的校长也都表示，实行新机制以后，财政保障的公用经费总额都比过去依靠收取杂费要多，一些学校已经把增加的部分用于购买教学及实验设备了，解决了多年来都没法解决的事情。据有关统计数字显示，沙洋县农村中小学获得的公用经费比以前向学生收取杂费时平均提高了15个百分点，校长们都表示，这多出来的部分解决了大问题。

谢启余老师已经在朱坝中学任英语老师三十几年了，见证了几代人受教育的状况："过去连桌椅都是各家各户凑出来的，现在办教育全部由政府出资了，不仅孩子上学不交费，连老师的待遇都提高了。"

政府办学责任明

税费改革前，学杂费充当了农村义务教育运转的主要经费来源。那么，取消学杂费以后，办学经费从哪里来呢？

财政部教科文司有关负责人表示，过去由于办学体制等多方面的原因，农村义务教育从某种程度上体现出了"人民教育人民办"的特色，随着政府执政理念的转变和公共财政体制的建立，义务教育正在实现向"人民教育政府办"的实质性转变。2005年12月，国务院印发了《关于深化农村义务教育经费保障机制改革的通知》，要求全国各级政府都要按照"明确各级责任、中央地方共担、加大财政投入、提高保障水平、分步组织实施"的基本原则，逐步将农村义务教育全面纳入公共财政的保障范围，建立起中央和地方分项目、按比例分担的农村义务教育经费保障机制。

农村义务教育经费保障机制改革的主要内容表现为四个方面：第一，全面免除农村义务教育阶段学生学杂费，对贫困家庭学生免费提供教科书并补助贫困寄宿生的生活费；第二，提高农村义务教育阶段中小学公用经费保障水平；第三，建立农村义务教育阶段中小学校舍维修改造长效机制；第四，巩固和完善农村中小学教师工资保障机制。

改革是从2006年春季学期开始的。首先在我国西部农村、中部部分试点地区实行了农村义务教育经费保障机制改革工作。这一年，中央财政共落实资金150亿元。主要用于，免除杂费和提高公用经费，建立农村中小学校舍维修改造长效机制，免费教科书等项目。共为全国3400万名农村义务教育阶段的贫困学生提供了免费教科书，为780万名贫困住宿生提供了生活补助费。

通过一年的实践证明，这项改革受到了广大农民和农村学校的热烈欢迎。

今年春季开学前，国家决定在全国所有的农村地区推行农村义务教育经费保障机制改革。也就是说，今年春季开学，全国共有约1.5亿农村中小学生免交学杂费。

国家规定，中西部地区全国农村义务教育经费保障机制中免费教科书的专项资金全部由中央财政承担，东部地区由地方自行承担。免除学杂费和公用经费由中央财政和地方财政按比例分担。记者了解到，像湖北这样的中部地区，地方财政要承担免除学杂费和公用经费的40%。以2007年为例，湖北财政在中央安排9.6亿元的基础上，又安排了6.76亿元，落实免除学杂费和补助公用经费政策。对地方应该承担的免除学杂费资金，省级财政全额承担；对提高公用经费补助资金，全省29个贫困县的经费全部由省级财政承担；其他农村县市区按省与县市区5∶5的比例分担；带农村的市辖区由省、市、区三级财政分别按照2∶5∶3的比例共同分担。

东部地区（除直辖市外），中央与地方的分担比例根据各省财力状况分别确定。如江苏在中央财政承担的资金之外，省财政负担了其余的大部分资金。以洪泽县为例，应该由地方负担的公用经费中，80%部分由省财政承担，1%由淮安市承担，其余19%由洪泽县财政承担。

记者获悉，以后每年，中央财政用于落实新机制的经费还会逐年增加。中央还将适时制定全国农村义务教育阶段中小学公用经费基准定额，并于2010年全部落实到位。

对于在全国建立农村义务教育经费保障机制，北京大学教授王蓉在接受记者电话采访时认为，从2007年春季开始，我国农村地区开始全部实施免费义务教育，这是我国教育发展史上的一个重要里程碑，标志着我国义务教育掀开了新的篇章。

“校财局管”更规范

人们也许会担心，中央下了这么大的决心，投入这么多的经费，最终能真正管好用好这笔钱，并把经费用在发展农村义务教育事业上吗?

湖北省的实践，为我们作出了肯定的回答。

为了将农村义务教育经费保障机制更好地落到实处，湖北省财政厅率先在全国推行了“校财局管”的财务管理体制。其具体做法是，以农村中小学为单位编制部门预算，报县级教育局审核汇总后，送同级财政部门批复后执行；中小学校按政策规定收取的费用应上缴财政专户，实行收支两条线管理；教育经费由国库直接支付到劳务、商品和工程最终提供者；中小学校大宗购买按政府采购要求办理。“校财局管”财务管理体制由县级财政、教育行政部门及农村中小学校共同组织实施，各负其责，各司其职。

他们将部门预算制度引入学校财务的管理之中，把预算编制、财务核算都直接落实到学校，并在中心学校建立财务核算点，统一管理下属分校点的财务。该省自行开发了义务教育财务管理软件，从技术上支撑了“校财局管”的财务管理体制，使资金直接拨付到校，取消了中间层层拨付的环节，保证了资金在使用中的安全性。

干部不出门，便知财务事。负责这项工作的财政、教育系统的业务干部，坐在办公室只要打开电脑，就可以对全省15000多所中小学的财务状况了如指掌，学校的每一笔收支情况都可以通过网络反映出来。学校花钱，只见数字不见钱，所有的收支行为都要通过规范的国库集中支付进行，这也就从技术上避免了财政资金被挪用、挤占的可能性，使资金始终处于透明的监管之下，而且，通过统一学校的预算和财务报表，也减轻了省财政和教育人员的工作量，提高了工作效率。

给胡锦涛爷爷的一封信

为了采访农村中小学开学第一天，记者两天内跑了江苏、湖北两省的三个县的9所中小学校，所到之处，新机制得到了很好的落实。毫无疑问，实行新机制，农村的中小学生是最大的受益者。湖北省沙洋县长林中学初三（5）班学生向阳的一篇作文也许最能表达千千万万寒门学子的心声。他在这封写给胡锦涛总书记的信中说："胡爷爷，是政府给了我学习的机会，滴水之恩当涌泉相报，我一定要勤奋学习，用全部的热情热爱中国共产党，将来回报祖国。"

向阳所在的班上，老师本来是布置了一篇名为《感恩父母》的作文题，结果他把作文写成了《给胡锦涛爷爷的一封信》。原来向阳的父亲前年患病去世后，家庭一下失去了经济来源。这时正赶上农村义务教育经费保障机制改革在沙洋县试点，学校了解了他的情况后，不仅免除了他的学杂费、书本费，还免除了他的作业本费和住宿费，而且每学期还补助他110元的生活费。

感恩、感谢，几乎是所有被采访农民所表达的最多也最朴素的感情，有一位农民老大爷说，过去最怕孩子们喊开学，一开学就为这个费、那个费发愁。今年听到孩子们喊开学，感到格外高兴和轻松。

是的，经历了两天的采访，在我们真切地感受着农民兄弟的喜悦时，我们也想由衷地喊一声：开学啦！今年开学真高兴！

（《中国财经报》 记者：苗福生 刘雅琼；

本文同期在《人民日报》头版刊发）

留心处处有新闻

有许多新闻，是在生活中偶然发现的，更通俗地说，是在意料之外捡来的。说是意料之外，其实也是意料之中。关键要看你是不是一个有心人。古人说，世事洞明皆学问。对于新闻工作者而言，在洞明世事之前，首先要有强烈的好奇心，从某种程度上说，好奇心可能是新闻记者最重要的秉赋之一。香港一位资深媒体人在一次现场回答中央财经大学财经新闻专业的学生如何做一名优秀的新闻从业者时说，好奇心是许多媒体招人的一个重要条件。事实上，没有好奇心，很难想象记者如何去发现新闻线索。

只要是一个有心人，在我们的生活中，处处都能够发现新闻。可以说，新闻无所不在。记得有一年，首都一家新闻媒体招聘记者，该媒体在考试中的其中一项内容是，给每一位应考者一个下午的时间，让他们到王府井大街，根据自己的发现，每人写一篇新闻稿件。这种招考的方法比在纸上改写或者面试等要有效得多，一个记者的观察能力，写作能力都可以在这样一次实践性很强的考试中得到锻炼。

生活处处有学问，生活处处有新闻。有些新闻是硬新闻，有些新闻是软新闻。软新闻在时间性上可能不具有突发性、时效性这样硬新闻的突出特点，但是，软新闻在趣味性、可读性方面往往具有硬新闻不具备的优势。软新闻，在活跃新闻版面方面具有很重要的作用。

有一年，我和一位同事到浙江苍南出差，晚饭后，我们在苍南县城闲逛，发现这个经济繁荣发达的南国小县城，晚上街面嘈杂，人声鼎沸，车水马龙。有一个现象引起了我们的好奇。这个地方黄包车特别多，几乎成为这里人们出行的主要交通工具。这也不奇怪，一方面是，县城小，街道窄，出租车占地面积大，在街巷之间辗转腾挪不方便，乘黄包车出行是很划算的，坐一次，几元钱，方便、快捷、省钱。我们注意到一个现象，拉黄包车的基本是到此打工的外地人。我们乘坐一个从湖北三峡库区到此拉车人的黄包车，一路闲聊。让我们意外的是，他们一个月一多半以上的收入都当做份钱交给了当地的车行老板。我们问他为什么不自己买一辆车，收入全部归自己，他的回答让我们大吃一惊。他告诉我们，一辆只有1000来元的黄包车，车牌价要10多万元，这是2002年的价格。车牌为什么这么贵？车牌收费交给了谁？作为公共资源，车牌费有没有上缴国库？我们经过调查，写了一篇报道，叫《天价黄包车》，产生了较好的社会反响。

许多正在发生的新闻，就在你的眼皮底下，就看你能不能抓住这个新闻。2004年，我们在辽宁省参加本报举办的全国财政新闻宣传工作会议。晚上，我们在沈阳观看了刘老根大舞台的二人转演出。演出非常精彩，刘老根大舞台的运转也是红红火火。那天晚上，赵本山本人也出来了，他出场之后，简单讲了几句话，讲了他搞刘老根大舞台的基本想法，其中，他讲到，他的这个大舞台，不要财政一分钱，养活了不少人，等等。这一年，国家正在推进文化体制改革的试点。文化体制怎么改？公共财政在其中应该发挥什么作用？文化作为一种产业，能够自己到市场上生存下去？这是我们关心的。赵本山的刘老根大舞台给了我们很大的启示。第二天，我们联系到赵本山，详细了解了刘老根大舞台的运作情况，在辽宁期间，辽宁省财政厅还向我们介绍了辽宁省歌舞团的文化体制改革情况，我们一不做，二不休，不仅在辽宁省采访了辽宁省歌舞团等单位，回到北京后，又采访了正在进行文化体制改革试点的北京儿艺，而北京儿艺排练的《走出迷宫》，在北京市场取得不小的轰动。我们在《中国财经报》头版开出专栏："文化体制改革系列报道"，连续推出《赵本山打造二人转"连锁店"》、《蝴蝶是怎样飞起来的?》、《北京儿艺走出"迷宫"》、《田间地头也是大雅之堂》、《民间艺人赵本山》等系列文章，一个偶然的发现，策划了一场关于文化体制改革的系列文章。

记者应当在生活中发现并捕捉这种鲜活的新闻。来自生活的带着浓郁生活气息的文章，会大大增强新闻版面的可读性。从下面这些有趣的题目大家可能就知道，这些都是一些有趣的新闻，比如：《普通话成为广受欢迎的"出口商品"》、《拉姆斯菲尔德的名言》、《"妈妈的男孩"导致离婚率上升》、《中国棺材进入美国》、《俄超级富翁变快乐农夫》、《中国人时兴开车去娱乐》等等。相对而言，国内的新闻尤其是财经类新闻都太严肃了，除了写作上的原因，和记者的选题、观察问题角度都有关系。

报纸是一个新闻团队的集体面孔。一个没有生气的团队，办出来的报纸必然是毛主席说的“寡妇脸”。记者的好奇，必然反映在笔头上。充满好奇心的笔端之下，必然会自然流淌出源源不断，生机勃勃的好新闻。

新闻线索从哪里来？一句话：从生活中来。

第四章 新闻价值判断

导 读

媒体制造新闻产品与销售新闻产品的过程，与其他商家制造的产品没有什么差别。衡量一件新闻产品是不是有价值，最终也要看市场的销售情况。新闻价值要素越丰富，价值就越大，传播的速度就越快，受众自然就越多。

高档商场，一般都把世界名贵的化妆品摆在最显要的位置。从这个摆放位置，你就能知道一个重要的商业秘密，在全世界，女人的钱最好赚，特别是与女人脸蛋有关的奢侈品市场，能赚到大钱。反过来说，女人也是最挑剔的顾客，你可以卖给她们极其昂贵的商品，但是你必须物有所值。

新闻价值不是绝对的。新闻价值判断的标准，有其共性，也有其个性。不同文化背景、社会制度、宗教信仰、民族习俗等都可能导致新闻价值判断上的差异。

记者与编辑。任何一篇新闻稿件在见报之前，第一个经手人就是版面编辑。作为供稿者，记者、通讯员希望自己辛辛苦苦采写的稿件能够被采用，甚至放在重要的新闻版上刊发。而编辑则像家庭主妇摘菜一样，希望挑出好的，去掉不好的。编辑掌管着新闻稿件的生杀大权。那么，人们会问：编辑决定一篇稿件的标准是什么呢?

只有一个标准：新闻价值。

从选用新闻的角度而言，那些既有新闻价值，又有文采的稿件当然最受欢迎。但是，相对而言，在决定是否采用某一篇稿件时，写作技巧倒是退居其次，最重要的标准还是新闻价值。换句话说，一篇稿件不管写作水平如何，如果没有新闻价值，稿件就如同一张废纸，随时会被扔进废纸篓里。反之，只要稿件有新闻价值，一个有眼光有责任心的编辑即便重新改写也要让这篇稿件见报。

这里需要讨论的是，判断新闻价值的标准是什么?

回答这个问题，首先要弄清楚，什么是新闻。这似乎是一个老生常谈的问题。有一个人所共知也是一个非常极端的比喻叫：狗咬人不是新闻，人咬狗才是新闻。这句话用直白的语言可以这样说，所谓新闻是那些打破常规，出乎人们预料的事情。

余家庆主编的《新闻学辞典》关于新闻价值的解释是："新闻价值是选择和衡量新闻事实的客观标准，即事实本身所具有的足以构成新闻的特殊素质的总和。素质的级数越丰富越高，价值就越大。"

根据这样的解释，人们又把新闻价值分成若干构成要素，其中包括真实性、时新性等不变要素和重要性、显著性、接近性、趣味性等可变要素。新闻事实所包含的价值要素越丰富，级数越高，新闻价值就越大。事实上，新闻价值的实现要受诸多因素的制约，新闻传播过程的每一个环节——采写、编辑、传播、接受都会影响新闻价值的实现。

从新闻价值的角度出发，我们可以肯定地说，新闻既然有价值，那么，它与其他商品一样，没有什么差别——即便说它是特殊商品，也还是商品。因此，媒体制造新闻产品与销售新闻产品的过程，与其他商家制造的产品没有什么差别。衡量一件新闻产品是不是有价值，最终也要看市场的销售情况。新闻价值要素越丰富，价值就越大，传播的速度就越快，受众自然就越多。

我们这样强调新闻的价值，旨在强化一种新闻从业者的价值意识。自说自话，我说你听，爱听不听；谁写谁看，写谁谁看，都是违被新闻规律的。

新闻作品必须有读者，不管你官有多大，位有多高，你说的话没有新闻价值，这些没有新闻价值的所谓“领导讲话”、宣传文章，最终可能都是新闻垃圾，就像企业生产出来的废品一样。

我们这样强调新闻价值，并不是说，领导讲话或者官方的宣传文章没有新闻价值，而是说，即便处理这样的内容，也一定要找到其中的新闻价值。

我们一切的新闻从业者，必须树立新闻价值这样的标准。每写一篇新闻，一定要问自己：这条新闻的价值何在？读者的关注点又在何处？如果一时找不到，宁可先不动笔。因为，没有新闻价值的新闻，注定是一条无人看的新闻。

真正的市场化媒体是非常关注每一篇文章、每一期新闻版面的新闻价值的。打开一期报纸、杂志、网络版媒体的首页或者封面，上面刊登的一定是本期最吸引读者、最有新闻价值的作品。就像我们上百货商场，橱窗里和在显要位置摆放的，一定是这家商场最有特色、最吸引人的产品。

所以，你们看，一家高档的大商场，一般都有世界名贵的化妆品，而这些化妆品柜台，一般又都摆在刚进门最显要的位置。从这个摆放位置，你就能知道一个重要的商业秘密，在全世界，女人的钱最好赚，特别是与女人脸蛋有关的奢侈品市场，绝对能赚到大钱。反过来说，女人也是最挑剔的顾客，你可以卖给她们极其昂贵的商品，但是你必须物有所值。我们的新闻产品不也是这样的道理吗？那些世界上影响力极大的媒体，其影响力不是自己吹出来的，是其长期为读者提供的新闻价值带来的。

为了突出新闻价值，一些市场化的媒体一般都会在封面上将当期报纸上的重要新闻放在显要位置就像百货商场临街的橱窗。

请看 2011 年 10 月 24 日几家市场化媒体的封面：

《新京报》，这是一家社会类媒体，在首都市场与众多都市晚报类媒体形成竞争，它的封面，首先是一张占二分之一以上版面的大照片，照片标题是土耳其 7.2 级强震。本期封面全部为标题新闻，具体有：公租房可选配 11 种家具电器、韩武力扣押三艘中国渔船、“手机卡复制窃听”多为骗钱、公安部赴泰敦促查船员案、利“过渡委”宣布全国解放、正处干部涉嫌雇凶杀情妇……

《经济观察报》和《21 世纪经济报道》是两份财经类媒体，在业界有一定的影响，这两家报纸的封面，这一天的头版右下角均有四分之一版的广告。

《经济观察报》在封面除了一篇一千多字完整的社论外，头条与右边的单栏均为文章的开头部分，主要内容放在了后面版面的转文当中，剩下的版面均为当日后面若干版面主要文章的导读，导读部分又分为“特别推荐”和“重点新闻”，都是标题，如特别推荐了两篇文章，《出租车业的问题与反思》、《渤海之死》，两篇重要文章标题的下面还配了观点提要，如渤海之死的下面是这样写的：每年由陆地排入的污染物总量为 60 多万吨，渤海作为渔场的功能已基本丧失。这类选题以及新闻的处理的方式，由于其市场化定位的特色，比较注意新闻对读者的吸引力，相对于主流时政类媒体，放的也相对比较开一些。在一些主流时政类媒体上，这样的报道在语言分寸上，会比较谨慎一些，在封面导读区，或许很难报道出来。主流媒体的谨慎，应该说，也给这些市场媒体腾出了做新闻的空间。

《21 世纪经济报道》这一天的头版，全部为标题导读，10 多条新闻标题构成了这一期报纸的精彩内容，其中有国际国内新闻，财经的特色相当明显，封面布局上，兼顾了不同读者的兴趣爱好。从选题看，该报与《经济观察报》在封面上竟没有一篇相同的新闻，这也显示了这两家报纸突出本报独家新闻的特色与对财经事件的不同关注重点。具体导读不再赘述。

从上述封面来看，我们可以得出如下结论：真正的市场化媒体都是把新闻价值放在重要位置来兜售的，而且，都突出了每家媒体的办报特色和办报立场。

真实性

真实性是新闻价值的底线，是一切新闻价值评判的基本标准。这个标准，不分阶级、不分国家和地区，是无需讨论的新闻价值的首要标准。没有新闻的真实性，一切的新闻价值都为零。所以，媒体报道，最要防止的就是那种虚构与哗众取宠。纯粹的虚假新闻，比较好鉴别，即便是一时得逞，但终究经不起事实和时间的检验，比如纸箱馅包子等，虽然造成了很坏的社会影响，但是，只要加以澄清，谎言很快被揭穿。

最可怕的是，貌似真实的真实，最有欺骗性。这样的真实，从新闻取材到采访的人与事，都是真实的，但是，由于受写作者本人倾向性的影响，报道出来的新闻与生活中的真实却大相径庭。比如同样是反映某个落后地区的贫困问题，在有的记者笔下，这个地方好像贫困已经完全得到解决，因为他采访的都是已经发生变化的；而在有的记者笔下，看到的却是惨不忍睹的贫困现状。我们应该相信谁的？为什么有些所谓的主流媒体，在老百姓心目中公信力不佳，与其所享有的新闻地位很不相符？这说明，这些媒体所报道的新闻与百姓在生活中所感受到的差距较大。也就是说，新闻报道中所选择素材的真实，并不等于生活客观真实，正如人们常说的那样，没有反映生活的真相。

真相，是客观存在的事实。因此，在新闻写作中，为了防止记者的主观片面性，在反映客观真实时，特别加上一条原则，平衡的原则。也就是说，记者给公众提供的事实，必须是全面的，你既要反映正方的意见，还要体现反方的观点，各方的意见、观点、现实都应有所反映，达到一种平衡，把事实还原给公众，让公众去判断，相信公众比记者更高明。

以反映某个地区的贫困问题为例，作为记者——生活真相的记录者，你应当采访经过这些年努力已经得到改善的脱贫户，还应当采访仍然生活在贫困当中的困难户，不仅要分析其中原因，而且要检讨政府扶贫工作的经验得失，同时，你还要在全文中对全地区整体贫困状况的背景做动态的描述。以此客观报道，让读者来判断该地区的贫困状况到底有什么变化。我们经常看到的报道是，一些官方媒体的老记者油子，一到了基层，也不深入采访，就找好几个地方政府安排好的脱贫致富的农户典型，然后再拿到政府准备好的扶贫成果材料，就可以写报道了。报道的内容，无非农民如何感恩戴德，政府如何努力。给人的印象是，贫困地区处处莺歌燕舞，好像该地区已经没有了贫困问题。但是，事实上呢，生活事实完全不是这么回事。这样的报道，能说服人吗?

从客观反映新闻事实的角度讲，新闻是不应该称做宣传的，而应叫做传播。宣传，是先入为主，我说你听。传播，只是把客观事实报道出去，让事实本身说话。

遗憾的是，现在很多媒体，宣传的味道太浓，以至于失去了读者的信任。这在某种程度上，是因为违反了真实原则所付出的代价。

媒体的最大资本或者最大成就，是在公众当中建立起的公信力。媒体失去了公信力，也就失去了一切。为什么有些所谓的主流媒体名声很大，但在百姓心目中公信力却不高，订报还要通过摊派的方式来完成必须保证的发行量呢?问题就出在这里。

我们说真实，并不是说，一定要反映生活中的负面新闻才叫真实。我们强调的是，一定要客观。当然，从根本上说，经过人脑过滤、消化过的生活事实，并不是生活事实本身。不然，就不会出现一部伟大的电影《罗生门》。《罗生门》揭示的就是，由于人类的自私性，公众很难准确获取生活真相的困境。就在笔者撰写这一部分内容时，刚从网上看到卡扎菲被捕、受伤、死亡的消息。现在，关于卡扎菲的死因，也成了一个新的“罗生门”。即便现在有互联网，有无处不在的通讯设备，但是，我们听到的依然是，众说纷纭、莫衷一是的死因。

自私、利益、价值观等等因素，我们所追求的新闻真实性，其实是一个真正新闻从业者面临的难题。生活远比我们想象的复杂。2011年11月份，发生在深圳的杨武妻子被联防队员强暴的案子，媒体报道无数。有些媒体在报道过程中由于提问简单，忽视了其背后隐藏的更多内涵，同时也容易造成对受害者的再度伤害。央视著名记者柴静在其新浪博客中有一段议论十分深刻，值得新闻从业者深思，以下是摘录的部分内容：

杨武妻子被强暴的案子，最近被频繁报道。第一篇报道中，有句话我看了很刺心。在对话中，记者对这个在妻子被强奸时没有出来施救的男人说“你太懦弱”这话实不该说。前不久跟一位同事聊天，说到有期节目，他采访一个抱着孩子躲避志愿者救助的男人，志愿者很愤怒，认为他要把孩子隐藏起来不接受治疗。这位同事与这个父亲吃饭，想了解为什么，这个农民说，他从乡下第一次来上海，来之前听说“大上海”乱得很，他怕这些不认识的人。同事可能想安慰他，补了句“不是乱，是繁华”我找同事聊了几句，说，他从农村来，也许可以问他，他对“大上海”的这个“乱”的印象从哪儿来的？如果来自村里人，村里人怎么说的？之前来过上海的人经历了什么？如果来自电视里的印象，那是一个什么样的印象？在他心里是否认为是真的？他来上海后发生过什么？是加深还是减弱了这个印象？他认为这些志愿者想要干什么？在他心里认为对孩子会有什么威胁？他为什么要躲开？

同事与我相熟，我深知他善良，所以才与他讨论，因为在采访中，我们常不免以自己经验揣度别人，评判别人，纠正别人。忘了问，“为什么是这个人在这个事件中作出了这样的选择？”杨武从小学起与这个联防队员是同学，以他的说法，“从小受到欺侮”。小时候是怎么发生的？为什么总是欺侮他？他是否反抗过？结果如何？每次发生后，他是否求助？如果没有，他是怎么考虑的？如果求助了，老师或者家人是如何处理的？如果有人干预后，对方又如何对他？这样的事情发生过多少次？造成他后来每次是如何面对对方的？打工时，他说对方总是找他喝酒，不喝就要打他，怎么打？多少次？他是否反抗过？结果如何？是否找过同乡干预？结果如何？他是否报过警？结果如何？对方的联防队员身份对他来说有何影响？为什么是这个人在这个事件中作出这样的选择？当中因果，我们了解多少？

时新性

对新闻的关注与兴趣，喜新厌旧是读者的天性。打开当日的媒体，吸引读者的自然是新近发生的新闻事件和读者不了解的新闻事实，除此之外，对读者而言，可能都是不被关注的旧闻。

新闻之所以称之为新闻，很重要的一个要素是，这是新近发生的。所以，现在竞争激烈的媒体在刊发新闻时，一般都要在电头特别加上几点几分消息，以此赢得读者度最新发生新闻的关注。与此相反，新闻比较忌讳在开头一上来就突出过去的一个时间点，除非为了进行和今天一个时间点作比较，否则，开头时间不能强调过去几天的时间。有的媒体，为了淡化时间概念，采用“日前”等概念，严格地说，这是一种偷懒取巧的办法，是不可取的。

【例文 1 】

今秋起特困地区学生每日补3元　2600万人受惠

据新华社电 国务院总理温家宝26日主持召开国务院常务会议，决定启动实施农村义务教育学生营养改善计划，讨论通过《疫苗供应体系建设规划》，决定开展深化增值税制度改革试点。财政年投160亿元补助营养餐。

为贯彻落实国家教改纲要，提高农村学生尤其是贫困地区和家庭经济困难学生健康水平，会议决定，从2011年秋季学期起，启动实施农村义务教育学生营养改善计划。

（一）在集中连片特殊困难地区开展试点，中央财政按照每生每天3元的标准，为试点地区农村义务教育阶段学生提供营养膳食补助。试点范围包括680个县（市）、约2600万在校生。初步测算，国家试点每年需资金160多亿元，由中央财政负担。

（二）鼓励各地以贫困地区、民族和边疆地区、革命老区等为重点，因地制宜开展营养改善试点。中央财政给予奖补。

（三）统筹农村中小学校舍改造，将学生食堂列为重点建设内容，切实改善学生就餐条件。

（四）将家庭经济困难寄宿学生生活费补助标准每生每天提高1元，达到小学生每天4元、初中生每天5元。中央财政按一定比例奖补。

会议强调，要加强学生食堂管理，严格食品供应准入，确保食品安全。制定中小学食堂供餐规范，明确数量、质量和操作标准。建立专家工作组，加强学校营养指导。补助资金严格用于为学生提供食品，严禁直接发放给学生和家长，严防虚报冒领。全面公开学校食堂和学生营养经费账目及配餐标准，接受学生、家长和社会监督。

（2011年10月27日，《中国财经报》）

接近性

从读者的阅读需求来看，每天出现的海量新闻，人们不可能也没必要都需要了解。人们除了阅读每天发生的重大新闻事件之外，不同读者事实上在选择新闻时，都在不自觉地选择那些与自己关注的事情有关。因此，假如你报道世界某地发生一场空难，作为中国的报纸，你一定要报道飞机上有没有中国人，如果有，还要进一步报道这些中国人的具体情况。这是中国读者所关注的。

有一个单位，为退休的老年人办了一份《枫叶红》的内部刊物，讲的都是该单位老同志的生活近况和一些回忆文章，这份并不专业的刊物却受到该单位老同志的喜欢和收藏，为什么，就是因为这是他们自己的事。每一份报纸杂志，事实上，都有自己的特定读者群。为这些读者服好务，就要想办法将新闻找到这种接近性。比如，《中国财经报》是全国财政系统的一张报，那么，"立足财政"就是这种接近性的一个重要出发点。

2011年10月26日，联合国人口基金在全球发布了2011年世界人口状况的报告，该报告称，10月底，世界人口达到70亿。这是一个引起全世界关注的新闻。各家媒体都会报道。但是由于定位不同，都有自己的角度，其中，拉近与读者的关系，这应是各路媒体均应注意的一个问题。

【例文 2】

联合国人口基金会：全球人口10月31日将达到70亿

这是新华社2011年10月27日发出的一篇报道：

联合国人口基金会26日发布报告称，据预计，本月31日，也就是下周一，全球人口将达到70亿，如何面对人口增长给全球经济社会发展带来的负担将是人类的一大挑战。

印度预计2025年超中国。联合国人口基金会当天在全球100多个城市共同发布了"世界人口状况报告"。在这份最新的报告中，人口基金会提到，10月31日预计是全球第70亿人的诞生日，届时全球人口将再创一个整数记录。报告说，目前，中国依然是世界第一人口大国，印度紧随其后。目前印度和中国之间的人口数量差异只有1.1亿人。

但是，基于目前中印两国的生育制度和生育速度，2025年，印度将超越中国成为世界第一人口大国，届时印度的人口将为 14.6 亿，而中国为 13.9 亿。

报告称，亚洲人口依然占据了全球 60%，很多国家的人口增长趋势明显。即使是菲律宾这样土地面积狭小的岛国，也有 9500 万人，名列全球人口国第 12 位。

人口增长更应关注平等。人口基金会主席巴巴托德·奥索提梅辛指出，70 亿人口对全球来说，是一个里程碑，更是一个挑战、也是一个机会和号召。“它提醒我们，必须从现在做起。”

报告称，创纪录的人口规模，折射出人类的成功，比如它意味着人类的寿命更长，我们的孩子存活率变得更高。但报告同时指出，并不是每个人都能分享人口增长带来的好处。比如不同国家人们生活质量的巨大差异，以至一国之内的贫富差距。男性和女性在权利和机会上也存在着不平等。

奥索提梅辛说，在人口数目增长的同时，要更加关注平等的权利，比如青年人和妇女的权益保障。

“在 70 亿人口中，将有 18 亿是 10 至 24 岁的年轻人。他们是未来的关键，将改变全球政治格局，也会通过自身的创新能力推动经济发展。”奥索提梅辛说。

作为国家和世界有影响的通讯社，新华社的报道，角度较宽，既考虑到中国的角度，也给各家媒体采用新华社稿件留下了选材的空间。相对而言,《人民日报》2011 年 10 月 27 日刊发的报道，就充分考虑了中国读者的关注点，这个“接近性”也体现得很充分。这篇报道是这样写的，引题：30 年少生 4 亿人，由于中国的努力 **主题：“世界 70 亿人口日”迟来五年** 副题：我国占世界人口的比重，从改革开放初期的 22%，下降至 2010 年的 19%。可以说,《人民日报》的这篇报道，仅从标题看，就充分抓住了中国读者的关注点。

趣味性

趣味性是新闻事实充满情趣、富有人情味、能引起受众兴趣的特性。新闻作品最终需要读者阅读，一篇文章在报纸上，如果通篇都是硬邦邦的新闻，这样板着面孔办报，最终将失去读者。因此，趣味性常常当做衡量新闻价值的一个重要标准。趣味性可以包含在一篇具体的报道中，有的为了活跃版面，也有意识地在版面布局上穿插一些妙趣横生的短小新闻以及软新闻，增强版面的丰富性、趣味性、可读性。

新华社《参考消息》上经常刊载西方媒体上一些有趣的新闻，如：一篇题为《波兰男子饱受家庭暴力之苦》的报道称，“近日，一家专为男性家庭暴力受害者提供心理援助的中心在华沙开业。对深受妻子或同居女友拳脚之害的男性，将进行分组或者单独的免费心理治疗。2009 年有 1.1 万波兰男性因受到家庭暴力而向警方求助。这一事实也足以说明问题的严重性。”在这个引发人们同情与好奇心的导语之后，这篇只有几百字的新闻报道详细介绍了波兰存在这种情况的现状及原因。它为我们打开了人类社会不为人知的家庭暴力的另一角。它满足读者的好奇，也引发人们的深思与关注。

2011 年 9 月的一期报道，也很有趣。报道 300 多字，但足以引起人们的兴趣，标题是，引题：一家网站全球调查显示，主题：《英国女人列最丑榜首》，导语也是十分精彩：“据一项国际调查，全世界最丑的女性是英国女人，因为许多英国女性，行为粗鲁，狂饮啤酒、打嗝、穿着品味可怕——而这些还只是较客气的评语。”这么刻薄的评价，导语的最后一句居然强调说：“而这些还只是较客气的评语。”那么，更不客气的评语是什么呢？新闻的后面展开部分，果然是更为不客气。评价对英国女人真是不客气，简直是太损了。这里涉及人类审美的基本标准部分，对什么是女性之美虽然没有作出定义，但是，从女人形体、穿着、言行等的确构成了美的人类共同标准。这条新闻从标题制作就给我们留下了极大的趣味空间，悬念很多，为什么不美，调查了多少个国家？还有哪些国家的女人不够美。文章不长，但均有回答。读来十分有趣。

在西方媒体中，名人的一言一行特别是说话不慎常常成为新闻中有趣的话题，有的还引起轩然大波。如，《萨科齐请喝咖啡》一文，介绍他到小城镇去拉选票，并当众表示邀请选民们喝杯咖啡。结果，咖啡倒是喝了，临走，他却忘了付款，读后让人莞尔一笑。《参考消息》2005年7月6日刊登一篇希拉克口不择言的新闻，读来十分有趣。这位法国时任总统，在与德国总理施罗德、俄罗斯总统普京喝咖啡聊天时，对英国的食物大加攻击，说"英国人对欧洲农业的唯一贡献就是疯牛"，还说英国食品"是世界上除了芬兰饭以外最糟糕的食品，你怎么能相信把饭做得这么差的人"。有趣的还在后面，英国人听到这个消息后，各大媒体开始反击。顺便插一句，别看西方媒体号称所谓的客观理性公正，一旦涉及到他们的国家利益，他们比谁都急。一时间，英国各大媒体异口同声地开始笔伐希拉克，说他是"令人厌恶的心胸狭窄之辈和丧失理智之人"，英国《每日电讯报》刊登的大标题为：《嘘！嘘！希拉克先生》，这是一个好标题，有趣！

有趣的新闻常常能吸引读者眼球，下面几个标题就抓住了新闻中的趣味性，《英国计划开征死亡税》、《印度好色之徒被罚当众下蹲》、《奥中学设置照料婴儿课程》等。

新闻价值不是绝对的。新闻价值判断的标准，有其共性，也有其个性。不同文化背景、不同社会制度、不同宗教信仰、不同民族习俗等都可能导致新闻价值判断上的差异。

9.11恐怖主义袭击事件就是一个非常典型的案例。按说，这是一场恐怖主义反人类的世界性灾难，但是，事件发生后，全世界各地反映并不一样，在当时的新闻报道中，我们看到了许多国家、组织与个人所表现出的震惊、同情和愤怒，同时，也看到一些地区与国家的人民上街庆祝的场面。对于媒体而言，需要客观报道来自世界不同的声音。

【案例】

一个有价值的新闻选题：中国新闻奖获奖记者谈心得

我的文章如何得到总理的关注

2010年3月，按照报社领导部署，我的文章《建筑垃圾，放错地方的资源》(见例文3) 如期在两会召开之际登上报纸。6月，中央政策研究室以内部简报形式全文刊发，6月11日温家宝总理作出大段批示。几个月后，国家关于建筑垃圾资源化再利用的政策出台。2011年，本文荣获第21届中国新闻奖三等奖。实事求是地说，从文法上来看，如果不是得到总理批示并获中国新闻奖，这篇文章可能早已在我的脑海里消失。这篇文章之所以能够获得如此殊荣，我认为这得益于一个好的选题。

我们常说，好的选题等于成功的一半。对于媒体来说，我认为好的选题主要体现在两个方面，一是为经济社会科学发展创造良好的舆论环境，二是为经济社会科学发展献计献策。

改革开放以来，我国经济建设取得巨大成就，建筑业作为我国经济体系的一个重要组成部分，为GDP的长期快速增长作出了重要贡献，也为全国庞大的劳动人口提供了每年数以千万计的就业岗位。2010年，我国建筑业完成总产值95206亿元，占国内生产总值的23.9%，再创历史新高。而由于长期的粗放式发展，与日新月异的城市面貌相随的是建筑垃圾的随意倾倒、掩埋，这造成的资源浪费和生态环境的破坏都将成为财政负担，成为未来经济发展的负担。

建筑垃圾对环境有什么破坏? 能否实现无害化处理? 在全球低碳、减排的大环境下，这成为作者了解建筑垃圾的初衷。然而，随着对建筑垃圾了解的深入，笔者愈发兴奋起来——到2020年我国还将新建住宅300亿平方米，新产生建筑垃圾至少50亿吨，而这些看似无用的垃圾如果能够转化为生态建材，可以创造价值1万亿元! 而因为认知的问题，我们对建筑垃圾的再利用却少得可怜：目前，我国再生利用率仅为5%左右。而在21世纪初，欧盟国家的建筑垃圾资源化率超过90%，韩国、日本已经达到97%以上。

建筑垃圾的再利用渠道在哪里？在寻求产业升级、发展方式转变的当前，这一课题对资源紧缺的我国来说显得十分重要。一定要利用两会的契机，将这个话题提出，引起代表委员、专家学者的注意，进而引起政府的重视，成为作者最大的采访写作动力。在大量阅读掌握资料、采访专家学者的基础上，2010年3月4日，两会召开之际，这篇文章如期登上了中国财经报。

在这个信息爆炸的时代，这篇似乎不起眼的报道如何通过层层筛选送到总理案头，并最终促成国家政策的形成？说到这里，这个问题已经很明确，即一篇有影响力的文章或者说一篇能够让人记住的文章，首先应该是一篇对社会有益的文章。

（《中国财经报》 记者：宋凯）

【例文3】

建筑垃圾：放错地方的资源

“世界上本没有垃圾，只有放错地方的资源”。这句玩笑般的话用于描述建筑垃圾再合适不过。作为世界上建设规模最大的国家，建筑垃圾已经成为我国城市单一品种排放数量最大、最集中的固体废弃物。据建设部公布的最新规划，到2020年我国还将新建住宅300亿平方米，新产生建筑垃圾至少50亿吨。

而这些看似无用的垃圾却有着不菲的利用价值。根据上海市建材工业设计研究院的估算，这些建筑垃圾（2020年新产生垃圾）如果能够转化为生态建材，可以创造价值1万亿元。

据报道，为缓解资源短缺、减轻环境污染压力，工信部正在摸底各地建筑废物的综合利用再生制品生产企业，并准备出台系列扶持政策。

建筑垃圾资源化迫在眉睫

建筑垃圾，顾名思义，即在建筑过程中产生的渣土、弃土、弃料、余泥及其他废弃物。据了解，每1万平方米建筑的施工，就会产生建筑垃圾500—600吨；而每拆除1万平方米旧建筑，将产生7000—13000吨建筑垃圾。目前，我国建筑垃圾的数量已占到城市垃圾总量的30%—40%。

金融危机之后，我国迅速推出了4万亿元投资计划，包括保障性安居工程2800亿元，农村民生工程和农村基础设施建设3700亿元，铁路、公路、机场、城乡电网18000亿元，灾后恢复重建1万亿元等大量建设项目。这些投资项目在推动经济稳步回暖、改善基础设施的同时，无一例外会产生大量的建筑垃圾。

大量垃圾的产生，给土地、环境等带来了极大的压力和影响。中国建筑工程总公司科技与设计管理部总经理、高级工程师毛志兵表示，建筑垃圾主要以混杂固体物为主，目前还很少有专门的厂家和行业对其进行处理。施工或拆除产生的建筑垃圾，通过部分回收外，大多由专业队伍直接将其拉送到消纳场所填埋或堆放。这样的处理方式，占用了大量的土地资源，造成土壤污染。同时，建筑垃圾在堆放过程中，一些有机物发生分解，产生有害气体，少量可燃物在焚烧中可产生有毒气体，这些气体包裹着细菌、粉尘随风飘散，造成对大气的污染。

此外，有专家指出，建筑垃圾中的胶、涂料、油漆不仅是难以生物降解的高分子聚合物材料，还含有有害的重金属元素。这些废弃物被埋在地下，会造成地下水的污染，直接危害到周边居民的生活。

不过，这些建筑垃圾并非一无是处，无法处理。经权威部门计算，与实心黏土砖相比，同样是生产1.5亿块标砖，使用建筑垃圾制砖，可减少取土24万立方米，节约耕地约180亩。同时可消纳建筑垃圾40多万吨，节约堆放垃圾占地160亩，两项合计节约土地340亩。此外，在制砖过程中，还可消纳粉煤灰4万吨，节约标准煤1.5万吨，减少烧砖排放的二氧化硫360吨。

同时，资源循环利用也是可以创造丰厚物质利润的产业。据统计，到21世纪初发达国家资源循环利用产业产值已经达到6000亿美元。美国资源循环利用产业提供了110万个就业岗位，年销售额高达2360亿美元，为员工支付的薪水总额达370亿美元，与美国的汽车业相当。欧盟国家每年的建筑垃圾资源化率超过90%，韩国、日本已经达到97%以上。

近年来，我国也不断有专家呼吁，提高资源循环利用率，以缓解资源短缺、减轻环境污染压力，但目前的实际情况并不乐观。北京建筑工程学院陈家珑教授在接受本报记者采访时表示，我国当前约有20多家企业在进行建筑垃圾的再利用，主要生产建筑垃圾再生砖，但产量不高，质量尚不稳定，应用工程有限，目前全国再生利用率仅为5%左右。比起韩国年产建筑垃圾6000多万吨就有373家建筑垃圾处理企业的数量相差太大。

建筑垃圾的循环利用在国内不被重视也反映在科研上，清华大学环境科学与工程系一位教授告诉记者，目前国内研究建筑垃圾的专家很少。

变废为宝难在哪里

陈家珑告诉记者，建筑垃圾完全可以回收再利用，根据我国目前建筑垃圾的特点，回收利用率可达95%以上。回收利用有多种途径：主要是将建筑垃圾加工成再生骨料，然后再生产建筑制品，如再生墙体材料，或直接用于道路基层和底基层等，还可以生产再生混凝土。

据了解，近些年来，我国一些地方政府、科研院所、高等院校的科研人员和一些有远见卓识的企业已经逐步认识到了科学处置和综合利用建筑垃圾对于节约资源、净化环境、美化城市的重要性，同时意识到潜在的市场前景和对于促进当地经济和社会发展的深远意义，相继开展了建筑垃圾再生利用技术的研究及应用实践。

在今年的云南省两会上，农工党云南省委就建议省政府在昆明市尽快建立建筑垃圾资源化处理示范工程，以点带面，带动全省乃至全国建筑垃圾再生行业发展。争取将该示范工程列入国家实施开发“城市矿山”行动计划样板工程。据了解，目前设立在昆明理工大学的国家固体废弃物资源化利用研究中心，已有一套成熟的建筑垃圾资源化利用成果，将建筑垃圾制成道路结构层材料、墙体材料、市政设施等新型环保节能产品用于城市建设中，并已在上海虹桥区和四川地震灾区开始生产应用。

陈家珑说，我国建筑垃圾资源化利用在基础回填、再生混凝土及制品方面进行了有效的研究和实践应用，尤其是建筑垃圾再生砖技术，已基本趋于成熟，产品在大量工程中的应用已有四年之久，效果良好。建筑垃圾处理装备的研发和生产也基本能够满足目前实际需要。当前有些处理利用技术，我国可以说还处于国际先进水平，已有的处理技术已可以启动建筑垃圾资源化。

既然有这么多的有利条件，我国的建筑垃圾回收再利用为什么没有出现如火如荼的场面呢？陈家珑表示，问题在于我们政策的引导与落实上。“从中央到地方，没有专管部门，缺少统一的规划，缺乏立法强制性，没有专项针对建筑废物利用的具体办法和措施。”

陈家珑说，建筑废物的处理和利用是一个系统工程，涉及到产生、运输、处理、再利用各个层面，涉及到建设、环保、工业与信息化、发改委等多个行政管理部门。只有所有的环节统一管理、协同配合、有效联动，才能形成一个闭合的建筑废物处理链，真正实现建筑废物的再生利用。目前，这些链节间实际是孤立的。建筑废物的处理单凭企业行为和市场运作难以实现。

表现最突出的现象是：一边是建筑废物乱堆乱倒，另一边却是建筑废物处理企业无原料来源，由于没有强制性回收建筑废物的规定，没有建筑废物供应保证，北京市和四川4个建筑垃圾处理厂目前都基本处于停产状态，严重影响了建筑垃圾的资源化进程。

建筑垃圾的出路何在

陈家珑认为，解决建筑垃圾的办法是政府必须管起来，而且要有强制性的法规或规定，要明确建筑垃圾必须资源化，明确责任主体，包括管理主体和处理建筑垃圾的责任主体，要保证让建筑垃圾能送到建筑垃圾处理企业，解决其原料来源，即入口问题。然后，制定建筑垃圾处理企业的资质、相关标准和优惠政策，鼓励社会力量参与建筑垃圾资源化并保证建筑垃圾处理再生的质量，解决过程问题。最后，鼓励和带头使用建筑垃圾再生产品，解决出口问题。

他说，自20世纪40年代以后，世界上许多国家，特别是资源紧缺和工业发达国家早已把城市建筑废物资源化处理作为环境保护和可持续发展战略目标之一，已经将建筑垃圾变为一种新资源，发展成一个新兴的大产业。他们的共同作法是，政府立法，强制建筑垃圾资源化，解决入口和出口问题，中间阶段则交由市场充分竞争，提高利用水平，降低利用成本。

同时，还要实现建筑废物的减量化：从工程设计、材料选用等源头上解决和减少施工现场建筑废物的产生和排放数量；加强区域规划设计的长期性和权威性，保证新建筑施工质量，尽可能提高建筑物的使用寿命，减少非正常拆毁建筑物；对施工现场产生的废料尽可能直接在施工现场利用，可以在道路工程上推行用可移动式建筑废物处理设备就地处理利用建筑废物，减少需转移的建筑废物和新用建筑材料量，降低施工运输成本。

农工党云南省委建议，政府应制定出台支持建筑垃圾资源化的相关政策。如：制定收取建筑垃圾处置费相关政策；规定建设业主单位或个人应及时把建筑垃圾运到城管部门指定地点，并承担全部运费，若任意倾倒，则按一定标准收取罚金；鼓励和引导社会各界在道路建设、房屋建设和市政基础设施中，使用建筑垃圾资源化产品等。

对于工信部将要出台扶持政策的决定，陈家珑表示“非常支持”，他认为这说明中央政府要真正解决建筑垃圾资源化并开始有具体的措施了。他建议要下功夫搞好调查摸底，并在此基础上出台能解决上述问题的规划及相关法规、标准、政策，推动我国建筑垃圾资源化利用。

（摘自《中国财经报》2010年3月4日　记者：宋凯）

第五章

财政新闻价值的特性与展示

导 读

财政新闻除了具有一般新闻所具有的新闻价值之外，财政作为一门专业，它还具有自己的一些特性，形成自己独特的新闻价值。

根据财政专业的特点，我们认为财政新闻价值应当具有这样一些特性：政策性、解释性、经验性、思想性等特性。具有上述其中一个特性，在财政专业媒体上刊登，便具有新闻价值。正是财政具有这样一些特性，才使得财政专业类媒体在选择新闻时，拥有了取之不竭的新闻源。

山东省创新财政机制化解高校债务深度报道的出台。

一、政策性：凸显政策中的亮点

政策性是财政新闻价值的最大特性。财政作为政府的综合部门，财政出台的每一项政策均与百姓生活密切相关，无论是宏观调控，还是惠及某一部分群体的具体政策，其政策性都很强，社会也非常关注，这些政策一旦通过，需要及时快捷地传播出去。这些政策就成为很重要的财政新闻。《中国财经报》作为财政部主管的一份报纸，在发布财政政策性新闻方面，具有得天独厚的优势，因此，这些年，该报及其先后创办的两份子报《中国会计报》、《中国政府采购报》，所发布的大量第一手的政策性新闻，由于它的新闻来源权威，报道口径准确，在业界产生了较大的影响，这些新闻往往成为广播、电视、著名网站转播率很高的新闻。

打开每天的《中国财经报》、财政部政府网站，可以说，政策性新闻是其主打产品之一。

值得注意的是，财政政策与新闻还存在很大的差异，财政新闻中的政策性，就是要把真正的政策亮点找出来，而不是从文件到文件，否则就失去了政策宣传的意义。

【例文 1】

流浪乞讨人员救助补助资金实行绩效评价

本报讯 财政部、民政部近日联合印发《中央财政流浪乞讨人员救助补助资金管理办法》（以下简称《办法》），规定地方各级财政部门要建立绩效评价制度，对补助资金的预算安排、预算执行、使用管理等情况进行考核。

《办法》规定，中央财政按因素法分配补助资金，主要参考因素包括上年度各地区流浪乞讨人员救助任务、地方财政资金安排以及救助工作绩效等。补助资金要专款专用，用于流浪乞讨人员生活救助、医疗救治、教育矫治、返乡救助和临时安置等救助保护支出，不得用于救助机构运转、设备购置和基础设施维修改造等支出。任何组织、机构、个人不得以任何形式平调、挤占、挪用、骗取补助资金。

《办法》规定，地方各级民政部门要建立流浪乞讨人员救助工作绩效评价制度，对救助人次数、是否积极开展主动救助、是否发生重大责任事故、特殊救助对象跨省（区、市）接送的协作配合、流浪未成年人救助保护等情况进行综合考评。

《办法》规定，各级财政部门应会同民政部门建立健全流浪乞讨人员救助补助资金监管机制。财政部驻各地财政监察专员办事处在规定的职权范围内，依法对补助资金进行监督检查。对虚报冒领、贪污挪用、挥霍浪费补助资金的单位和个人，按规定严肃查处。构成犯罪的，移交司法机关依法查处。各级财政、民政部门要自觉接受审计、监察等部门和社会的监督检查。

（摘自《中国财经报》 记者：李继学）

救助流浪乞讨人员是政府的职责，作为职能部门，财政当然责无旁贷。但是站在财政的角度看，最重要的是，拿出去的资金到底能不能用好，能不能真正地用在流浪乞讨人员的身上，这是问题的关键，财政部与民政部联合印发的这份文件，重点突出了绩效评价这个财政管理的视角，本文就抓住了这个特点，从公文的角度看，这份文件涉及两个政府部门，强调的方面也比较多，但从新闻的角度看，绩效管理是其最大亮点。而从读者的角度看，新闻的传播更具有特色，让读者一看标题便一目了然。这是一篇将公文转换为新闻的成功改造。

在《中国财经报》上，类似的新闻很多，如 2011 年 9 月 3 日刊登的一篇题为《中央财政 500 亿元支持农村学前教育》的新闻，报道的是 2011 年 8 月 31 日召开的国务院常务会议决定，主要内容也是政策性很强的关于进一步增加学前教育财政投入的内容。会议研究的问题很细，涉及方方面面，研究了重点支持中西部地区和东部困难地区发展农村学前教育，以加快解决学前教育资源短缺、投入不足、城乡区域发展不平衡等问题，切实缓解入园难、入园贵的矛盾等。而《中国财经报》的这篇报道则特别突出了财政的视角，以会议内容强调“十二五”期间，中央财政将安排 500 亿元为切入口，给人留下深刻的印象，同时也积极地宣传了财政政策。类似的新闻有很多，比如《财政部下发有关通知明确——公务员出差定点饭店标间不超300元》,《每年160多亿元改善贫困生膳食——我国从2011年秋季学期起，启动实施农村义务教育学生营养改善计划》都是非常典型的政策类新闻。

财政政策的适时发布，对推动财政工作，扩大财政影响，也能起到迅速、快捷的作用。有时候，为了部署一项工作，新闻宣传往往比文件的层层下达要来的更快，影响面也更广。下面这篇报道，就是配合财政的工作部署、动员而刊发的，这篇报道不仅预告了2011年“小金库”治理督导抽查工作启动这件新闻事实，而且，利用新闻的独特手法，在提要部分突出此前全国复查新发现小金库的数量、金额，不仅向读者传达了一个新闻亮点，而且起到了警醒、震慑的应有作用。

【例文2】

2011年“小金库”治理督导抽查工作启动

此前的全国复查新发现“小金库”4794个，金额15.88亿元

本报讯 2011年“小金库”治理督导抽查工作布置会近日在北京召开。会议对2011年“小金库”治理全面复查工作做了总结，对中央及各地区各部门督导抽查工作进行了部署，中央督导抽查组与相关抽查单位进行了对接。

据了解，年初以来，各级各部门按照中央统一部署，根据“小金库”治理工作面临的新任务、新形势，稳步推进各项工作，取得了重要阶段性成果。全国复查新发现“小金库”4794个，金额15.88亿元。其中：党政机关和事业单位新发现“小金库”1986个，金额7.21亿元；社会团体和公募基金会新发现“小金库”198个，金额0.39亿元；国有企业新发现“小金库”2610个，金额8.28亿元。各地区各部门积极落实中央部署，对“小金库”治

理工作高度重视，安排部署严密有序，各项措施有效得力，呈现出良好势头。

会议强调，督导抽查是今年“小金库”治理的核心环节。组织好、落实好督导抽查工作，是中央领导小组办公室和各级各部门“小金库”治理机构当前的重要任务。各地区各部门要充分认识督导抽查的重要意义，积极组织好、配合好督导抽查工作。

据悉，按照中央治理工作方案的要求，中央层面的督导抽查工作 7 月初启动。财政部和审计署根据分工，各自抽调 200 人结合日常工作组织实施对部分地方单位和中央单位的抽查工作，中央纪委也要参与此次督导抽查工作，具体负责抽查阶段重大问题的协调工作。

中央治理“小金库”工作领导小组办公室有关领导、中央督导抽查组及抽查单位相关人员参加了会议。

（摘自《中国财经报》 记者：王迎辉）

解释性：对财政政策中的难点、疑点作出解读，具有较强的针对性

财政工作是一门专业性很强的业务，尽管各级财政部门对财政业务作出了大量的通俗性解读，但是即便如此，仍然有很多人反映看不懂，特别是随着预算的公开，即便是参加不同级别的“两会”代表委员，也有相当一部分人反映，看不懂或者不完全明白预算报告。

不可否认，作为一门专业性很强的财政业务，如果没有受过专门的训练，的确很难看懂。因此有人干脆以国际惯例来分析，说看不懂实属正常，就像人们不可能都读懂本单位的会计报告以及各类专业报告一样，看不懂预算报告也是正常的。预算报告假如真让所有人看懂了，那么，写出来的预算报告已经不是原来要说的意思了，因为其中一部分内容必须使用约定俗成的专业术语才能表述。但是，这并不等于说，财政政策不需要向大众

解释，恰恰因为财政具有的一定的专业性，所以，它更需要恰如其分地向大众作出通俗化的解释，因为财政与大众利益息息相关。这些年，财政事实上已经做了很多的努力，比如，站在完全专业的角度看，民生、三农等财政投入其实在真正的预算科目里是很难反映出来的。由于财政本身管理的细化、专业化，人们心目中的所谓民生资金，其实是分布在不同的预算科目当中的，这就可能出现不同的统计口径。总之，财政政策的出台，需要解释——在中国转型时期，财政是如此敏感、如此不断被误读误解的情况之下，尤其需要耐心细致反复地解释。因此，财政政策的酝酿、出台、发布、实施、结果均需要客观、准确、公正、及时的解读。在当下特殊时期，这样的解释性新闻也显得具有很重要的价值。

例文3是刊发在《人民日报》2011年10月17日的一篇报道，后来在财政部网站被转载。这是一篇针对性很强的解释性财政新闻。该文刊发的背景正如财政部网站介绍到的情况："近日，《人民日报》曾刊登一篇报道：财政部介绍财政支出情况：公共财政支出2/3用于民生。文章引起一些读者的质疑：虽然从数字上来看，公共财政的民生支出在逐年增加，但群众的受惠感受存在差异。我国财政收入很高，但为何市民感觉并不明显。针对这一疑问，财政部日前接受记者采访，系统分析了不同群体对民生改善的感受不尽相同的原因。"这篇解释性新闻从四个方面作了解释，四个切入点，正是老百姓存在的主要疑点，对此，该文以四个小标题的形式，一一做了解释，全文通俗易懂，相当及时，也起到了答疑解惑的作用。

【例文3】

民生支出感受差异有四大原因

"十口之家"难比"两口之家"

目前，我国人均财政收入水平不仅远低于主要发达国家，而且世界排名也处于百位之后。按照IM F统计口径计算，2010年美国、日本、德国、法国、意大利和英国的人均财政收入水平均在14000美元以上，而我国人均政府财政收入按当年平均汇率折算为1166美元，仅为上述国家人均财政收入的8%左右。

民生保障和福利水平恰恰与人均财政收入和支出水平密切相关。举个形象化的例子，欧美国家好比“两口之家”，中国可能是“十口之家”（如果按照实际人口数量相比，应该是“十三口之家”或者“十四口之家”），即使“两个家庭”的收入总量差不多，但人均享受的福利水平肯定会有很大差距。“两口之家”在满足基本生活需求的同时还有多余的财力追求更高的生活质量，但“十口之家”有可能仅维持温饱。

保障改善民生是一项长期的艰巨任务，民生支出也是一个动态调整优化的过程。随着我国人均国内生产总值以及人均财政收入和支出水平的逐步提高，人民群众将享受到更多更好的公共产品和服务。

有些民生支出是“特惠式”

促进共同富裕、维护社会公平正义是公共财政的本质要求，财政用于保障改善民生的支出不宜平均用力，而是要积极发挥财政的再分配调节作用，更多采取“雪中送炭”的举措，更多地惠及中西部地区、农村居民和城市低收入者，以促进区域协调发展、城乡统筹发展和社会和谐稳定。

因此，像全面实行城乡免费义务教育等，这些“普惠式”民生支出，城乡居民都能从中得到实惠，感受会比较明显。有些支出项目不能实行普惠式的“全覆盖”，如近年来中央财政不断加大对地方特别是中西部地区的转移支付力度，相应地，中西部地区的老百姓从中得到的好处会多些。

又如，国家取消农业税等，这些举措是针对农民的，城里人的感受就没有那么强烈；而政府加大保障性安居工程建设力度，实施促进就业再就业政策等，这些政策主要是针对城市居民的，他们受惠的感受会相对强烈些；再如，对城乡低保对象等困难群众发放生活补贴等，只有这部分特定群体才能感受到。

减负的感受不如增收直接

民生支出的种类比较多，有直接增加个人收入的补贴类支出，如粮食直补、农资综合补贴、良种补贴、农机购置补贴等涉农补贴，对家庭经济困难的学生给予生活补助，提高城乡低保水平等，这些支出都直接增加了个人收入。

而实行城乡免费义务教育、提高新型农村合作医疗和城镇居民基本医疗保险的财政补助水平、加大保障性住房建设力度、加强文化建设等，相应减少了城乡居民的支出，减轻了生活负担，但受益者的感受可能不如增加收入那么直接。

有些用于改善居民生产生活条件

在公共财政支出中，用于教育、医疗、社会保障和就业、住房保障、文化等方面的民生支出，受益者多为居民个人，直接增加了居民个人收入或减少了支出，因此感受会相对直接。

而用于加强生态环境保护，加快城乡交通基础设施建设，改善市政公共设施等方面支出，为广大群众创造良好的生产生活环境和便利的生活条件，会增进国民的福利水平，也属于民生支出的重要方面，但个人感受没有那么直接。比如，加强环境保护，为人民群众提供宜居的生活环境；推进道路交通建设，使人民群众出行更便捷、快速；完善供水、供电、供暖、燃气、污水处理、园林绿化等市政服务设施，让人民群众享受到更好的生活配套服务；加强灾害预测预报和防治能力建设，为人民群众生命财产安全提供有力保障；推进流通服务网络工程建设，让人民群众购物更加方便舒适等。

（摘自《人民日报》）

财政新闻宣传，主要是面向社会大众的，既然是解释，就要求不仅要对政策非常熟悉，而且要求在文字上下功夫，力求通俗易懂。近几年的《人民日报》，在公共政策的解读方面，做得相当有特色。除了上述例子之外，比如下面几篇报道就是这方面的新闻，2011 年 9 月 13 日《北京物价真比纽约高吗》，2011 年 9 月 14 日《住房公积金　究竟能干啥》，2011 年 10 月 17 日《外汇储备是谁的》等新闻，都是针对当前财经生活中的热点问题，特别是针对社会上一些观点、疑问乃至误解，进行有针对性的解释。相信通过这些报道，至少可以一部分消除人们的误解，科学理性地引导人们正确看待一些经济社会现象，起到了积极的作用。中国财政非常需要这样的解释性报道。

❸ 经验性：为不同时期的财政改革重点找到成功的个案

中国的许多改革，是从基层的实践开始的，财政改革同样如此。在全国各地各级财政的改革实践中，在不同时期，围绕财政改革的重点，总是能够涌现出一些鲜活的地方经验，这些经验不仅具有一定的创新性，而且在实践中具有可操作性。对这些经验的及时发现、挖掘、总结、传播，在财政系统具有很大的市场，也很受欢迎。财政新闻工作者的职责之一，就是能够及时发现与总结这种改革的经验，并为财政系统相互学习提供一个交流的平台。《中国财经报》作为财政系统内唯一一家专业性媒体，为推动财政改革，提供并展示具有改革经验的地方案例，可以说提供了一个很好的平台，在《中国财经报》上刊登的许多地方改革经验，有的引起中央高层领导的重视，有的形成了某项改革的部门乃至国家政策，有的成为全国各地财政部门学习考察的对象。比如大庆市公车改革、河北省预算改革、浙江省省管县财政体制的实践经验、重庆市化解普九债务的具体实践、辽宁省文化体制改革、无锡市路政工程的财政监督、焦作市的部门预算改革、义乌市的综合预算改革、温岭市参与式预算等等，类似这样的影响重大、意义深远的财政改革，在每年的《中国财经报》上，均有令人印象深刻的展示，从某种程度上说，这些改革经验的及时总结、报道也一定程度上推动了中国的财政改革。

同样，经验性新闻也是许多主流媒体的报道内容，比如关于支持现代农业发展项目的资金分配问题，为了争取到资金，传统的做法，都是各地方政府官员亲自出马，采取各种公关措施，不仅影响了党风政风，而且影响了资金使用的公平与效率。山东省财政厅通过公示将农业专项资金公开，然后引进竞争机制，按照“县级申报、专家审查、公开陈述、现场打分、当场亮分、全省公示”的评选程序，让全省符合条件的地方进行公开竞争，最后有 39 个县（市）从 59 个申报县中脱颖而出，成为现代农业发展资金项目县，这个做法产生了良好的社会效果。《人民日报》对这个经验进行了认真的总结和详细的报道。

这些年，国家农业综合开发为我国现代农业作出了卓有成效的贡献，各地在实际操作中，也涌现出了许多可贵的经验，这些经验也是财政新闻很有价值的选题，2010年12月26日的人民日报以题为《破解现代农业的“核心密码”》，详细介绍了安徽省的经验，全文共分三部分：钱从哪里来——财政投入四两拨千斤，集中打造高标准农田；效益从哪来——引导农业转方式，一亩地变成几亩地；市场咋对接——扶持龙头企业，打造完整产业链，文章有点有面，通俗易懂，详细介绍了安徽省的做法。这样的新闻，朴实、具体、扎实、实用，对于转型时期的中国财政改革，起到了推动、鼓劲的作用，虽然这样的报道与西方所谓的新闻价值观有很大的出入——不是那么耸人听闻，但是，它对推动国家现代化建设，促进行业与部门工作的积极开展，具有举足轻重的作用。

经验性新闻报道，常常和“歌功颂德”联系在一起，也常常和批评报道对立起来。其实，我们认为，无论经验性报道还是批评性报道，只要是有利于促进国家的文明与进步，都是好报道。在社会转型期矛盾多发的情况下，我们以为，正面的积极引导，积极的建设性意见比一味的批评更有利于问题的解决。

例文4是反映湖北省推行财政与编制政务公开的一篇新闻通讯。财政与编制政务公开，是大势所趋，相对而言，在现实生活中，不公开或者还不够公开肯定比公开透明的更为普遍，而且，湖北的做法也不过是一种探讨，客观地说，公开的实际程度也有待进一步完善，那么作为媒体人，我们是选择批评报道政府不公开的选题好呢，还是选择这种积极主动公开的先进经验好呢？本人以为，选择先进经验比刻意去选择负面的典型要好。因此，当我们获悉湖北的经验后，我们便有了下面这个选题。如果说这是“歌功颂德”，我们愿意做这样的“歌功颂德”。

【例文4】

“我把家底亮给你”

——湖北省推行财政与编制政务公开纪实

死人也能领工资，吃补贴。由于信息不公开，这种荒唐事至今仍在一些地方存在。但是，自从湖北省建立财政与编制政务公开网以来，一些部门和个人再通过瞒报信息“吃空饷”就没那么容易了。

不久前，全国几家媒体报道的湖北某地死人也能吃补贴一事，就是当地老百姓在网上发现后举报的。

让每位百姓都知道“两公开”网

财政资金的分配和财政供养人员的增减，一直是老百姓关注的热点问题，但是，长期以来，财政与编制的政务信息却非常神秘。为改变这种局面，湖北省决定将信息放到网上，也就是把财政的“家底”亮给了老百姓。

记者在宜昌市远安县洋坪中学采访，正逢该校初中二年级学生上电脑课。记者随机问一女生，“你知道政府今年给你家补贴的情况吗？”这位名叫熊玲玲的小姑娘害羞地点点头。只见她轻点鼠标，很熟练就找出自己家所在的远安县财政与编制政务公开网页，并在相应查询栏分别输入自己村的村名、父亲的姓名，一个详细的补贴列表便显示出来：农户姓名，熊志元；家庭住址，远安县洋坪镇洋坪村七组；补贴面积合计，3.42 亩；补贴标准，40.3 元 / 亩；补贴金额，137.826 元……小姑娘还顺便把叔叔、邻居家的信息也一并查了出来。

湖北省从 2005 年就开始了财政与编制政务公开试点，并于 2006 年在全省全面推开。当年 6 月，全省 115 个市县区全部开通了“财政与编制政务公开网”，目前在当地已成为尽人皆知的“两公开”网。

公开就是要让老百姓知情。为此，湖北省想了很多办法，利用手机短信，电视滚动字幕，在当地媒体头版醒目位置连续刊登公告，在广场、集镇等人口集中的地方发放宣传单等等。去年实施“限塑令”时，不少地方还在菜市场发放一批印有“两公开”网址的环保袋。

不过，其中一个最重要的举措是，在各地设立电脑免费查询点。

宜昌市远安县花林寺镇花林寺村 2 组村民温小翠和丈夫经营一个小水站，自己也在水站帮着看店，但从去年年底，小翠又有了一个新的身份——查询点联络人。在她电脑桌后的墙上，挂着“两公开”宣传牌，一旁还放着电话。她告诉记者，如果农民在外地打工，来不了，也可以打电话咨询，她在网上查到后再告诉对方。

为了方便查询，湖北省要求各地深入农村、社区开展流动查询，每个乡镇财政所均要设免费查询点，并利用农村中心文化（科技）户、农村党员干部远程教育站点等计算机网络资源进行查询，同时还要求将政务公开查询纳入中小学信息技术课、农民工培训技术课教学中。

在城镇，政府部门人口流动较大的办事大厅，都设立了电子触摸屏。一些街道社区居委会，也都有查询点。截至去年底，全省村一级查询点已达 2734 个，加上乡镇及城区一级的 3008 个查询点，共有 5000 多个查询点，基本实现足不出村（社区）就能查询。

截至2008年12月，仅湖北省级“两公开”网站的访问量累计269.13万次，在全国同类网站中名列前茅，如果再加上链接的115个市县区“两公开”网站，访问人数更是巨大。

上访不如上网

目前，在湖北老百姓当中流行一句话：上访不如上网。

过去，干群关系紧张，很重要一个原因，是信息不对称。现在，要了解信息，老百姓可以上网查。不少村民说，查询补贴情况不仅看自己的，也看村干部和其他村民的，看看分配是否公平、合理。

2007年，黄冈市有群众通过上网查询，举报管窑镇付岗村有虚报种植面积骗取财政资金的问题，经调查核实，该市对相关责任人予以通报，并责令10天内收回所骗资金；2008年，团风县有群众反映，部分教师长期在外打工，却仍然在编，照拿工资，经核实确认后，该县清除了一批在编不在岗的“吃空饷”者。这样的例子很多。截至2008年12月，省级财政已累计上网公开财政资金达482.14亿元，人员编制信息1346673条。其中，全省纠正挪用、截留财政专项资金达1800.85万元，清理和纠正不应享受财政补（救）助对象45303人。

网上公开也“倒逼”相关部门提高行政效率。比如农业补贴涉及到农业部门，低保补贴涉及到民政部门，如果他们不能及时提供准确、有效的数据，耽误了信息的发布，就需承担相应责任。宜昌市财政局总会计师李仁贵告诉记者，现在无论是出差还是生病，只要有可能他都会抽出时间上网，实在不行，就找人替，生怕延误时间。

“两公开”还降低了财政监管成本，提高了监管效果。黄冈市财政监督局局长童吉炳给记者算了一笔账：财政监督部门检查一个单位或一个项目，从立案到检查再到处理，至少要经过6个环节，一个案件多则开支上万元，少则几千元。而现在通过网络监管，减少了大量的人力、物力。此外，以往的监管一般都是等事后才去现场翻旧账。现在监督部门可以对网上资金使用情况随时关注、重点监管，发现问题及时纠正处理，不留隐患，将监督的过程提前了，监督行为常态化了。

随着“两公开”工作的深入，一些县市还对公开范围进一步扩充。宜都市财政局长裴学中告诉记者，每年春季都会把上年的支出及当年本级财政预算公开，一些其他部门的预算，包括公务车辆也纳入公开的内容。

“两公开”网一个非常重要的组成部分，就是具有“网上咨询”、“网上投诉”和“网上答复”功能。这种互动在政府与百姓之间架起一座非常便捷的沟通桥梁。当地百姓说，以前要投诉，反映问题，很麻烦，也要冒很大风险，如今坐在家里就能把问题解决，不用去上访。

经过三年多的努力，群众对政务公开网的信任度越来越高，网上咨询投诉十分活跃。仅去年一年，全省各地就受理咨询投诉6415件，全部在规定的时限内答复处理。

建立长效机制：全省总动员

在湖北采访，该省上下各级政府对“两公开”的重视程度给记者留下深刻印象。

“我们每一项工作都是努力按照标准执行，可考核只得98.9分！”快人快语的赵兰文说起去年“两公开”的考核结果，一脸委屈。赵兰文是武汉市洪山区监督科科长，具体负责该区的“两公开”工作。她说，他们的工作非常努力，群众也很满意，可是，3年来每次考核都因细小的差错被扣掉一两分。去年就有0.1分是因为政务信息报道不具体被扣掉的。她告诉记者，每一次省里考核的时候，比当年参加高考还紧张。

和赵兰文一样，基层负责此项工作的干部都对上级的考核感到紧张。记者在一份2008年的考核材料上看到，考核标准分四部分，有6页，非常细。如财政资金分配方面，享受人必须到村到户，地址如果不详细且无说明，每处扣0.1分；在网上咨询投诉答复处理方面，对回复不及时的，发现一条扣0.5分。每一个考核项目下，都有4、5条评分标准，分值甚至细化到0.01分。

考核让基层感到紧张的主要原因有二：一是与年终的财政转移支付激励机制挂钩，二是考核结果要直接寄到当地主要领导的手上。据介绍，自2005年开始，湖北省委、省政府就一直高度重视财政与编制政务公开工作，并将其作为“一把手工程”纳入领导考核范围，确保“两公开”的顺利推进。

湖北省财政与编制政务公开办公室的负责同志表示，考核的目的不是要考倒大家，而是要引导、促进“两公开”工作的开展，以形成一个行之有效的长效机制，确保其不流于形式，实实在在地为老百姓服务。

为了与湖北的“两公开”网作一比较，记者顺便打开了一些省市的政府网站，发现有不少地方的网站内容较为单一，与老百姓真正关心的内容尚有一定差距。记者问湖北同志，为什么湖北能够把“两公开”网搞得有声有色，成为全省妇孺皆知的著名网站？当地的朋友毫不犹豫地说，说一千道一万，关键在于领导重视。记者想了想，觉得这是一句官话，也是一句大实话。

（摘自《中国财经报》　记者：苗福生　何建红）

思想性：针对社会经济生活中出现的矛盾和问题，从财政的视角进行关注，突出财政的价值观

不是客观报道新闻事件吗，一旦有了“思想性”是不是就有了倾向性、主观性，以至于让新闻变得不客观？在提出财政新闻价值的这个特性时，笔者也是斟酌再三。本人之所以没有在一般新闻价值提出这个观点，而是特别在财政新闻价值特性一章中提出，本人认为，从广义上看，一切新闻都有思想性，甚至都有倾向性，所谓的绝对客观是没有的。新闻都带有国家、民族、阶级、党派的利益。不然，我们就很难理解，即便是像9.11这样的恐怖袭击事件，不同民族和地区的人也有不同的理解。我们电视屏幕上看到，那些天，世界上许多人在哀悼，也有人在狂欢。我们也很难理

解，为什么西方的媒体在报道中国的新闻上有那么多的妖魔化？我们还很难理解，为什么在美国攻打伊拉克的问题上，美国的所有媒体只有一个声音？这背后肯定有倾向性的问题。只是，这个话题太大。本人这里提出的思想性，是在狭义上说，财政新闻要体现出一种专业水准，要能够在一般日常生活现象中，善于以财政的视角，发现问题，挖掘出新闻事件表象后面的深层次问题。这样的新闻，是财政新闻中的稀缺产品。

《中国财经报》的办报方针，特别突出8个字，“立足财政，面向社会”，如何理解立足财政，看问题能不能立足财政，这其中确实有一个专业水准的问题。财政讲成本，讲效益，讲大局，讲公平。从这个角度出发，我们会看到许多别人看不到的问题。比如，2011年夏季，首都北京连续下了几场大暴雨，导致城市不少路段汪洋一片，交通混乱不堪，网民甚至在网上发帖，说到北京去看海。批评当然没有问题，但是，有没有合理的建设性意见，从财政的角度又怎么看呢？本人曾经从北京水资源稀缺的角度出发，写了如何将每年夏季的水灾变成水资源的建议文章。

生活中许多问题都可以从财政的角度去观察，比如，一些地方，经常发生年轻人打架斗殴的现象，这和财政有没有关系呢？有，这要加大社会治安成本。《人民日报》报道过这样一条新闻，为了教育年轻人不要斗殴，山东省无棣县公安局派出所的民警就专门制定了一个打架成本公示卡，以此提醒年轻人打架的代价。公安干警的做法，其实就体现了财政人的思维特点。

现实生活中，有许多现象令人深思。2010年9月7日的《人民日报》报道了新学期开学，河南郑州的不少中小学纷纷上演了爆棚的一幕，该报道的标题是：《80多孩子挤一个班，家长跪求好学校——谁引发了郑州中小学校阵痛》，文章提出该市率先削平门槛导致外来务工人员子女在城市就读人数激增，教育基础设施长期投入不足，优质教育资源缺乏，导致了郑州教育正陷入“阵痛期”。这样的稿件，就不仅是从表面只看到当地的开学乱相，而是从深层次思考教育资源综合配套没有跟上，政府好心还可能造成办“坏事”的后果。

例文5这篇报道，是本人有一年到陕北出差，在当地看到一种怪现象，从这一看似矛盾的怪现象入手，观察到的是当地的贫困现状。

【例文5】

家有自来水　却要挑水喝

对于经济困难的绥德山区农民来说，每月20元左右的水费就是一笔很大的开支

本报讯　政府将自来水引入农户，农民却宁可走一公里的山路去挑水吃，这是记者日前在绥德县枣林坪镇吴家洼村看到的“怪”现象。

吴家洼是位于黄河岸边、黄土高原上的一个村。这里的农民长年吃水困难，为了解决村民的饮水问题，绥德县财政部门利用扶贫资金，投资14万元，从山外打井，免费为每户安装了水管、水龙头，于2004年9月将自来水全部接到农户家。据了解，当地人过去的水，由于含氟量太高，村民全部都是一口黄牙，自从装上了自来水，不仅饮水方便了，而且水质也非常卫生，但是农民用上自来水没过多久，全村49户人家，三分之二以上的又都关上了水龙头，重新到外面挑水吃，原因是交不起每个月20元左右的水费。

吴家洼村支书吴继清告诉记者，水费倒是不贵，一吨3到5元，一户一月下来，节省一点，20元够了，主要是村民没有钱。这里的农民主要收入靠红枣，遇到好年景，一亩红枣能卖100多元，像今年红枣熟的时候正遇到雨季，枣都烂了，一亩不到10元钱。家里有劳力的，出去打工挣些零花钱，没有劳力，全靠红枣。村民郝香梗对我们说，他今年59岁了，还要跑到黄河对岸的山西去打工。

枣林坪镇党委书记高玉国告诉我们，农村税费改革以后，农民没有什么负担了，现在的主要问题是如何提高农民的收入。高玉国介绍，枣林坪镇

年人均收入不到700元，全镇有45个行政村，像吴家洼村一样困难的村子在90%以上。这些农民都住在山上，交通不便，十年九旱，生活十分困难。

该县财政局长吴亚雄告诉记者，随着扶贫力度的加大，当地政府也在尝试建立一种增加农民收入的长效机制，为农民解决吃水困难这样的好事要办，同时也要积极想办法增加农民的收入。据吴亚雄介绍，财政局在几年前向一个贫困村引进10只小尾寒羊，通过贫困户养羊，等上一家母羊生了小羊再向下一家贫困户周转的方式，几年下来，加上已经卖出去的羊，全村已经发展到300多只羊。仅养羊一项，每户农民年均增加2000元的收入。按照这样的思路，财政局正准备利用扶贫资金，为吴家洼村引进一种简单的大枣烘干设备和技术。吴亚雄说，这里的大枣质量特别好，但是大枣快熟的时候，一遇到雨水，红枣就烂到了树上，给农民造成很大的损失，引进这项技术，就不怕下雨了。

（摘自《中国财经报》　记者：苗福生）

【案例】

《山东财政创新激励机制化解高校债务》一文的创作过程

从山东记者站给报社发来的稿件中，我们注意到了山东下决心化解高校债务的新闻线索。很快，我与山东记者站丛培德主任取得联系。丛培德是一位新闻经验丰富，做事认真负责的人，我们在电话里交流了关于高校债务的问题，并确定了2012年4月份到山东调研的计划。

在记者站和财政厅教科文处的积极协调下，我们和山东的几所高校主要负责人举行了座谈会，在会上对山东高校化解债务的情况有了进一步的了解，记者解希民出手很快，很快拿出了新闻初稿。

我们对初稿提出了修改意见，认为山东高校化解债务的稿件应当强化财政的视角与突出专业水准。因此，稿件中要特别突出这样几个关节点：高校化解债务的积极性是如何调动的，财政政策的亮点在什么地方，负债率 60% 是怎么确定的，激励与约束机制具体包括哪些内容，如何防止新债务的形成，等等。这些关节点的补充与深化，大大增强了文章的深度。

对此，我们还专门配发了评论员文章。

我们希望这篇报道应当达到这样几个效果：第一，不能给人一个印象，好像财政出面化解债务就是兜底与大包大揽，一定要强化谁借债谁还债这样一种观念；第二，财政政策要讲公平，让人看了心服口服；第三，其中的经验，让外省市兄弟单位看了以后，觉得可学。这就达到了报道的目的。

事实证明，这几篇报道的效果还是相当不错的（见例文 6）。

【例文 6】

不再让象牙塔为“债”所困

——山东财政创新高校化债奖补激励机制调查（上）

“现在不少大学校长都背着一身债，满脑子想的都是债务，被人追得跟杨白劳一样，哪有心思办大学?”在今年山东两会期间，山东省省长姜大明再次提及高校债务问题，并在政府工作报告中郑重承诺，今年要办好 35 件民生实事，实现高校化债 120 亿元就是其中之一。山东省财政厅厅长于国安告诉记者：“去年，我们在省委、省政府领导下，创新高校化债财政奖补激励机制，在全省打响了一场高校化债攻坚战，高校债务一年‘瘦身’60 亿元。今年，我们将大幅提高教育保障水平，确保年内全省财政教育支出占财政支出的比重达到 20%，确保省属本科高校生均财政拨款水平达到 1.2 万元，确保实现高校化债 120 亿元，不再让象牙塔为‘债’所困。”

“政府支持力度这么大，我们终于看到希望了。”因新校区建设而被巨额债务压得喘不过气来的赵彦修校长，在清点完山东师范大学的“还债账本”后，露出了舒心的笑容……

高校化债，谈何容易。作为人均财政支出还达不到全国平均水平的山东来说，是怎么下决心来啃这块“硬骨头”的？又是如何来化解这笔陈年旧账的？化债的钱从哪里来？旧债化完还会有新债出现吗？带着这一连串问号，记者日前赴山东进行了深入调查采访。

全省校园面积扩大近5倍

山东建筑大学是山东省唯一一所以土木建筑学科为特色的省属普通高校，2002年，学校以土地置换的方式，在驻济高校中率先启动了新校区建设。2004年9月，新校区正式建成并投入使用，让该校的办学规模和水平迈上了一个新台阶，招生人数由2004年的6500人迅速扩大到2.4万人。

但是，和许多高校一样，山东建筑大学也因此背上了沉重的债务负担，甚至凭添了不少舆论压力。该校副校长韩锋告诉记者，新校区总投资11.57亿元，向银行贷款8.95亿元，利息1年达5100万元，到2009年底仍有7.43亿元的债务，学校面临着巨大的财务风险。

离济南市区半个多小时的车程，就到了位于长清大学城的山东师范大学长清校区。在湖光山色的校园里，该校校长赵彦修向记者介绍，今天的山师两个校区总占地面积近4000亩，建成校舍面积120.66万平方米，在校生已达3.7万人。

赵彦修回忆说，1999年，山师因办学空间受到限制，招生规模不到8000人，已远远不能适应社会的需求。2003年10月，占地3000多亩的长清校区开工。5年时间，学校新建校舍面积38万平方米，累计投资12.97亿元，其中向银行贷款7.9亿元。

高校成为银行的欠债大户，始于20世纪90年代末。山东是高考大省，1999年高等教育毛入学率只有7.9%。为适应高校扩招的需要，在财政资金不足的情况下，各高校通过银行贷款等多种方式筹措资金，加快新校区建设，改善办学条件，使山东高等教育走向大众化。2010 年底，全省高校全日制在校生规模达到 163.1 万人，毛入学率上升到 28%；全省高校校园面积 12385 万平方米，是扩招前的 5.4 倍；高校建筑面积 5197 万平方米，是扩招前的 6.8 倍；高校固定资产总值 811 亿元，是扩招前的 16.2 倍。

山东高校在形成一大批优质国有资产的同时，也背上了沉重的债务负担。记者从鲁东大学、山东轻工业学院、济南大学等多所高校了解到，各校贷款总额普遍在 5 亿元到 7 亿元之间，除了向银行贷款，还有少部分是通过银行向教职工的借款，以及少部分拖欠的工程款。

一年利息8亿元

“巨额的贷款，虽然支持了新校区建设，但对于当时的高校来说，可算得上是‘饮鸩止渴’：每年少则四五千万元，多则七八千万元的利息，压得高校喘不过气来。”山东省财政厅教科文处副处长王宇轩说。

山东师范大学财务处处长陶务端给记者算了这样一笔账：2008 年学校债务最高时达 8 亿元，一年银行利息就接近 5300 万元，一天利息就超过 14 万元。

在山东建筑大学财务处处长唐建民的记忆中，学校最困难时一度出现工资发放紧张问题，有一年寒假结束眼看就要开学了，学校账户仅剩下二三十万元。

巨额的贷款带来了庞大的利息支出，2010 年山东省教育厅 25 所高校贷款余额为127亿元，按一年期贷款利率6.31%计算，一年的利息就达8亿元。

在此情形下，学校的教学、科研受到严重影响——

在山东轻工业学院，作为全省唯一一座“轻工类”专业图书馆，在校园规划之初有着美好的未来：计划投资 1.5 亿元、新馆建筑面积 3.1 万平方米。但在建了一半后，因为缺乏资金，这座校园标志性建筑停工了，甚至许多年轻人还没有来得及走进图书馆就毕业了。学校不得不把餐厅一楼腾出来，暂时用作图书室。

2010 年底，在山东交通学院长清校区建成 5 年后，2 万平方米的图书馆才刚刚落成。

面对债务的抉择

不可否认，高校债务是特殊历史时期的一个产物，它是伴随着我国高校大扩招而产生的。然而，作为地方政府，既不能坐视不管，又不能大包大揽。山东人均财政支出还达不到全国平均水平。财政没有能力也不应该直接为高校债务买单。

“谁贷款、谁负责”成为一种共识。山东省明确提出，高校是化债的责任主体，高校主要领导是化债第一责任人。尤其是债务负担较重的高校，不能“躺在财政的怀抱里”，要以积极主动的态度，不等、不靠、不要，把化债列入重要议事日程，精打细算、科学安排，通过增收节支、土地置换、争取奖励等措施，统筹各类资源化解学校债务。按照高校隶属关系，各级政府负责统筹所属高校的债务化解工作。

令人欣慰的是，近年来，高校债务问题已引起党中央、国务院的高度关注。2010 年底，财政部、教育部联合下发《关于减轻地方高校债务负担化解高校债务风险的意见》。按照《意见》，2010—2012 年，中央财政将在锁定截至 2009 年底地方高校贷款余额的基础上，根据地方财政通过一般预算安排的化债资金，综合考虑各地高校化债工作努力程度、高校债务规模下降幅度以及扩招学生数等因素，采取专项资金奖励的形式，对有效化解高校债务的省份给予支持。山东省决定抓住这次机遇，变被动为主动，用好中央鼓励政策，加大高校化债力度。

山东省财政厅厅长于国安表示，山东将通过加大省市财政投入、争取中央奖励、统筹学校各类资源等措施，多渠道筹集化债资金。同时，充分发挥财政资金的杠杆作用，按照“谁借贷、谁还款；还的越多、奖的越多”的原则，“撬动”各高校积极化债。

于是，“采取有效措施，努力化解高校债务”作为政府 2011 年承诺的实事之一，迅速展开实施。

49所高校立下“军令状”

2011年7月7日，山东省政府召开全省高校债务化解工作会议，拉开了史无前例的高校化债攻坚战。

政令一出，各有关部门、各高校、各地纷纷响应，迅速行动起来，一系列的落实措施紧锣密鼓地出台了。

——7月上旬，山东省财政厅、教育厅联合下发《山东省高等学校债务化解奖补政策实施意见》。省财政设立高校化债奖励资金，建立化债激励机制，根据高校化债金额、化债方式给予奖励，对控债、化债成效突出的高校加大奖励力度，以调动高校统筹各类资源化债的积极性。

——紧接着，由山东省财政厅、发改委、教育厅等8部门共同制定的《关于山东省高等学校债务化解工作的实施意见》，发至各市、各高校及有关部门。根据该意见，山东省2011年和2012年大幅提高省属高校学生定额经费标准，支持省属高校化解债务。

——随后，山东省各高校向省政府提交化债方案，立下化债“军令状”。

——10月中旬，山东省财政厅对高校化债规划进行审核汇总，锁定债务。

——10月28日，在山东省政府举行高校债务化解工作目标责任书签订仪式上，49所省属高校与省政府签订化债“军令状”，进一步明确化债目标任务。

一系列措施，目的只有一个，确保高校债务得到有效化解，使问题得到妥善解决。

120亿元，钱从哪里来

2011年10月，山东省财政厅、教育厅对78所公办高校化债规划进行审核汇总，共锁定2009年底全省高校银行贷款199.3亿元。

“高校债务的认定以2009年底人民银行征信查询信用报告中的银行贷

款余额为基础，每年根据贷款减少情况，动态调整锁债金额，一年一锁。”王宇轩告诉记者，“按照经费隶属关系，各级财政、教育部门负责核实、锁定本级所属高校债务。”

通过综合考虑，山东省提出，到2012年底力争化解120亿元高校债务，努力将高校债务负担降至合理水平。120个亿，钱从哪里来？

对此，于国安向记者解析了化债资金的来源渠道——

地方财政预算安排一块。省财政在2011年将省属本科高校、高职学校生均定额分别提高1200元、400元的基础上，2012年继续大幅度提高定额，由生均9500元提高到1.2万元，并根据高校的负债率，在定额经费增量中安排一定比例用于归还银行贷款。各市财政也参照省里做法，增加对市属高校的投入。

争取中央财政奖励一块。中央财政对地方化解高校债务给予奖励，奖励资金最高可达地方财政预算安排高校化债资金的50%。

高校增收节支筹措一块。高校是偿还债务的主体，省财政将按化债成效对高校给予奖励。通过增收节支、土地置换等措施，最大限度地挖掘高校内部化债潜力。

60%，是如何界定的

于国安表示，化债120亿元，可使山东省高校债务负担降低到合理水平，即高校负债率控制在60%以下。

那么，60%的负债率是如何界定的？为什么将负债标准定为60%？

王宇轩对此给出了详细的解答。他说，对于高校是否应该负债、负债的合理区间到底是多少，争论很多。但迄今为止，对于行政事业单位，包括高校，尚没有债务限额方面的明确规定。对于高校债务的合理区间，我们认为，可以参照一个国家能够负担的国债额度，来确定高校的贷款负担限度。国债负担率指国债余额占国内生产总值的比率，欧洲货币联盟签订的《马斯特里赫特条约》规定这一指标不高于60%，一般将这个指标看做一国的债务警戒线。通过对若干学校的调研测算，这一比率也可以作为高校债务警戒线，如债务占高校总收入的60%以内，学校基本能够承受，财务运行基本不受大的影响，因此这个比率可以作为我们化解高校债务的近期目标。当然，从长远看，负债率还是越低越好。由于高校债务构成比较复杂，在化债步骤上，可先将银行贷款占高校总收入的比重降至60%以内，对于拖欠的工程款、单位款也要逐步偿清，对于职工集资，要坚决刹住，限期清理。

来自山东省财政厅的一份调研报告显示：2010年，54所省属高校贷款余额为153.09亿元，全年总收入为131.52亿元，有一半的高校贷款余额超出其总收入。

为了实现负债率降至60%以下的目标，2011年和2012年，山东省财政安排资金，专项用于负债率超过100%的省属高校归还银行贷款本金。综合考虑高校负债率、在校生规模、化解债务努力程度等因素，确定每所学校的支持资金数额。对负债率超过60%的高校，省财政将从学生定额经费增量中安排不低于50%的资金用于归还银行贷款本金。对负债率较高的高校，进一步提高还款比例；对负债率低于60%或通过努力将负债率降到60%以下的省属高校，再减少银行贷款的，山东省财政依据贷款减少额按不低于40%的比例给予奖励。

【配发评论】

创新机制比还债更重要

本报评论员　苗福生

借债要还，谁借谁还，这是人类社会普遍通行的规则，也是建立诚信社会必须遵守的价值底线。然而，对于在特殊历史条件下，由于体制、机制等因素造成的高校债务问题，如果将板子一概地打在这些负债的高校身上也有失公允。

为了防止高校债务可能造成的社会风险，财政作为政府的职能部门，积极想办法，帮助高校化债，充分体现了财政的大局意识与责任意识，但是必须指出的是，财政资金是有限的，财政化债，绝不是兜底，更不是大包大揽，而是在财力许可的前提下，创新机制，调动高校积极性主动化债。山东的实践，正是结合该省实际，充分利用中央出台化解高校债务政策的有利时机，是一次创新财政激励、约束机制的有益尝试。

俗话说，会哭的孩子有奶吃。山东的做法却是通过出台激励政策，让表现好的“孩子”有奶吃。这不仅体现了公共财政公平的原则，而且通过制定化债标准、减少债务数量等详细措施，达到一个目标，即：谁还债的积极性高，表现好，得到的奖励资金就多。正是政策的积极引导，在全省出现各高校积极化债的良好局面。

有激励，就有约束。与一系列激励政策相配套的是，山东对高校的内部管理、厉行节约、财务规章等方面也提出具体的要求，这就倒逼高校在开源的同时也注意节流。一直以来，不少高校因财务管理粗放而饱受诟病，可以说，山东在化债的同时，也加大了对高校的内部财务约束，让高校管理层不得不精打细算过日子，以至于有的高校连教职工出差乘飞机都必须由校长签字同意才能报销。有人可能会认为，大学校长应该是抓大事的，财务报销这样的区区小事不值得一校之长亲自去抓，但是，正是大学主要领导这种锱铢必较的财务管理，对高校今后重视财务管理，重视债务风险管控，才具有深远意义。从这个角度说，财务管理——哪怕是节约一滴水、一粒粮、一分钱，也应该是大学校长必须关注的大事。

目前，最让人担心的是一些地方可能出现的借新债、还旧债的局面。山东在防范新债务方面也是立足于长效机制的建立，与省发改委、教育厅、审计厅、组织部、金融机构等多个职能部门形成合力，从源头上杜绝了新债务的发生，这是一个值得总结与推广的重要经验。

当前，由于种种原因，我国一些部门乃至一些地方政府均出现一定的债务风险，应该说，一切带有国有性质的债务风险，最终都可能演变为财政风险，因此，如何防范债务风险，这应是今后相当长一段时期，各级政府以及全社会高度重视的问题。

15亿元撬动60亿元

——山东财政创新高校化债奖补激励机制调查（下）

一组数字令人欣慰：2011 年，山东省级财政投入资金 15.8 亿元，引导各市财政安排化债资金 16.7 亿元，激励高校筹集化债资金 12.4 亿元，获得中央奖励化债资金 15.1 亿元。这一年，山东高校债务“瘦身”60 亿元，高校负债率降低 40 个百分点。

山东省抓住中央对地方化债给予奖励的有利时机，建立了高校化债激励机制——高校化债，财政奖补。

根据奖励规定，山东省鼓励高校通过土地置换化解债务，对置换土地的省属高校，省财政依据高校土地置换收入用于化解债务的数额，按不低于10%的比例给予奖励；鼓励高校统筹各类资源主动化解债务，对省属高校在财政安排的化债资金和土地置换收入之外，再统筹学生定额经费、学费、国有资产有偿使用收入、经营收入等化解债务的，省财政依据贷款减少额，按不低于30%的比例给予奖励，对负债率低于 60% 继续化债的按 40% 给予奖励。鼓励债务重的高校积极化债，对负债率超过 100% 的省属高校，只要态度积极、措施得力，省财政将综合考虑负债率、在校生规模等因素，每年安排资金 10 亿元帮助其尽早还清债务，以减轻高校还本付息压力。

同时，鼓励各市积极化解债务，对 2011 年、2012 年市级财政通过一般预算安排的高校贷款还本资金，省财政按 40% 的比例给予奖励。如果市属高校贷款减少额低于地方财政安排的化债资金数，省财政按贷款减少额的 40% 给予奖励。各市也明确了对市属高校的债务化解奖补政策，调动市属高校化解债务的积极性。

“财政奖补政策，燃起了高校化债的希望!”山东师范大学财务处处长陶务端表示。

“针对我们学校，省财政安排的化债专项资金这一项总和就达到1.62亿元，从2010年度到2011年度的化债奖励一次性兑现，这种力度是空前的。”陶务端告诉记者，这笔资金加上山东师范大学在2011年通过各种渠道自筹资金8000万元，到2011年底，贷款总额由年初的6.32亿元降到3.9亿元，节约银行贷款利息1000余万元。

“今年，我校到期偿还银行贷款1.64亿元，如不新增贷款，到今年底我校债务余额将降至2.26亿元，负债率将降到40%，完全达到省政府化债要求。”陶务端说。

据悉，2011年，山东省级财政在继续安排化债奖励资金1亿元的基础上，新增10亿元支持债务重高校化债。高校化债奖励资金实行“先奖励后清算”。根据省属高校和各市当年化债计划，省财政厅按奖补政策当年给予奖励，次年据实清算。对超额完成的化债任务，按政策继续给予奖励；未完成的化债任务，相应扣回奖励资金。对化债后银行贷款又反弹的或者增加职工集资等其他债务的省属高校和市，省财政将扣回奖励资金。

“谁努力谁分得的‘蛋糕’就大”

为充分调动各高校和各市化债的积极性，山东创新高校化债激励机制，将财政蛋糕分配与化债努力程度挂钩。

“谁努力程度高，化债工作做得好，谁分得的‘蛋糕’就越大，获得的奖励就越多。”山东省财政厅厅长于国安表示。

临沂大学可谓是这一政策的最大受益者，由于学校及其所在地临沂市政府的积极努力，目前已获得上级财政奖励资金达2亿多元。

占地6000余亩的临沂大学，是国内单体校园面积最大的大学，这个借鉴美国斯坦福大学理念建设起来的新校区，因为追求“开放式办学”而没设围墙。开放式办学在这里有很多解读，如最早并唯一成为山东多体制办学试点单位，引入社会资本建设大学生公寓，学校图书馆、体育场、艺术中心对市民开放等。而最令人关注的是该校目前的“零负债”，这在目前高校债务累累的大背景下，无疑是一道独特的风景。

“临沂大学目前之所以实现了‘零负债’，得益于省财政的奖补挂钩机制。”据临沂市财政局副局长主父笑宜介绍，临沂大学是临沂集全市之力、地方自行建设的一所高校，地方政府倾注了巨大的财力。新校区于2004年5月开工，校舍面积155万平方米，总投资33.37亿元，截至2010年底，该校贷款余额为6.82亿元。在省财政奖励政策的激励下，2011年，临沂市财政通过统筹当年超收财力、地方政府债券资金、往年市级偿债准备金等资金，集中财力帮助学校化债。到2011年末，临沂大学金融贷款全部化解，由此获得上级财政奖励资金2.3亿元。

据悉，2011年，山东省财政对各市财政预算安排的化债资金按40%的比例给予奖励，引导各市财政安排化债资金16.7亿元。

另据了解，对省属高校和市属高校，山东省财政厅也分别制订了具体的奖励措施——

比如对省属院校，建立了定额经费使用与高校负债率挂钩机制、有利于高校减轻还本付息压力的财政拨款机制、高校土地置换化债奖励机制、高校统筹各类资源化债奖励机制以及对控债和化债成效突出高校的追加奖励机制。

对市属院校，建立了市级财政增加拨款奖励机制和市属高校化债与上划相结合的激励机制。为鼓励各市提高生均财政拨款水平，增加市属高校化债资金来源，省财政以2009年为基数，对市级增加的本科高校拨款按60%给予奖励。

在还债的日子里

记者在山东部分高校采访时了解到，高额负债下，为了偿还债务，开源节流、节俭办学成为每个高校的自觉行为。

山东师范大学校长赵彦修给记者拿出了一份“财务清单”：包括教职工工资、学生生活补贴、奖学金在内的人员经费支出，占到总支出的64%；水电暖及校区管理维护运转费约4000万元，占总支出的10%；需要支付贷款利息约5800万元，占支出的15%。同时，山东师范大学是老校，离退休人员多，学校每年要从正常经费中拿出约3000万元用于离退休人员的补贴、医疗费超支。

赵彦修说，为了还债，山东师范大学“勒紧腰带过日子”，严格财务预算管理，已经连续5年按照10%的比例压缩办公预算经费，降低行政成本，每人每年的办公经费额度3年没有增加，乘坐飞机需要校长签字。

有着4.66亿元债务的鲁东大学，为了拓宽收入来源渠道，成立了校园开发推进委员会和校园开发办公室，对学校闲置土地进行开发利用，通过学生公寓网点招商，启动高层次专家公寓项目、东区土地出让项目，学校获得开发收益1亿元以上，所有资金全部用于还贷。同时，降低人员经费支出比重，2011年比2010年人员经费降低2%；大力压减“三公”经费开支，行政办公经费“零增长”。“2011年完成化债2亿元，减少利息支出1000万元，今年我们计划再化债2亿元。”该校校长李清山表示。

面对严峻的财务形势，山东建筑大学一方面强化预算管理，在保工资、保偿还利息、保运转的前提下，根据资金状况对部门经费原则上按预算指标的40%下达。另一方面，通过建设节约型校园，降低办学成本。该校实行后勤经费包干责任制，采取集中采购、淡季购煤等措施，挖潜增效。同时，学校建设了校园中水处理站、建筑节能监管平台、光伏发电项目，通过中水回用、供暖节能、实施绿色照明、推广太阳能技术等途径，最大程度地节省开支。

记者了解到，为了化解债务，各高校均加强了财务管理，合理安排经费预算；从严控制人员经费和行政后勤支出，降低办学成本；优化教育资源配置，提高现有资源利用率；广泛吸收社会资金，增强学校经济实力和偿债能力。

告别债务，轻装前行

2011年，山东师范大学一年还债2.4亿元，贷款总额下降了近一半，陶务端长舒一口气说：“我这个财务处长压力减轻了不少。”

2011年4月，当陶务端从山东师范大学后勤处长轮岗到财务处长位子上时很有压力，其中债务问题最让他头痛。

不过，在2011年7月全省高校债务化解工作会议之后，陶务端感受到明显的变化。“除了财政的支持，学校自身也正通过多种渠道解决债务问题。”

记者了解到，还债压力减轻，一些办学条件的改善也在逐步进行。在山东师范大学长清校区，由企业投资建设的图书馆2011年底已经开工，预计2012年暑假主体工程可以完成。

据统计，2011年，山东各级财政部门加大投入，仅省级财政就投入15.8亿元，包括1亿元奖励资金、10亿元新增化债专项资金和4.8亿元在学生定额经费中安排的化债资金。在财政政策的激励下，省财政对各市财政预算安排的化债资金按40%的比例给予奖励，引导各市财政安排化债资金16.7亿元。引导高校筹集资金化债12.4亿元，其中，省属高校通过增收节支、内部挖潜等措施化债11.8亿元，市属高校自筹化债资金0.6亿元，形成了高校与政府合力化债的良好机制。此外，山东省还统筹使用中央化债和生均奖补资金化解高校债务15.1亿元。

山东省财政厅教科文处提供的数据显示，2011年，通过多渠道筹集资金，山东共化解高校债务60亿元，全省高校银行贷款由2010年的199.7亿元，降至139.7亿元，负债率由133%降至93%，降低40个百分点。

新的债务还会出现吗?

“化完旧债，还会增新债吗?”面对记者的疑惑，山东省财政厅教科文处副处长王宇轩坚定地回答道：“不会的！因为山东建立了一套完整的化债长效机制。”

当记者将这一问题抛向大学校长和一些地方官员时，他们的回答也是“不会的”。其理由可以概括为三点：一是山东省高等教育已由外延扩张转向内涵发展，不再搞大的基本建设项目；二是政府部门有一套审批和监控机制，对高校贷款控制很严；三是高校经过这些年的债务困扰，“吃一堑长一智”，对举债搞建设，也变得比较理性。

据了解，为防止新债发生，山东省财政厅会同教育厅、人民银行济南分行、银监局建立了银行贷款审批制度和高校债务情况动态监控机制，将公办普通高校所有银行贷款纳入审批范围，规范高校贷款行为，严格控制新增贷款的产生，防止出现“举新债，化旧债”现象。加强对高校银行贷款以外其他债务的管理，严禁“化银行贷款、增其他债务”。财政、教育部门与高校签订了化债目标责任书，将高校债务化解列入领导干部考核和离任审计内容，对违规增加各类债务的高校，减少招生计划，停止受理院校升格及学位点建设申请。省发改委负责加强高校基本建设项目的审批管理，从严审批高校基本建设项目，严格控制高校建设标准。2012年底前，不再审批高校以银行贷款作为资金来源的建设项目，对负债率未降至60%的高校原则上不再审批新的自筹基本建设项目。省审计厅强化对高校财务收支的审计监督，提高高校财务管理水平和风险控制能力。督促高校按照中央和省有关要求，树立勤俭节约和过紧日子的思想，从严控制人员经费和行政后勤支出，大力压缩“三公经费”等管理费用，降低办学成本。同时，强化高校财务管理，通过建立健全债务预警控制机制，保证高校资金运行安全有效。强化高校收支预算管理，大力压缩非教学科研支出，切实提高资金使用效益。

为确保化债资金专款专用，山东财政还建立了环环相扣、奖罚分明的资金管理机制，每一笔债务都置于严格的管理之中。所有财政化债资金均采取国库直接支付的方式，由财政部门直接拨付到还贷银行，减少中间环节，确保专款专用。在锁定2009年底债务的基础上，根据高校实际化债情况，每年动态调整锁债金额，强化监督，确保奖励不重不漏。同时，跟踪管理奖励资金，对化债后债务反弹的，扣回化债奖励资金；严肃化债纪律，对虚报套取、挤占挪用化债奖励资金的省属高校和市，除不再给予化债奖补资金支持外，还要扣回省财政奖励资金，并按《财政违法行为处罚处分条例》严肃处理。

一个显而易见的事实是，政府对教育的投入在逐年增加。“我省今年提出教育投入占到整个财政支出的20%，政策支持的力度逐渐加大，希望山东能有越来越多的一流大学。”山东省省长姜大明对此充满期待。

（摘自《中国财经报》　记者：解希民　丛培德）

第六章
导语是新闻的独有写作特色

导　读

导语是新闻的生命所在。

有效的导语满足两个要求：它抓住了事件的实质；它吸引读者或听众为该报道停留。

会议只是一个新闻挂钩和由头，是新闻发布的时间要素，而不是新闻本身。

在各种文体的写作中，只有新闻追求、强调导语的写作手法，而且导语在新闻写作中几乎占据着最重要的位置。在所有的新闻教科书当中，都要用专章谈到导语写作。而对于那些长期从事新闻工作特别是实践经验丰富的记者看来，导语更是一个绕不开的话题。导语在新闻写作中，为什么如此重要，请先看以下三篇消息的导语：

导语一： 路透社伦敦消息　英国医学专家今天说，媒体对铅笔型超级名模的热衷，导致了出现饮食紊乱的年轻女性人数增加。

导语二： 本报讯　中央财政近日再次下拨 2011 年医改补助资金 184 亿元，支持地方推进医改五项重点改革。截至目前，中央财政已累计下拨医改补助资金 1717 亿元。

导语三： 昨晚，一位研究青少年怀孕问题的哈佛大学社会学家在大礼堂给 200 多名师生做了一次演讲。

作为读者，在我们阅读新闻作品的时候，我们更喜欢阅读以上哪一条导语？换句话说，以上新闻开头，哪一个更能够吸引我们？

分析上述三条新闻导语，显然第一个导语更能引起读者的阅读兴趣。因为它针对性强，抓住了当前女性为了追求苗条身材而引发身体健康的问题。第二个导语常见于财经类媒体的报道。中央财政每天都在拨款，拨款的数字多少不是新闻，中央财政为什么拨款，要解决什么问题，这个导语应该找到一个当前百姓关注的热点问题，由此切入，效果可能更好。第三个导语是美国一位记者写出的稿件，写完之后，这位叫莎拉的记者对导语不满意，她自己对导语进行了重新的修改，修改后的导语应该说更加清楚和更有吸引力了。修改后的导语为：

哈佛大学一位社会学家昨晚说，青少年怀孕每年耗费国家几十亿美元。

在礼堂里，康托尔告诉 200 名师生说，每年国家在大约 75 万名 20 岁以下的未婚先孕女性身上的花费大大地超出了我们的想象。

记者进行新闻写作的一个很重要任务，就是要在文章的一开头，想办法抓住读者。写导语、修改导语的过程，实际上就是让自己的报道变得更有价值，更能吸引人的过程。

每天，各类的新闻素材很多，记者的任务在于发现有趣的内容，找到有价值的新闻点。否则，新闻价值可能被埋没。

西方媒体非常注重新闻导语的写作，美国新闻学者赫伯特·黑德说："导语是新闻的生命所在。"多年来，国内有许多读者喜欢阅读新华社编译的《参考消息》，这其中当然有多种原因。但西方媒体的写作风格，特别是导语的娴熟使用，也是吸引读者阅读的重要原因。

这是《纽约时报》2011年10月14日的一篇报道，题目：中国下一场革命是健康，记者是汤姆·西姆斯，发自大连。

导语：中国已经越来越成为精英体育的主要力量。在北京奥运会上，中国获得的金牌数量最多。它还培育出李娜、姚明这样的体育明星。政府宣传说，只有人民身体强壮国家才能强大。

但是，随着中国变得更加富裕，人数越来越多的中产阶级似乎在健康方面前进缓慢。最近的一个下午，大连奥林匹克广场上的运动场几乎空无一人，而附近的麦当劳却生意兴隆。

与悉尼、伦敦和巴黎不同，在这个有着600万人口的城市中，几乎看不到一个骑车人或慢跑者，而自行车道上停满了汽车，跑步的人只有那些希望穿过八车道大马路的行人。世界卫生组织称中国一些城市的肥胖率接近20%。

这是一个复式导语。也就是开头前两段为导语，通过对比的方法，引起人们的阅读兴趣。第三段落，是背景的展开。这里之所以引述第三段落，是想通过后面的背景来反观导语在这里是多么重要。开头精彩的导语引出了人们对中国城市人口健康的担忧。

虽然中国媒体也非常强调导语的重要性，但是，由于中国以官方媒体为代表的主流媒体竞争相对不激烈，因此，对导语写作的要求不像西方那样严格，导致中国媒体上导语的严重缺失——形式上看上去有导语，但是，没有起到导语的真正作用。

都说导语很重要，但是什么是导语，中外各类新闻写作教材在概念表述上均十分慎重。一般而言，新闻导语是指以简要的文句，突出最重要、最新鲜或最富有个性特点的事实，提示新闻要旨，吸引读者阅读全文的消息的开头部分。

一般说来，以凝炼的文句提示新闻要旨、吸引受众的第一段或第一句话就是导语。但也有复合导语，即两个或两个以上自然段落合成的导语的变种。

新闻导语按照其表现形式，大体可分为硬式导语、软式导语、复合导语等几种，由于其表现形式不同，因而在写作上所运用的手法也就不同。

在追求可读性上，现在软式导语常常成为媒体吸引读者的重要手段。有些导语读起来就像在读一部小说或者剧本。如《纽约时报》的理查德·塞弗罗采写的有关去纽约市后失踪的几千名妇女中的一名妇女的故事的报道，他以小故事为导语开始全文的报道：

这毕竟是乔安妮·巴肖德不快活的半年中最快乐的一天：在她二十四年的生活里，她的家人从未见她这样高兴过。九月二日，乔安妮在纽约市的贝勒弗尔医院的某个地方的公共电话亭打电话时宣布说："昨天我生了个女孩。"她的妹妹巴巴拉在俄亥俄州柯特兰的巴肖德住处接到这个电话时大吃一惊。全家人谁也不知道乔安妮已怀孕，甚至连她住在哪儿都不知道。

打电话的四天后，这个婴儿就死了。婴儿是在乔安妮称之为家的东哈莱姆贫民窟里被乔安妮宠爱的、唯一的伴侣——一条饥饿的德国牧羊狗咬死吃了……

这类导语的特点是欲扬先抑，使读者一开始就感受到某种强烈的气氛，产生身临其境的现场感，或是作者所预期的某种情绪效应。

软式导语与硬式导语比较而言，硬式导语开门见山，而软式导语则更加含蓄，表达方式更为曲折委婉，多用藏头露尾的方式。

复合式导语，就是将硬式导语的准确性、客观性、快捷性与软式导语的可读性、可视性、可听性、感人性等特点进行有机结合的一种导语。

由于导语在新闻写作中的重要性，关于导语的研究出现了许多新成果，还有提出第一代导语和第二代导语划分的。但是不管怎么说，导语的几个基本特点是毋庸质疑的。中国人民大学编写的《新闻写作教程》是这样表述的："研究导语这一概念，以下几点是不容忽视的：(1) 它是新闻——消息体裁所特有的；(2) 它处于文章的开头部分；(3) 与任何文章的开头部分不同，它是（新闻事件或问题的）结果、提要，或高潮。"上述三点揭示了导语这一概念的基本特征。由此可以说，导语是消息开头用来提示新闻要点与精华、发挥导读作用的段落。

美国的新闻写作教材不直接回答导语是什么，而是上来就说："有效的导语满足两个要求：它抓住了事件的实质；它吸引读者或听众为该报道停留。"

以上两种表述，加起来就回答了我们的问题，前者回答了导语是什么，后者回答了导语是干什么的。不管怎么说，只要导语满足了"它抓住了事件的实质；它吸引读者或听众为该报道停留。"两个条件，这样的导语就一定是成功的新闻导语。

美国明尼苏达大学教授丹尼斯说："好的导语可以简短而明快，可以细细道来，将读者徐徐引入正文，也可以热火朝天、气势如虹。导语可以产生悬念，也可以蓄力而发，导语应当适应稿件的特殊需要。它之所以重要，不仅因为可以传达信息，而且可以为稿件确定情绪与基调。"下面是两条典型的美国式新闻导语：

导语一：长大以后，杰西卡或许会理解，为什么在她幼小而复杂的生命中，大人们以爱的名义给她造成如此多的伤害。

导语二：像正义女神一样，杜瓦尔县法院的新法官也是盲人。

读了这两篇新闻的开头，我们的注意力是不是一下子就被抓住，有一种要读下去的愿望呢？这的确是非常优秀的新闻开头，它不仅抓住了问题的实质，而且给我们设置了巨大的悬念，大人们为什么要以爱的名义给她造成伤害，这样的开头吸引我们一定要看下去。

写好导语，说起来容易，做起来困难。难就难在我们不仅要抓住问题的实质，而且要用最少的字数，并且还要兼顾生动、有趣、吸引人。西方的媒体人常常把导语制作比做一场艰苦的战斗，甚至说，不会写导语，就不会写新闻。

重视导语写作，是新闻竞争的产物。它要求你必须在众多的新闻当中，与众不同，一开头就把读者抓住。

新闻的开头与其他体裁的作品不同，它必须在众多的新闻中，让你在这篇作品上停留下来。否则，被读者匆匆翻过的报纸，一不留神，一个本来挺有新闻价值的作品，因为导语不够吸引人，而很快成为“易碎品”。因此，在处理一个新闻事件时，你必须把这个新闻事件的最有价值最能吸引人的部分放在开头，打个形象的比喻，就是在一把沙子当中，你要把金子挑出来；在一把金子当中，把最大的挑出来；在一把大的金子当中，要把那颗闪闪发亮的钻石找出来。这就是导语。

清华大学新闻学者李希光教授说：“新闻导语是全篇稿件的目的和故事发展方向。写导语的目的是把新闻关注集中在一个点上。在整个新闻的写作过程中，导语的写作通常要占据整个写作和构思的三分之一到一半。有新闻价值的素材挖掘得越具体，越会找到一个好导语。”

李希光教授举到这样一个例子，新华社辽宁分社的一个记者采写的一篇稿件，导语是这样写的：“最近辽宁省一位艺术家通过微雕艺术作品表达了对邓小平同志的深切怀念。”由于这个导语抽象、不具体，不容易引起读者的关注，总社的编辑将导语具体化和细节化了，将其改成“辽宁一艺术家把邓小平的讣告雕刻在了头发丝上。”

遗憾的是，当今国内媒体，注重新闻导语写作的不多；而在行业报纸当中，这种现象更为严重，我们经常看到的是新闻无导语。即便有，那也只是形式上有，而实质上，根本没有新闻价值。

下面几篇新闻导语存在的问题。

【例文 1 】

本报讯 10月14日–15日，二十国集团（G20）财长和央行行长会议在法国巴黎举行。本次会议的目的是为将于11月初举行的戛纳峰会进行准备。与会各方就全球经济金融形势、G20“强劲、可持续、平衡增长框架”、国际货币体系改革、大宗商品和能源、金融监管以及发展和气候变化融资等议题进行了讨论。会后发表了联合声明。财政部部长谢旭人和中国人民银行行长周小川率中国代表团参加了会议。

这个导语太长，没有抓住本次会议的亮点和特色，开什么会，在什么地方开，目的是什么，什么人参加这些不重要，不重要的内容就不应该放在导语当中。那么，这次会议到底要解决什么问题，会议的最大亮点又是什么，导语里没有。所以这个等于没有新闻导语的会议消息刊发出来，肯定不会给读者留下什么印象，也不会引起读者阅读的兴趣。

【例文 2 】

本报讯 近年来，各地财政部门在积极深化一事一议财政奖补工作过程中，重点选取那些群众需求最迫切、反映最强烈、利益最直接的村级公益事业作为切入点，规范议事程序，健全各项制度，调动了农民参与公益事业建设的主动性，促进了社会主义新农村建设，取得了良好的社会效应。

这个导语内容太空，读后留不下什么印象。这样的导语没有考虑读者的感受，属于典型的打官腔型导语：我说你听，爱听不听。导语越具体越好，上述导语，重点在讲“群众需求最迫切、反映最强烈、利益最直接的村级公益事业”，记者或编辑应当找到一个非常具体的事例为切入点，形象地说明老百姓反映最强烈的到底是什么。然后再由点到面，详细介绍这个做法。

【例文 3】

本报讯 财政部、国务院扶贫办近日修订《中央专项彩票公益金支持贫困革命老区整村推进项目资金管理办法》。《办法》围绕着支持贫困群众发展产业，拓宽了资金使用范围，明确项目的具体组织实施者是县级人民政府。

这个导语太抽象，不知所云。既然财政部、国务院扶贫办近日修订《中央专项彩票公益金支持贫困革命老区整村推进项目资金管理办法》，那么读者关心的是修订的办法最大的改动是什么，对于贫困革命老区来说，可能得到的好处与实惠在什么地方，应该讲得非常具体，让人想看下去。

【例文 4】

本报讯 卫生部、财政部等 11 部委近日联合印发的《全国消除麻风病危害规划（2011—2020 年）》提出，加大经费投入力度，建立稳定的经费投入机制，力争到 2020 年全国麻风病患者数量较 2010 年减少 50%。

这个导语缺少一个最重要的数据，也应该说是读者最关心的数据，中国有多少麻风病患者？不考虑读者的关注点，新闻价值就要大打折扣。

【例文 5 】

本报讯 今年以来 ×× 省财政厅积极完善政策措施，不断加大资金投入和政策倾斜力度，着力促进农民专业合作组织规范快速发展。

这类导语存在的共同问题在于概念过于模糊，什么是加大投入力度？什么是快速发展？太过概括，太过模糊。该导语的重点其实在于农民专业合作社的组织规范与快速发展，能不能用更精确的数字来讲快速发展，比如从 10 家到 100 家，这说明是快速发展。导语的角度越小越好，越具体越好。现在国内新闻导语的通病就在于大而不当的用法太多，丢失了最重要的新闻事实。

【例文 6 】

本报讯 7 月底，×× 市级机关第三批公车改革，也是该市最后一批公车改革如期完成。

这算什么导语呢？ ×× 市第三批公车改革如期完成读者是不会关心的。最后一批公车改革，改了什么，有什么新意，在全国有什么示范意义，仅仅是因为如期完成，如果这也是新闻的话，全国这样的新闻太多了，也太滥了。这就不要新闻这个职业了。新闻记者的任务永远是，发现新闻。

【例文 7】

本报北京9月28日电 全国政协提案委员会今天上午在京召开关于大力发展我国养老事业提案办理协商会。全国政协副主席张梅颖出席会议并讲话。

我国养老事业概念很宽泛，谁会对这样一个提案办理协商会感兴趣呢？因此，导语应当非常具体，要抓住当前读者对这个问题的具体关切。

【例文 8】

本报讯 中央单位首批批量集中采购工作步入项目操作实施阶段。8月17日，第一期中央国家机关2011年批量集中采购项目开标，8月18日，项目中标结果出炉。据悉，这是自财政部今年推进中央单位批量集中采购试点工作后的首个批量采购项目。记者了解到，此次招标内容共分为四包，第一包低泄射计算机中标供应商为同方股份有限公司，中标金额是22.31万元；第二包工作站配置二、工作站配置一（Windows）、工作站配置一（Linux）、配置二台式机、配置三台式机中标供应商为北京神州数码有限公司，中标金额是323.5628万元；第三包可信安全计算机中标供应商为同方股份有限公司，中标金额是92.6490万元；第四包A4单面打印机、A4双面打印机中标供应商为联想（北京）有限公司，中标金额是72.8640万元。其中，配置二台式机、配置三台式机以及A4单面打印机、A4双面打印机在本次批量采购中的需求较大，分别达到了516台、399台及177台、269台。

这是一个完全不合格的新闻导语。这样的新闻是不应该刊登出来的。

这是一个材料的大杂烩，这些素材，不要说放在新闻导语中，即便是放在新闻背景中，都显得非常杂乱无章。

❸ 对待会议新闻，记者要特别警惕

记者参加会议的机会很多，会议新闻也成了中国新闻的一大特色。会议不是没有新闻，关键是记者能否找到真正的新闻。

会议只是一个新闻挂钩和由头，是新闻发布的时间要素，而不是新闻本身。在会议新闻报道中，新闻导语回答的是为什么（why）。

为什么会发生这件事情，政府为什么要采取这个措施，为什么要颁布这个政策。这是人们要了解的 why。

李希光教授对会议报道有过精彩的论述。他说，永远把会议中最有意思的新闻放在导语中。导语中只包含和强调突出一件事情。

记者报道会议，应该把会议的目的，也就是作出的决定和采取的行动（好莱坞电影谈恋爱的最后高潮）放在导语中。而不能采取编年史的写作手法。在导语中，没有新近发生的事件、行动和言论的具体细节和新鲜内容，比如，会议的召开、某个领导人在会上发表讲话等会议程序报道，就属于无新闻导语。无新闻导语开头的新闻，不算是新闻作品。李希光在一篇文章中说，聪明的记者总是试图把会议新闻导语变成“行动性导语”。

非行动性导语：北京市政府今天就城市规划和外来流动人口召开会议

行动性导语：北京市政府今天决定把外来人口就业数量限制在 100 万

记者在采访会议新闻的时候，要尽量杜绝写会议程序性新闻，把程序放在最次要的位置，而主要精力要用在发掘新闻上和寻找新闻来源。1996 年夏天，北京国际地质大会上，新华社记者采写的中国什么领导人出席开幕式、接见会议外宾、讲了什么话等会议程序稿，可能没有几个人记得了。

但是，记者会上写的《国际地学界对美国声称发现火星生命表示怀疑》、《生命早在六亿年前就出现了男女性别之分》的真正有新闻价值的稿件至今可能还有人记忆犹新。

【优秀导语点评】

例一：华尔街距离墨尔本超过 1 万英里，但 24 岁的澳大利亚小伙亚历克斯 · 加德却对在曼哈顿大街上表达愤怒的人们倍感亲切。

加德说："人们终于站起来反抗少数企业支配一切的特权阶层，这真是太好了。我想支持他们并说'我们受够了'。"（美国有线电视新闻国际公司网站 10 月 7 日报道）

点评：这个导语好在什么地方？第一，紧扣标题向全球扩散这个主题，所以一上来就说"华尔街距离墨尔本超过 1 万英里"，强调这个空间上的反差，这么远的地方怎么也和华尔街牵连上了，这就是新闻的关键点。写占领华尔街的新闻，可以有很多个角度，该记者抓住了全球化的这个特点，把表面上看上去不相关的事件找到了联系点。第二，具体。导语的角度越小越好，越具体越好。这个导语就是从一个非常具体的人物入手。第三，这个导语具有一种情绪感染力。好的新闻总是能够从情绪上一上来就抓住读者，不仅让你关注该新闻，而且让你在不知不觉中，从感情上与记者站在一起。第四，这个导语留下了巨大的悬念，万里之外的澳大利亚小伙与"占领华尔街"有什么关系？他为什么参与这个事件？他是谁？他要干什么？等等，这样一个个悬念就吊着读者的胃口一步一步地往下阅读。好的导语总是充满了张力，为新闻留下很大的想象空间。

好的导语具有这样一些特点：

善于用事实进行概括

不久前张悟本骗局的曝光令中国国学者和百姓再次感到绝望。现在弄虚作假的行为已经渗透到中国社会的各个角落：学生高考作弊、教师造假或抄袭科研成果、乳业公司经销“毒奶粉”。

（《纽约时报》，2011 年 10 月 6 日）

善于引用演讲者观点

英国的“诱导懒惰型”劳工法和挥霍的福利体制是这个国家经济持续低迷的根源所在，一位中国政府高级官员昨天晚上警告说。

“如果西方国家的国民想要逃脱这场经济衰退，他们需要做的就是‘稍微努力点工作’。”中国投资公司国家大型主权财富基金主席金立群如是说。

（《参考消息》，2011 年 10 月 21 日摘自英媒：
真正的危机是中国人每周工作 47 小时）

显示新近时间

本报上海 10 月 18 日电　上海新华医院今天传来好消息，经过医务人员精心治疗，“7·23”动车事故中最后救出的小女孩项炜伊（小伊伊）终于可以站立行走了。

（《人民日报》，2011 年 10 月 19 日）

用对比的方法，造成强烈的反差

连续两天，有两个人的死亡震动了中国人。一是利比亚前领导人卡扎菲，一是遭到车祸的儿童小悦悦。

两个人的死亡都来源于冷漠，前者死亡是来源于卡扎菲自己对人民的冷漠，后者则来源于肇事者的逃逸以及 18 个路人的无动于衷。尽管有善良的拾荒者陈阿婆的救助，以及医护人员的奋力抢救，但是最终回天乏术，可爱的小孩终于不治，为中国人的冷漠殉葬了。

（《参考消息》，2011 年 10 月 26 日摘自韩国
《朝鲜日报》：小悦悦为中国人的冷漠殉葬）

逆向思维，注意捕捉相反的声音

在苹果公司共同创始人乔布斯去世后的几天内，来自世界各地的颂词大量涌入，悲痛的粉丝在苹果店外守夜，社交网上充斥着对这位技术界巨星的含泪赞美。但在仅仅去世 5 天后，乔布斯遭到了越来越多的质疑。

（德新社 2011 年 10 月 11 日）

靠读者近些更近些

81 岁的中国中医科学院研究院屠呦呦，登上了国际生物医学大奖“拉斯克奖”的领奖台：因为发现青蒿素——一种用于治疗疟疾的药物，挽救了全球特别是发展中国家的数百万的生命。这是“拉斯克奖”设立 65 年来首次颁与中国科学家。

（新华社北京 9 月 24 日电）

突出常识中的反常现象

日前，卫生部发布了我国首个《全国居民洗手状况白皮书》。白皮书称，对北京、辽宁、浙江等 5 省市居民的调查结果显示，居民的正确洗手率仅为 4%。

（《人民日报》，2011 年 10 月 18 日）

突出新鲜内容

中国的邮局推出了一项颇具创意的新服务来遏制中国不断攀升的离婚率——新婚夫妇在领取结婚证的同时，可以给对方寄出一封情书，收信日期则是七年之后。

（英国《每日电讯报》，网站 9 月 13 日）

调动“广泛的兴趣”

在广州的一所大学，没有学好爱情这门课可能会被退学。

华南师范大学上月就发生性关系和破坏婚姻行为对学生发出了严厉警告，与已婚人士保持“特殊关系”可能会被开除。

（香港《南华早报》，2011 年 8 月 7 日）

讲一个吸引人的故事

27 岁的出租车司机许文把最后一个乘客送到深圳机场后，打电话给妻子，答应一定回去吃晚饭。他已经连续工作了 48 小时，他刚走出汽车，抽支烟就死了。急救车上的医生确诊为心肌梗死，原因可能是过劳。

（俄罗斯《论据与事实》周报，2011 年 9 月 21 日）

找一个很小角度

这个数字是 0.2%。这是最近 14 个季度期间美国消费者支出的年平均增长率。自从第二次世界大战以来，美国消费者从未变得如此无力。仅这一个数字就在很大程度上概括出美国和全球经济不太好的状况。

（法国《论坛报》，2011 年 9 月 6 日）

从一个令人难忘的细节入手

为了抵抗笼罩在整个村庄上空的癌症阴影，中国云南兴隆村的一些癌症晚期病人寄希望于民间偏方，每天吃臭虫。农民崔晓亮却期待着另一种疗法，一种更彻底的疗法。

（《今日美国报》网站，2011 年 9 月 13 日）

妙于设问　发人深思

哪里有 16 美元的松饼？

看来在一个政府会议上有。

这种松饼在普通的咖啡店可能只要 2 个多美元，但是在首都华盛顿的希尔顿酒店举行的一次会议上，司法部花了七到八倍的价钱。这些松饼似乎和五角大楼600美元的座便器一起，成为浪费性开支的象征。

（《参考消息》）

侧面烘托 失声夺人

国际红十字会周四警告说，全球肥胖人口已经超过饥饿人口，而且在粮食危机日益严重时，营养不良者的苦难也在不断加深。

（法新社2011年9月22日）

第七章

财政立场与专题报道

导 读

专业媒体，就要体现专业化水准。所谓财政专业化水准，具体体现在文章当中，可以理解为两层含义：一是财政的立场和视角；二是反映出一定的思想深度。

我们说的深度报道，应当是为了将一个新闻事件的来龙去脉讲清楚，抓住事件中的关节点，进行必要的交待、展示、铺垫、分析，深度报道应以表述清楚、分析透彻为标准，而不以字数多少为标准。

财政预算说到底就是利益分配。西方学者将预算过程描绘为“一系列标着价格标签的目标”。再没有什么能比预算更鲜明地表达一个政府的执政理念。

问题的提出

网络时代，作为纸媒体，光靠去拼新闻的快捷已经没有意义。在纸媒体时代，各家报纸靠新闻的短频快来谋求生存空间，谁新谁快，谁就具有一定的优势。但是，面对网络媒体，纸媒体受制于每天出版时间与周期的影响，所刊登的新闻，纯粹从新闻的角度而言，再快也是慢。因此，纸媒体要生存必须扬长避短，另辟蹊径。相对而言，从读者阅读习惯、媒体记者的采写优势等方面看，纸媒体可以在新闻的深度与可读性上下功夫，依然可以找到自己的生存空间。媒体之间的竞争，技术手段固然重要，但最重要的还是里面的内容。

可以说，作为报纸的编辑或者版面负责人，每天最关心的就是今天的版面上有没有好稿子。好稿子的标准可以理解为：独家新闻、有特色的新闻和有深度的专题报道。而对于今天的专业性纸媒体来说，好稿子往往是更侧重于具有一定分量的深度报道的稿子。一个有一定工作经验的编辑，往往因为一个版面上有一篇深度的文章而会得出结论：今天的版面能够撑起来了。实际上，对于一张报纸来说，每天的版面上能有一两篇好文章，这张报纸就很好看了。

现在具有重大新闻价值的消息已经很难为独家垄断

由于日报、广播、电视、网络的繁荣加上新闻竞争的加剧，重要的新闻几乎都在多种媒体上同时发布。而且，为了加大新闻发布的及时性与规范性，许多部门本身都有自己的网站，这等于在第一时间已经将重要新闻传播了出去。从这个角度看，依靠传统的新闻生存已经将纸媒体尤其是专业性媒体逼向了死胡同。如果靠刊登一般性的新闻作为专业媒体的定位，人们不禁会问，网络时代专业性、行业性的报纸还有存在的意义吗?

专业化媒体的生存空间

任何事物都包含利弊两个方面，信息的空前繁荣恰恰为专业性媒体提供了更加个性化的生存空间。因为对于每天发生的新闻，人们不仅知道发生了什么，而且更想知道为什么发生。从深度报道的角度来看，专业性媒体又具有了别的媒体所不具备的更大优势。比如关于治理房地产市场的“国六条”政策的出台，为什么出台，对未来的房地产市场将产生什么影响，对信息的分析和深挖，满足读者更深一步了解政策的需求，正是给当前的专业媒体留下了很大的生存空间。

专业媒体，就要体现专业化水准。所谓专业化水准，具体体现在文章当中，可以理解为两层含义：一是财政的立场和视角；二是反映出一定的思想深度。

三 财政专题报道的“两个限定”

站在财政系统读者的角度考虑，根据初步调查，读者普遍对财经报反映的最新的财政政策、地方改革经验等比较感兴趣，同时也特别渴望能够经常看到比较解渴的深度报道文章。

我们说的深度文章，通常是指那些被大家称做有些“思想”的文章。这样的深度报道文章大多数是地方的财政改革经验和遇到的难点和困难。尤其是全国各地普遍遇到的难点问题，而某地的财政厅局正好有这样解决问题的经验，对于渴望了解别人经验的财政系统的干部来说，这样的报道比较解渴。

深度报道肯定比一般的消息要长一些，但长文章并不一定是有思想的报道。媒体从某种程度上说是最反对长文章的，我们说的深度报道，应当是为了将一个新闻事件的来龙去脉讲清楚，抓住事件中的关节点，进行必要的交待、展示、铺垫、分析，深度报道应以表述清楚、分析透彻为标准，而不以字数多少为标准。

可以说，对于从事新闻工作的记者来说，每个人都希望能写出深度报道的文章，但是这要受到两个方面的限制：第一，独特的角度，深入扎实的采访；第二，必须了解财政，并且体现财政的视角。对于前面一个限制，是新闻基本功的限定，但是即便写出像某些市场类报纸中有思想的文章，在财政的报刊上也不可能刊发，因为像《中国财经报》这样的媒体很在意财政的视角。比如关于反映当前比较严重的教育问题，《南方周末》不久前刊登了福建一所重点中学高中毕业班的情况，学生在考学压力下的种种行为和心态，作为一家社会性的媒体，《南方周末》关注的是在特定的环境下“人的生存状况”。《中国财经报》也关注教育问题，但关注的重点是教育公平问题。这个不公平包括教育资源的不公平和教师分配的不公平。这是财政的视角。但是当我们强调财政的视角时，我们也要特别警惕狭义上的财政视角，这一点后面将专门讲到。因为从更广义的角度看，我们的视野可能更开阔，触及的社会问题更多、更尖锐。

作为新闻，其最重要的一条原则是客观真实性。但是我们也发现，即便是同样的一个事实，也常常会出现不同的报道角度。角度不同，结论也不同。如果选择的事实不同，得出的结论就更不同。就像著名的电影《罗生门》，由于当事者的每一方都从个人的利益和个人看问题的局限性出发，他们描述的事实真相互有冲突，直到最后，谁也不知道事实真相究竟是什么。

比如，关于伊拉克战争，我们可以看到不同的报道角度。最近关于陈水扁家庭的受贿案，也看到不同的报道。这其中都有一个立场问题。

普利策提倡的一种理想的新闻报道理念可以作为参考：“一张报纸的良心和灵魂在于他的道德感、它的勇气、它的诚实、它的博爱、它对被压迫者的同情、它的独立、它对公众福利事业的投入、它服务社会的热诚，这一切超越了知识、新闻智慧的范畴。”

《纽约时报》也曾提出这样的办报立场：记者的职责是“为公众服务——不是为新闻这一职业服务，不是为某家特定的报纸、不是为政府服务，而是为公众服务。”

以上的观点权且听之，但是我们知道，经过人脑加工过的纯粹的客观是没有的。即便像我们日常端起相机打算拍摄一张照片，我们相信这个所谓的“客观画面”也是打了折扣的。因为你选择什么角度，背后都有一个立场问题。你喜欢一个人，不喜欢一个人，或者无所谓喜欢不喜欢，都会在照片中表现出来。这就是立场问题。

毫无疑问，《中国财经报》有着自己的办报立场。这个立场可以理解为财政部党组的立场。而财政部党组的立场又体现了为党和人民理好财的立场。

【例文 1 】

“三公经费”的多与少

本周，中央各部门陆续公布的“三公经费”账单成为社会关注的话题，而“三公经费”的多与少又成为话题中的焦点。

“三公经费”的多与少与人们的直观感受有关。从目前公布的部门和数据看，人们至少可以从三个对比当中获得多与少的印象：一是通过部门之间的比较。为什么同样是中央部门，某一部门的“三公经费”却比另一部门的经费高出许多。二是通过上年度与本年度之间的比较。为什么今年的“三公经费”比上一年度高，或者是某一项要比上一年高出许多。三是通过对同一部门“三公经费”中的三项比较，某一项支出要远高于其他两项支出。

衡量“三公经费”到底是花多了还是少了，比较是一种方法。但是考虑到部门与部门之间的人员、职能等诸多差别，仅靠直观的比较是很难说清的。

比较科学的方法应该根据部门的人数、规模、职能以及所从事工作的性质来确定，一句话，办多少事，花多少钱。正像我们居家过日子，不能简单地说，今年比去年花多了还是少了，而是说，我们今年办了多少事，花了多少钱。该办的事，该花多少钱就花多少钱；不该办的事，即使花一分钱也是浪费。

以公费出国为例，随着我国国际地位的不断提升，我国政府参与各级别的国际活动越来越多，像外交部、商务部、财政部等这样一些国际交往比较多的部门，出国经费很可能要高于其他许多部门，如果简单地从数字看，可能觉得出国经费高了，但从工作实际出发，与其他一些部门相比，这一项经费偏高又属正常。

总之，衡量“三公经费”的多与少，最终要以事的多少来定。简单地从经费支出数字的多少来比较，很难得出客观真实的评价。

（摘自《中国财经报》　记者：苗福生）

【例文 2】

管酒杯不如管预算

吃喝风是个老话题了，在喜新厌旧的信息快餐时代，再拿这样的话题出来说事儿，显得很不合时宜，但是，这个老话题似乎又总在困扰着我们，并且各地政府为了制止吃喝风也在不断推陈出新，想出了许多办法，可见，老问题不解决，总会困扰我们，就好比一种慢性病，时不时地冒出来让你身体的某个部位不舒服一下。从这个角度说，老话题不解决也还经常是个新话题。

最近，就是在汶川地震后，一些地方政府开始提倡勤俭节约，制定了一些相应的禁止吃喝风的新规，并且取得了一定的实效，比如，某县提倡中午公务接待，一律吃盒饭，几个月下来，节约了 380 万元。还有某地级市严禁中午喝酒，节约酒水费 4300 万元。该市领导就此还算了一笔账，节约下来的经费可以办 40 至 50 所小学等等。

本人对地方政府采取的这种种措施，非常支持。唯一担心的是，这样做能坚持多久，本人实际上想说的意思是，这样做坚持不了多久。理由很简单，一是新中国成立 60 多年，吃喝风的问题几乎年年在禁止，但效果甚微，仅近 20 年，中央发的红头文件就有上百份，也采取了很多严肃查办的各种措施，但最终效果不尽如人意，而且有愈演愈烈的趋势；二是地方政府出台新政太多，往往坚持不了多久，往往主要领导一换，政策也跟着变，比如正在进行的某地禁酒令，我们不能保证随着当地一把手的调离，这个政策还能坚持下去。

比较可靠的办法还是从制度创新上想主意。在本人看来，管住酒杯最好的办法就是管住预算。就以那个半年节约下来 4300 万元酒水费的地级市为例，说实在的，听当地领导算出的这笔账，本人觉得这不过是一笔显示政绩的抽象数字而已，事实上，这个节约下来的 4300 万究竟干了什么，我们不清楚，当然肯定没有放在建设学校上面。那么我们沿着这样一条思路走下去，假如把一年节约下来的酒水费其中的一大部分用来办教育，这样一是能够把节约下来的钱变成大家看得见摸得着的东西，二是办教育这样的公益事业，大家肯定没意见。对百姓来说，这样的政府值得信任；对政府来说，政绩也是明摆着的。如果这个思路大家听着在理，我们建议将公款吃喝与教育经费捆绑在一起列入预算，并采取吃喝费用逐年递减，再将节省下来的钱逐年递增到教育中的办法，公开预算，接受社会监督。本人相信，这个吃喝风也罢，禁酒令也罢，在当地一定能够以制度的形式坚持下来，因为，你增加了吃喝费，就减少了教育费，大家不干，本人估计，无论今后哪一任官员上任，这个预算没人敢动。

最近几年，本人经常看到不少地方都在力推禁酒令，不知道坚持了多久，凭经验，相信许多地方大抵没有坚持多久。有许多事情，就是这样，不在制度创新上想办法，总是难以持久。

（摘自《中国财经报》　记者：苗福生）

当前中国财政正经历着重要的转型，随着公共财政框架的逐步建立，财政资金和老百姓的关系越来越密切，社会各界对财政的关注也越来越密切，关注财政说到底是关注利益的分配。

一切政治利益的后面，都是分配问题。熊彼特说：财政是国家的神经。他进一步指出，政府所有的功能都需要财政的支撑；同时，政府的所有行为都会反映到财政上。

财政预算说到底就是利益分配的问题。它最终体现了不同利益集团的博弈过程和体现不同的利益诉求结果，同时也鲜明地表达了一个政府的执政理念。西方学者将预算过程描绘为“一系列标着价格标签的目标”。如果这个目标被通过了，一定的政策目标就会实现。一级政府的预算目标看上去似乎是一堆枯燥乏味且难以理解的数据，但是它是引导我们发现一级政府工作计划和工作重点的最好向导。在执行预算严肃的西方国家，政治家的竞选演说可以妙语连珠，可以描绘一个锦绣前程，可以站着说话不腰疼，但是一旦落实到预算上，预算却是最讲究实际的，预算决不可能是花言巧语和美妙的承诺，它将告诉每一位公民，在该市议会眼里，究竟什么才是该市的头等大事。所以说，财政人是最务实的。

本届政府提出：以科学发展观为指导，建立以人为本的和谐社会。还特别强调，执政为民，权为民所用，情为民所系，利为民所谋。怎么体现这个执政目标呢？如果我们注意到这几年财政资金大量向“三农”、向弱势群体的倾斜，我们就会理解“财”与“政”的紧密关系。我们读一读这几年的财政预算报告，也能够反过来理解本届政府执政的头等大事是什么了。

事实上，公共财政的基本理念与本届政府的执政理念也是十分吻合的。公共财政就其本意而言，本来也是用众人之财，办众人之事。尤其是要解决市场不能解决的问题，比如社会公益事业等。因此，《中国财经报》的立场就应该是，而且必须是公共财政的立场。

具体地说，公共财政的“立场”可以这样来表述：

首先它是公平的立场。关于公平与效率。公平与效率是经济学的永恒主题，也是现代政府着手解决经济和社会发展矛盾的两大准则。如果说市场经济在初次分配中追求效率第一，那么政府在第二次分配的时候，则更多是兼顾公平。我们当前出台的许多财政政策都在凸现这种第二次分配的公平的价值理念。下面这篇评论，就是站在公平的立场，对当下教育问题进行的分析。

【例文 3 】

从“钱”入手管住教育不公

一直以来，人们谈到教育，总认为当今教育存在的诸多问题，是投入不足造成的。可是，令人不解的是，这些年，随着国家对教育的投入力度不断加大，义务教育已经实行了免费教育，至少中小学九年义务教育应该让全社会满意了吧？但是，现实情况是，人们对教育的不满不仅没有减少，反而在继续增加。那么，是什么导致人们对教育的强烈不满？一言以蔽之：教育不公。

不患寡，患不均。当前，教育存在的主要问题就是资源分配不公。具体说，虽然近几年普通学校的办学条件在不断改善，但是好的更好这样的状况始终没有改变。作为公共资源，义务教育本来应当首先在全社会体现公平与正义，但是，由于优质教育资源主要集中在许多城市的少数几所重点中小学校中，不管政府每年增加多少财政投入，优质资源稀缺的局面始终没有得到改变。为了不让自己的孩子输在人生的起跑线上，因此，在全社会出现这种“父母太累、孩子太苦”的现象也就不足为奇了。

教育不公带来的恶果之一是，一些所谓的名校，正是利用了广大纳税人提供的优质资源，在利益驱动下，反过来对纳税人实施了“教育绑架”。如今社会上举办的一系列课外班、补习班，明的、暗的“赞助费”，都是这些所谓重点学校的利益在作祟。不然人们很难理解，现在的一些名校动辄会出现几百万甚至上千万的贪污腐败案。

在当前一些潜规则已经悄然影响到我们社会生活方方面面的前提下，我们一味地要求学校洁身自好似乎不太现实，但是，我们必须正视这样一个现实，教育资源分配的不均，正在严重影响到我们下一代的身心健康，影响到孩子的公平发展。教育是国家的未来，教育深刻影响着国家的竞争力，而眼下的当务之急是，这样令人失望的教育再也不能办下去了。

管住教育不公，目前行之有效的办法之一是，寄望于财政资金分配部门，能够在资金分配的这个关键环节，进行宏观调控，按照因素分配法，逐步缩小分配差距，并把财政管理的权限，延伸到学校收支的每一细节，特别要管住学校换着花样敛钱的“小金库”，真正让孩子就近上学，接受公平教育。

90 年前，鲁迅先生曾经大声疾呼：救救孩子。今天，面对这一代被“教育绑架”的孩子，我们似乎又到了该大声疾呼的时候了。

（摘自《中国财经报》　记者：苗福生）

其次是全局的立场。关于全局与局部。财政干部要会算大账，这个大账其实体现的就是全局的观念，财政作为一个部门，它必须跳出部门利益，要兼顾眼前与长远，局部与全部，不仅要算经济账，更要算社会账和政治账。下面这篇通讯虽然很长，但是我们还是把它拿出来做案例。因为这篇报道不仅在一定程度上推动了国家化解“普九”债务政策的出台，而且，它立足于财政，又跳出了财政，是一篇具有全局视野的算大账的新闻报道。全文分上中下三大部分，文章新闻点很多，涉及社会方方面面，全文紧扣财政这条主线，行文收放自如，兼具新闻调查与通讯报道的特色。

【例文4】

托起明天的希望

——重庆化解“普九”债务调查

编者按：

财政部领导十分关注基层债务问题。重庆市对化解“普九”债务知难而进，经过艰苦努力，目前已经取得很好的成效。本报记者通过深入调查采访，对重庆化解“普九”债务的做法进行了较为全面的总结。财政部部长金人庆了解情况后，作出了重要批示：重庆市的经验很好，应予以宣传表彰。各地应向重庆市委、政府、财政局学习，从自己的实际出发，不等不靠，做好化解“普九”债务的工作。本报今天刊出长篇通讯和金人庆部长的批示，以期各方面更加关注这一问题。

“普九”债务是近几年困扰地方的难题之一。因其形成的时间长、规模大、名目繁多，债权关系复杂，因此，被不少地方政府视作烫手山芋。记者最近获悉，重庆市在今年年底前将全部偿还完“普九”债务，这让记者多少有些惊讶。

重庆是位于西部地区的一个直辖市，虽说直辖以后发展很快，虽说有中央财政转移支付的支持，但由于历史欠账大、欠发达区县多、库区搬迁移民任务艰巨、农村贫困人口基数较大等问题的存在，其日子并不好过。然而，就在这样一个需要花钱的“硬支出”都应接不暇的地方，却不等不靠不要，把一个全国许多省市为之头疼的陈年旧债问题化解得十分圆满，这不由得让记者心头冒出一连串问号。那么，重庆市是怎么下决心来啃这块“硬骨头”的？那一团乱麻似的陈年旧账是如何理清的？销债的钱从哪儿来？今后还会有新的债务出现吗？带着种种疑问，记者最近在重庆进行了深入的采访。

上篇　面对债务的抉择

沉重债务下的苦涩

虽然记者对基层债务及其引发的种种社会矛盾早有耳闻，但实地采访看到的情况还是让我们有些吃惊，沉重的债务已经让基层的同志喘不过气来，这句话一点也不过分。

忠县善广乡党委书记徐正龙说起化解债务之前的日子，仍有往事不堪回首的感觉，他说自己当了8年的乡党委书记，却过了7年的“非正常”生活。当地流传一段关于乡镇干部的顺口溜，就是他当时处境的真实写照：“一早上班有人‘站岗’，中午吃饭有人‘陪吃’，晚上下班有人‘护送’。”给乡镇干部提供这种特殊“服务”的就是那些天天讨债的债权人。

堂堂一乡党委书记，从早到晚被人追着要债，七年如一日，记者能够想象到那尴尬的滋味。

像徐正龙这样天天被“普九”债务困扰，不能正常工作的乡镇干部有很多。共产党变成了“地下党”，是乡镇干部自嘲的一句话，说的正是为躲债而不得不东躲西藏的狼狈。话说得可能有点过，却也真实。债务问题已影响到基层政权的稳定，由此可见一斑。

“普九”债务还引发了一系列影响社会稳定的连锁反应。

——学校欠了工程队的款，施工队追款无果，情急之下就封学校的门。铜梁县土桥镇旧市坝小学校长吴祥寿告诉记者，2002年9月1日开学这一天，施工队把学校门锁了，镇领导最后出面，镇党委成员11人每人向银行借了1万元，先垫付给工程队，才保证学生正常入学。

忠县善广乡中心小学校长说，2004年8月26日，他到学校上任第一天就吃了闭门羹，校门被锁，他只好灰溜溜地从后门偷着进去，干了这么多年教育，委屈得直掉眼泪。

——学校欠工程队的款，工程队不能给农民开支，于是由拖欠农民工工资引发的矛盾也愈演愈烈。刘志力是忠县原建筑公司的一个老板，他的企业就是因为"普九"拖欠债务而破产的，在资金最紧张的时候，他卖掉了自己的汽车。他说，作为老板，再困难，日子还过得去，最苦是那些农民工，辛辛苦苦干了几个月，拿不到工资，家里孩子上学和过年，就等这一点钱呢。

——许多农民工领不到工钱，也无法送自己儿女上学，学校学费是不能欠的。这又增加了农村孩子的辍学率。

——拖欠工程款，让部分辛辛苦苦打拼的民企老板走上破产路。

——因为"普九"负债，校长、教师站到了法庭的被告席上。

乡镇党委书记、乡镇长、校长、工程队、学生家长、供货商、农民工、上学的孩子等等，几乎中国基层的所有角色，重要的不重要的，都被卷入债务的漩涡，都在漩涡中挣扎。在一定程度上他们是对立的矛盾双方，但从更大的范围看，他们又都是债务的受害者。

这是一个怪圈，不走出这个怪圈，乡无宁日、村无宁日、校无宁日。

黄奇帆，不能不说到的人物

赴重庆前，记者听到一种说法，没有黄奇帆，重庆化解"普九"债务的事未必能干起来。

黄奇帆，重庆市常务副市长，分管财政、教育，这是化解"普九"债务干系最大的两个部门，一位市长分管这两个部门，便于协调，便于提高效率，问题在哪儿、钱在哪儿、怎么花钱去销债，市长心里清楚后立刻就办，效率大大提高。

"主动去碰'普九'的陈年旧账，对重庆市委、市政府，对你本人在政治上，经济上都意味着不小的风险，一定程度上，这是一只'潘多拉盒子'，哪一个环节不慎，都可能带来难以预料的后果，你想过这些吗？"

面对记者的问题，黄奇帆稍作沉吟，以极为坦诚的态度作了回答。

"'普九'是一件利国利民的决策，以此来推进农村的义务教育，历史意义是显而易见的。不能以'普九'形成的债务来否定'普九'。但这也不能因此就对'普九'债务听之任之，采取'驼鸟'政策。债务问题在基层引起的矛盾已经严重影响到社会安定。这是市委、市政府下决心解决这一问题的主要原因。”

“基层的矛盾，责任并不完全在基层干部身上，一些问题的解决，超越了基层干部的能力，需要机制、体制、政策，需要从全局来考虑。”

黄奇帆平稳的话语中包含着对基层问题的清醒认识，也包含着对基层干部难处的关怀和同情。

“市里也不是非要作出这样的选择，可以等，观望呀，等中央出政策。也可以对下面出现的问题，提出要求、批评批评、打打官腔。当然也可以批条子解决个别问题，因为按照现有规定，义务教育的责任在区县以下。但实事求是地讲，完全靠区县解决不了这个问题。重庆 42 个区县，41 个区县有‘普九’债务，数额都在几千万元以上。重庆的区县中有不少贫困县、移民搬迁的库区县，财力十分有限，根本还不了债。等中央出政策，债务让中央来兜底，后患无穷，那等于是承认鼓励‘等、靠、要’机制。从这些实际出发，市里作出了计划在几年内化解‘普九’债务的选择。”这位省部级高官的坦诚，让记者感动。这番坦诚的后面是只有高度的责任感才有的诚实品格。

“2005 年财政部‘三奖一补’政策的出台为重庆加速化解‘普九’债务提供了重要的契机。市里将这笔 3.3 亿元资金一分不留给了下面，作为区县财力，并规定其中 80%必须用于化解‘普九’债务。市里另外筹集资金作为奖励，进行配套。地方有了财力，市里又有奖励，积极性一下就调动起来。”黄奇帆清晰的思路里透着审时度势的睿智。

重庆市的思路是化解债务而不是还债，这一字之差，包含着完全不同的逻辑关系。从化解债务出发，要求建立一种化解债务的机制，责任、权利必须十分清楚，把各方面的偿债的积极性也能调动起来。而如果从还债的思路出发，结果可能就是上级政府兜底式的买单。

黄奇帆分析说，从建立化解债务的机制出发，如果财政部现在的政策再多搞几年，并适当加大力度，形成了一个好的机制，以此调动各级政府的积极性，地方债务化解的前景还是乐观的。

清理化解“普九”债务，需要当政者高度的政治责任感、诚实的态度以及审时度势的智慧。通过对黄奇帆的采访，我们感到，是重庆市委、市政府这个“团队”具备了这几方面可贵的品质，而黄奇帆正是这个“团队”的代表。

政令既出

2003 年，重庆市委、市政府决定，开始清理化解 2002 年 12 月 31 日前的“普九”债务，并以此时间为界，要求此后不得再出现新的债务。

政令一出，让基层那些被债务弄得苦不堪言的干部群众看到了地平线的曙光。同时，重庆市委、市政府也把自己置于背水一战的境地。

接下来是紧锣密鼓地布置一系列的落实措施。

——召开全市各区县主要负责人参加的动员大会。在会上，黄奇帆宣布，不能搭顺风车，凡虚报数字，一经发现，这个区县立即从名单上删除，不听任何道理和解释。

——由财政、教育、审计、监察四部门组成核查小组。监察部门的介入，目的在于，一旦发现弄虚作假，可在现场立即采取组织措施。

一系列措施，目的只有一个，确保真正的债务得到化解，使问题得到彻底妥善的解决，决不能在解决旧问题的过程中，又产生出新矛盾。

措施是严密的，纪律是严厉的，黄奇帆称之为“高压线”。迄今为止，清理“普九”债务过程中没有出现过碰“高压线”的情况。记者感到“高压线”电压高，是大家自觉遵守纪律的原因，还有一个更深原因，是政策顺乎了干情民意。

中篇　清账还债：一场特殊的战役

处于风口浪尖上的财政局

财政局作为牵头部门，责任系于一身，更重要的是，所有最后认定的债务，都要财政拿出真金白银支付。而支付的对象既有法人，也有自然人，数字庞大，情况复杂，一个环节出问题，就可能造成财政资金的损失。

身为财政局长的马千真对局里负责此项工作的教科文处提出两条要求：一是对债权人要“叫答应”，二是关掉“收音机”。“叫答应”是重庆话形象生动的说法，意思是要把每一笔债务都落实到具体的债权人头上；关掉“收音机”，就是彻底解决“普九”负债，决不留后遗症，还一笔账，销一个号，不要再听到有债权人说政府欠债不还这样的话。

这两点要求，显示出这位女局长长期从事财政工作积累的丰富经验和磨炼出来的洞察力。没有这两条，资金出了财政，最后会到哪儿，真的就很难说了。马千真告诉我们，不是不相信谁，为了财政资金的安全，为了把市领导布置的这样一件重要任务完成好，为了当事人的利益，只能这么做，要靠制度。

女局长的话语是温和的，温和的话语中包含着冰冷的理性。

马千真局长的两点要求无形中给教科文处的具体操办者增加了巨大的压力。内行看门道，看出了门道，就来不得半点敷衍。

该不该还债的界定

作为具体的操办人，教科文处处长周庆良感觉压力特别大。这项任务无疑是对他的政治觉悟、业务能力的一次考验。

几千笔债务能不能查清楚，不仅涉及个人的名誉，关系到财政干部的尊严。每一笔债务能不能准确无误地打入债权人的账号，不能有丝毫马虎，只要弄错一笔债务，就是跳进黄河也洗不清。

核查小组先以开县为试点进行了一次认真深入的摸底。如预料中的那样，债务果然非常复杂，但是摸底的结果，收获还是很大。财政局有关负责人告诉记者，“普九”债务虽然复杂，但是通过对摸底情况的仔细分析，核查小组对资金的来源、用途以及掌握什么样的一个政策口径，心里一下有了底。

在财政局教科文处的一张办公桌上，堆了很高一摞“普九”债务的统计资料。这些表格就是在这次摸底基础上专门为统计“普九”债务设计的，记者看到，在填满密密麻麻数字的表格上明确地将“普九”欠债的资金来源和用途做了明确分类，其中资金来源分为：国内银行贷款、世界银行贷款、向“三金三乱”机构借款、欠工程队工程款、向其他单位借款、向其他单位职工借款、向学生家长借款、向教职工借款、贷款借款利息、其他共10类；而欠债用途又分为：校舍修建费、设备购置费、土地征用费、世界银行贷款培训及管理费、其他等共5类。

这次摸底，还带来一个好处是，为制定化解“普九”债务的政策口径提供了重要依据。谁都清楚，不同的政策口径，导致不同的统计数据，而每一个数据后面，都涉及当事人的切身利益。关键是统计数据能不能反映“普九”债务的真实情况。财政局有关负责人向记者介绍说，主要是掌握好两个政策界限，一是在经费标准上，打个形象的比喻，就是只给吃饭的钱，不给喝酒的钱；只给洗脸的钱，不给化妆的钱。也就是说，只能限于满足基本教学条件的经费，而不允许超标准，更不能搞豪华设施。二是在债务界限的掌握上，“普九”就是“普九”，不能搭顺风车，也不能与其他债务纠缠在一起，一码是一码。

政策清楚了，实施起来无疑也是一个庞大的系统工程。

在全市召开“普九”欠债清理核实工作动员会议之后，紧接着，开始对41区县负责“普九”债务清理工作的有关人员以及12家委托的会计师事务所的近200名业务人员进行了报表填报、政策口径的系统培训。

最后是分阶段清理核实。先由各区县自查上报，再由会计师事务所审计核实和巡视组抽查核实。

9659笔债务，一笔一笔核实

先不说此项清理核实工作究竟有多么复杂、繁琐，仅就最后统计上来的9659笔“普九”债务，和长达5个多月的清理核查时间，就不难想象得出其中有多少人，为此熬过多少个日日夜夜！

在重庆市财政局的一间办公室里，记者看到，用牛皮纸包扎好的资料，码放得整整齐齐，堆满房间的一面墙。财政局教科文处的一位干部说，每一笔“普九”债务都在这里了，可以说想查任何一笔都清清楚楚。这话虽然说得轻松，但又有谁知道，每一笔数字背后的故事呢？

重庆市谛威会计师事务所的审计师刘玉参与了这项核查工作，她说，作为会计师事务所，要站在公正的立场上，对债务人和债权人两方面都要负责。她回忆说，这次核查既要看账，还要看物，要财和物对上才算完成核查。

据刘玉介绍，核查工作难度的确很大。农村的账目有的不太规范，但是每笔却清清楚楚，都有记录，当然有些账就写在皱巴巴的一张纸上，事务所的审计人员就根据多年的业务经验，首先判定这个项目值不值这么多钱，有的要到现场一项一项核对，有的要反复打电话核实，比如有一个项目是修一个厕所，那么，用了多少灰、多少水泥，出了多少工，都要具体核实。记者注意到，在一张核查过的表格上，许多项目金额都在几千元，最少的仅为1100元，就这千余元，还可能涉及数十人。

刘玉向我们介绍情况的时候，不时禁不住要说上一句，你们不知道那些贫困区县有多穷，大家查完账以后，还主动为他们捐了款。但按照“普九”的标准，一旦超标的，该核减的同样核减。刘玉向我们介绍了在核查中出现的例子，有一所学校，因为大门上有装饰用的雕花，这个雕花的钱可能只有几千元，就不予认可，只认可建校门的账。还有一所学校，操场用塑胶铺跑道，买塑胶的钱也被视为超标准，不予认可。

刘玉说话的时候，她似乎一直处于一种感性与理性的矛盾当中。出于同情，她希望自己和同事们，能够睁一只眼，闭一只眼，让贫困地区的办学条件更好一些；出于职业的规范，她又必须严格按照统一的政策口径执行。

基层的一位财政局长评价说，基层其他方面的数据如果都像“普九”做得这么扎实，数据就绝对假不了。

从26亿到16亿，账是怎么算的？

按照市里要求的申报程序，区县最早将自查的“普九”债务数据报了上来，统计总额为26.3亿元。紧接着，12家受委托的会计师事务所经过债务逐笔审计，核减为20.1亿元，而市里最后认可的为16.1亿元。这是怎么回事儿？

财政局有关负责人的解释是，区县这些报上来的债务数据没有水分，但是有的统计数据对“普九”债务的政策口径把握不清，“普九”债务的复杂性也正表现在很多想不到的地方，只有通过实践中发现的问题，在审核时，由巡视组来共同研究，制定一个统一标准，比如初中和高中在同一栋教学楼上学，按照“普九”标准，高中不属于“普九”范畴，但是怎么统计，需要拿出一个大家都接受的办法，经过研究，就按学生的实际人数的平均面积，剔除高中学生人数占用的面积部分。参与此项工作的有关同志说，在核查中，面临很多这样的实际情况，分布在各个区县的核查人员，经常将遇到的类似情况反映上来，然后每天晚上，巡视组就一起开会研究，再把统一的口径传真到正在各区县审计的核查人员那里。

据记者了解，归纳起来，从26.3亿元核减到20.1亿元的主要因素有这样几个：一是欠债资料不充分，有关手续不齐备或用途不明的欠债以及难以确定债权人的欠债；二是承担九年义务教育的高（完）中和职业中学用于初中教学的校舍基建、设备购置，高初中共用设施、设备的欠债，没有严格按照清理文件规定的高初中人数进行分摊，以及教职工宿舍修建欠债未在欠债中如实剔除；三是中央、市、区（自治县、市）各级政府安排的专项资金被调剂、挪用但未在欠债中如实剔除；四是民营学校、农校、职中等不属于“普九”范围的学校项目欠债以及在建工程、超过同期银行贷款利息或未挂账的利息欠债未在欠债中如实剔除。

从20.1亿元核减为16.1亿元的理由是，市政府决定此次“普九”欠债市和区县主要解决校舍修建和征用土地的欠债，同时，考虑到“三金三乱”欠款另有政策，世行贷款的还款资金来源有明确的承诺，因此，从校舍修建和征用土地欠款中将这两项剔除后，纳入市和区县安排偿还“普九”欠债的最终金额为16.1亿元。

下篇 另一种果实：经验与思考

调动区县还债的积极性

“普九”债务的家底摸清楚了，如何还债？由市财政出面化解“普九”债务，但不等于区县可以袖手旁观，不再承担责任。财政局长马千真告诉记者，为了调动区县还债的积极性，市里根据区县财政状况，按贫困区县、一般贫困区县和主城区三种类型，市级财政对区县分别按照 5∶5，4∶6，2∶8 的比例给予“普九”偿债的补助。

但是从 2003 年到 2004 年两年实行的效果看，不太理想，只偿还了一亿多元。市级财政当年已经做好的预算却花不出去。为什么市里拿钱区县积极性还是不高？实际情况是，不少区县还是太穷了，维持正常的运转都困难，更不要说再拿出还债的资金。

正好 2005 年财政部出台“三奖一补”政策，这对化解“普九”债务起到了特别重要的杠杆的作用。重庆这一年获得的补助为 3.3 亿元。黄奇帆说，当时市里研究的时候认为，中央出台“三奖一补”政策本来就是以积极引导的方式，用来缓解乡镇财政困难的，“普九”债务主要集中在乡镇，市里决定，就将这笔资金全部给区县，然后要求其中的 80%部分用来化解“普九”债务。

按照惯例，过去中央的资金转移到地方后，市级财政一般就把这笔资金当做市本级的财力再转移到区县。这次重庆市则出现了一个很大的变化，就是将这笔资金全部当做区县的财力，而市里另外再安排补助资金。这样一来，地方积极性一下起来了。重庆市 2005 年偿还“普九”债务的资金由三部分组成，中央“三奖一补”资金 3.3 亿元中的 80%部分约 2.6 亿元，区县另外拿出 2 亿元，市本级预算安排 5 个亿，这样一年偿债将近 10 个亿，加上 2004 年前的一个多亿，共 10 个多亿，还剩下 5 个多亿，原计划 2007 年底前全部偿还完的 16 亿元“普九”债务，现在看来，到 2006 年底前，就可以提前完成了。黄奇帆特别强调，当重庆市委常委研究讨论将市里的一点机动财力用于偿还“普九”债务时，大家一致通过。

“销号制”：还债也要“叫答应”

在清理“普九”债务阶段，马千真曾要求每一笔债务都要把债权人“叫答应”；到了还债阶段，同样要求把债权人“叫答应”。用这次清理化解“普九”债务创新的一个专业术语来表述就叫：“销号制”。

所谓“销号制”，就是在9659笔“普九”债务中，每还一笔欠债项目，在市、区县两级同时销号。由区县偿还项目必须全额偿还到位，经市级审核确认后，市级补助资金再安排偿还其他项目，并以国库集中支付的方式将资金直接支付到债权人的账上。这样，还完一笔，销一个账号，直到9659笔债务全部销完。

乍听起来，“销号制”不过是一个简单的还款方法，甚至显得十分繁琐。但是细细品味，其中却大有深意。其中有两个关键点特别耐人寻味：一是，让区县先还债，这样市里就可以通过严格审核来判定这笔资金的来源和性质，假如区县为了急于获得上级的补助资金，又没有安排偿债资金，区县就很可能暂时挪用其他资金偿债，其结果可能是拆了东墙补西墙，而实际债务又是一大堆；二是，按照传统的做法，上一级资金层层下拨到地方政府部门的账号后，这笔偿债资金很可能被挪作他用，债权人仍然拿不到欠债资金。

记者在基层采访，感觉到“销号制”的确起到了实实在在的作用。綦江县建筑公司老板刘振华2005年10月份，一次性拿到了政府欠他的68万元债款，他激动地说：“等了整整5年，共产党说话算数，政府还是讲信誉的。”忠县最大的建筑企业老板刘召国说，以前到政府部门要账，层层卡，还要请客送礼，现在政府一分不少，把600万元一次打到了自己的账号，特别感动。曾经因为政府欠债企业倒闭，卖了个人汽车的老板刘志力，最近新买了一辆白色蒙迪欧轿车，他高兴地说，政府的信誉又回来了。

在这次一定要“叫答应”的偿债过程中，由于有些债务时间跨度大，和有的债权人联系十分困难，给按时偿还债务增大了不少难度。特别是在偿还綦江县南州中学一笔39万元的债务过程中，核查组千方百计，发动一切可以利用的关系，多方联系，最终通过找到债权人姐姐的电话，使这笔款项如数交到债权人的手中。当债权人谢森收到这笔跨度10年的“死钱”时，心情非常激动，一次又一次地向政府表达由衷的感谢。

新的债务还会来吗?

到今年底，随着“普九”债务偿债的彻底结束，那么，重庆市新的“普九”债务还会来吗?当记者在区县调查，就这个问题问地方的一些官员时，他们都回答说，不会。其基本理由可以概括为这样几点：一是通过“普九”，基层的教学条件已基本得到改善，没有必要再去举债搞建设；二是市政府严禁区县举债；三是区县经过这些年的债务困扰，吃一堑长一智，不仅对举债办教育，就是对举债搞城市建设，也变得比较理性。

马千真认为，从机制、体制上看，现在从区县到乡镇，教育经费均有了比较好的保证，乡镇义务教育的事权上收到区县，教师工资、基本的教育经费已经不成问题，国务院新出台对农村中小学危旧房改造，也纳入了稳定正常的保障机制，再加上逐年加大的对乡镇，尤其是对“三农”的转移支付力度，教育经费每年都在增加，义务教育经费的缺口缩小了。

周庆良向记者透露，为了防止出现新的债务，要建立一种长效机制，他正在酝酿起草这样一份文件报财政局党组。

对于重庆市即将完成的“普九”债务化解工作，黄奇帆这样总结：总体来看，重庆市通过化解“普九”债务，从宏观上带来三方面的好处：第一，重庆市现在已经完成97%的“普九”达标任务，是一个货真价实的“普九”，而不是一个欠账的“普九”，更不是一边说好，一边留下一个烂摊子的“普九”；第二，“普九”留下来的9659笔债务，也就是9659个不稳定的因素，应该说从政府下决心开始清理时，老百姓就看到了希望，经过2005年的大面积化解，基层稳定了；第三，将化解“普九”债务置于整个乡镇债务这样一个框架内，对下一步如何化解乡镇其他债务，也形成了一个务实可行的推进目标。

记者获悉，重庆市的下一个目标是，将在2007年彻底清理化解医疗、卫生、文化系统历史遗留下的债务，数额大约为5亿至6亿元。

教育是明天的希望。重庆化解“普九”债务，使重庆的义务教育从债务的阴霾中走了出来，相信她的农村义务教育将会一路走好，明天无疑会更加绚丽。重庆积极主动化解“普九”债务也是她自己在建设诚信政府道路上迈出的坚实步伐。诚信才能强大，我们相信，直辖以后的重庆，在突飞猛进地发展进程中，坚持实事求是的原则，一定会成为一个强大的城市。

（摘自《中国财经报》 记者：姚中利 苗福生 童加跃）

其三是绩效的立场。关于资金分配数量与质量的关系。重分配，轻管理是财政资金使用上长期存在的问题，资金怎么分配是一回事，使用的效果如何是另一回事。资金不够用是全世界理财人面临的永恒矛盾，当财政部门因为资金分配而被推向风口浪尖的时候，绩效评价不仅能够有效地保护自己，而且能够坚持对资金使用部门的监管力度。例文5这篇报道着眼于扶贫资金使用效益这一点，对安徽试点进行了详细的介绍。

【例文5】

扶贫资金的另一种花法

——安徽省试行村民互助资金调查

送鸡，送蛋，不如送鸡下蛋；送钱，送物，不如让钱生钱。

——题记

农民借钱方便了

“太难了，太麻烦了！”吴孝兵是安徽省霍山县但家庙镇的一位普通村民，说起当年的贷款经历显得十分无奈：“为了借 2000 元，往信用社跑了好几趟，手续太麻烦了，干脆不贷了。”围坐在吴孝兵家门口一个圆桌边上的几位农民不时地插话说，银行都是嫌贫爱富，过去农民贷款不容易。

村民们这么说，是有比较的，因为他们现在有了村民互助资金。

作为李家塝村民组的互助资金小组组长，吴孝兵告诉记者，有了这个资金，村民借款很容易，解决了农民贷款难的问题。

记者在安徽省霍山、金寨两县调查了解到，最早作为安徽省村民互助资金的试点县，互助资金深受当地农民的欢迎，不仅解决了农民贷款难的问题，而且对于帮助困难户脱贫致富，提高农民的信誉意识，增强村民之间的团结互助，特别是提高财政扶贫资金的使用效益等方面均取得了明显成效。

把钱交到农民手里

试行村民互助资金，实际上是如何用好财政扶贫资金的一次大胆尝试。多年来，为了解决农民的收入问题，特别是缓解贫困农民的生活现状，各级政府不断加大扶贫工作力度，但是如何用好财政扶贫资金，取得更好的效果，一直是一个令人困扰的问题。为此，2006 年安徽省积极探索财政扶贫资金的使用方式，开展村民互助资金试点工作。

所谓互助资金，通俗的解释就是政府直接把钱交给农民，怎么用，干什么，怎么管，让农民自己说了算。安徽省财政厅农业处处长汪学越用了 12 个字来概括互助资金的内涵：“民有、民管、周转使用、滚动发展。”对此，汪学越还做了更为书面化的表述：互助资金是指，以村民组为基本单位，政府从财政扶贫资金里无偿提供一笔资金给村民组，由村民组通过管理小组，在村民组内有偿周转使用，帮助农户发展经济，共同提高收入水平。汪学越说，互助资金的制度设计始终瞄准贫困农户、注重贫困农户的能力建设、强调群众全过程参与、依托组织实行民主管理、关注弱势群体、重视女性在扶贫项目中的参与、权利和受益。一位基层干部说得更通俗，政府送鸡，送蛋，不如送鸡下蛋。互助资金，就是找到了让钱生钱，让鸡下蛋的好办法。

把钱交给农民可靠吗

把政府的财政扶贫资金，交到农民的手里，这样可靠吗？“借钱不还，人活在世上，还有什么脸面见人！”吴孝兵对于人们的质疑回答得朴素而落地有声。

记者在两个县的调查结果也证实了吴孝兵的观点。试点一年多来，农民的还款率达到百分之百。这些农民，借款大都在1000元到3000元之间，借款资金主要用于种养业、小本生意等，短则三个月，长则一年，总之，都能够按时连本带息还款。

在人们的印象里，农民接受教育程度不高，诚信意识不强，但是，试点县的农民却表现出了良好的个人信誉。为什么呢？

汪学越告诉记者，一个人在陌生的环境里，对个人信誉的重要性可能体会不到，但在熟人圈子里，就特别在乎面子——也就是诚信。农村是一个相对封闭的环境，在这样的熟人圈子里，面对村民共同的利益，一个村民如果个人信誉不好，就很难在村子里待下去，这对管理好政府扶贫资金提供了很好的道德约束基础。实际上，村民能够按期还款的良好信誉除了道德约束外，在制度约束的设计上，也体现出了高超的智慧和相当强的自我管理能力。

每个参加互助资金试点的村组均制定了资金项目管理制度。资金管理制度涉及资金构成、管理小组成员具备的条件、分工与换届选举、资金管理细则、财务管理制度和使用基本原则等多个方面，内容相当详细。在霍山县黑石渡镇黄家畈村，互助资金小组组长从屋子里抱出一堆材料，里面有村民借款的原始记录，也有详细的管理制度，其中对资金的所有权和使用权，借款额度，借款期限、利率，借款户比例，利息的使用，审批权限和还款，定期召开例会，财务管理制度等都作了详细的规定。记者顺手翻到一页，其中对借款手续一条是这么写的："各户借款，必须按照规定的格式先写申请，注明抵押物和担保人，抵押物必须是猪、牛、羊等可比价的动产物，担保人必须有偿还能力，担保人有督促借款人及时还款的义务。"

针对上述借款手续，记者顺便问周围的农民这样借款方便吗？一位做板栗生意的农民说：方便。

互助资金的构成和周转

互助资金是怎么构成的，怎么周转使用的？安徽试点县的基本做法是，财政从扶贫资金中拿出一部分，由入互助农户拿出一部分，具体落实到试点村组，大概比例是：财政按加入互助资金小组的户数，每户安排财政扶贫资金1000元，村民经过民主讨论，自愿决定每户拿出一部分，目前基本情况为每户100元。以50户村民组为例，这个启动资金就为55000元。随着时间的推移，在周转使用中产生的一部分利息也都放入本金继续滚动。别小看这几万元，却解决了多年来农民贷款难的问题。仍然以50户的村民小组为例，如果按每户平均一次借2000元为标准，那么一次就能解决将近30户的借款问题。如果以三个月为一个周期，一年内村民小组的所有农户就可以借到两次款。农民借款数额不大，但由于种养业受季节性影响较大，农民用钱往往非常急，这时候几千元就解决了农民生产发展的大问题。

记者在调查中发现，互助资金在农民手上周转非常快，上一轮资金刚收回来，下一家马上又借走了，几乎不过夜，资金很少有闲置的时候。同时注意到，不借款的一部分村民也愿意把钱不收一分利息放进来，他们相信，一旦自己需要资金时也随时可以到集体的互助资金中借到钱。更重要的是，自联产承包责任制以后，村民逐渐淡化的集体意识，因互助资金而把大家团结到了一起，乡邻之间的距离更近了。

金寨县财政局局长孙学龙一口气列举了互助资金四个方面的好处：一是解决了贫困农户贷款难的问题；二是提高了财政扶贫资金的使用效益；三是激活了农民群众的主人翁意识；四是密切了党群干群关系。

在金寨县，截至目前，全县累计投放互助资金480万元，共1754户贫困群众受益。青山镇船丰村宏园组陈永忠，去年借款3000元，培育灵芝5000棒，半年收益1.5万元，一举脱贫；关庙乡仙桃村彭泽厚，借款3000元，抚育山核桃林150亩，一年收入达2.7万元。类似的例子很多。

霍山、金寨县都位于大别山区，贫困农户相对集中，当地干部表示，国家扶贫多年，互助资金对直接提高农民收入效果最为明显，通过建立互助资金，为农村贫苦群众自主发展生产提供了融资平台，在一定程度上解决了贫困农户有项目无资金的问题。如果说还有什么不足，村民的普遍反应是，资金规模小了，一次借款的额度少了。特别是有好项目的农民，希望能借到更多的资金。

政府角色：无为无不为

把国家的资金直接交给农民，完全由农民自己说了算，政府在其中又扮演什么角色呢？

记者在调查中发现，虽然说互助资金完全是让农民说了算，但是政府并不是放任不管，而是通过一整套制度设计，来达到调动农民的积极性，达到真正管好财政扶贫资金的目的。可以说，政府是该项改革的最大推动者。在引导互助资金的改革方向上，政府主动采取了“把两头，留中间”的策略。也就是说，政府从中间的改革环节彻底退出来，而把需要充分调动农民积极性的主动权交给了农民。政府从始至终，既扮演了“大政府”的角色，也扮演了“小政府”的角色。大，表现在政府驾驭全局、制度创新的大思路上；小，表现在政府完全放手，让农民自己主动去参与管理的决策上。

好比一场精彩的演出，过去政府从导演到演员，恨不得全包了，现在政府只做“导演”。互助资金能够产生良好的效果，政府在几个关键环节发挥了特别作用：

其一，通过招标的方法，让有积极性的村组主动申请、积极参与。政府无偿向农民提供财政扶贫资金，并不意味着吃大锅饭，人人有份，更不是唐僧肉，谁都可以吃一口，而是通过引入竞争机制，让想发展、能发展的村民小组先发展起来，是竞争，也是带动。事实证明，政府按户无偿提供财政扶贫资金 1000 元给农民的做法，这本身对农民就有很大的吸引力。

其二，从一开始就注意选择以生活较为集中的自然村为试点单元，这样成员之间对互助资金有一种归属感和责任感，尤其便于村民之间、借款户与非借款户之间能充分利用道德建立内涵广泛的信誉监督。

其三，向农民提供资金管理的基本要求和制度框架。特别是对互助资金的使用情况，设定具体的量化指标进行评价和考核评估，主要指标设置为：第一，资金的安全性，还款率应达到 100%；第二，资金动态运转次数和增值情况；第三，农户经济收入逐年增长情况；第四，生产发展和带动情况。绩效评价和考核评估每年至少进行一次，对于管理规范、运行有序、成绩突出的互助资金小组，由县财政安排一定的资金给予奖励。也许，正是政府科学合理的约束、监管和考核才让农民懂得必须谨慎用好这笔钱的吧。

固点扩面　逐步完善

因为是试点，所以在具体实践中，安徽的几个试点县各自根据自己的实际情况，摸索、总结出了不同的做法和经验，比如霍山县通过试点、总结、推广，2007 年专门成立了互助资金协会，以协会的方式，填补政府在培训、各项技术服务等方面的缺位。金寨县则通过乡镇财政所建立专项账户，以规范的财务管理，探索“民定、民用、民监督、乡镇服务加监管”的模式。由于“互助资金”从试点开始在基层已经取得良好的社会效果，安徽的试点经验及做法，已经引起国际国内不少机构的关注，先后到霍山县考察的有澳大利亚、柬埔寨、香港施乐会、国际小母牛公司和安泽国际救援协会等多个国际扶贫组织。

安徽财政厅有关负责人告诉记者，安徽的互助资金试点工作在财政部的大力支持下，2007 年已在国家和省定扶贫工作重点县全面扩大试点范围。截至 2007 年底，安徽省各级财政共投入互助资金 4639.698 万元，其中，省财政扶贫资金 3280 万元，市县财政配套投入 872.83 万元，农户入互投入 443.448 万元，其他资金投入 43.42 万元。在 564 个村建立了互助资金小组 683 个，累计借出互助资金 3659.565 万元，借款归还率 100%。2.9 万农户参加了互助资金小组，其中 1.8 万农户借用互助资金发展生产，户均增收 477 元。

（摘自《中国财经报》　记者：苗福生）

【短评】

财政扶贫资金的一次机制创新

扶贫资金应当为农民干什么，不干什么，过去都是由政府直接决定，因而一些项目或多或少，总会与贫困农民的最实际、最迫切的需求有一段距离。不是政府不努力，而是由于政府的大包大揽，让政府扶贫的良好初衷在农民的感觉中被抽象化了。

安徽的做法，则是大胆地向前走了一步，将一部分财政扶贫资金完全交给农民互助小组，也就等于把资金使用权给了农民。农民一旦意识到扶贫资金可以“自己做主”，那么如何使用好这笔资金，增加收入，农民自己最清楚——民主决策也就在资金的管、用中应运而生。下放使用权与民主决策两个要素，这正是安徽经验的最大的特点所在。

这些年，社会各界一直在呼吁要解决农民贷款难的问题，这也成为当前两会许多委员、代表关心的热点。如果我们抓住互助资金这一新生事物，在政策上予以更进一步的扶持，进一步丰富互助资金的原有内涵，将使其在农业增效、农民增收方面发挥出更大的作用。

我们还应当看到，当前，我国各级财政投向“三农”的资金越来越多。

如何既能让农民感受到实实在在的利益，又能建立一种机制来集中财力为农民办实事，最终真正增加农民收入，这的确是一个需要不断探索和实践的课题。而互助资金的实践已经给了我们很多启示。

当前，每一位记者如果能够自觉地站在公共财政的立场上，将我们的新闻触角深入到社会生活的方方面面，我们每天的新闻含金量就会高一些，《中国财经报》的个性就会更鲜明一些，财政的声音通过我们这张报纸就会在全社会传播得更远一些，影响力就会更大一些。

第八章

做好财政新闻策划

导　读

所谓新闻策划，就是在一个适当的时机，抓准一个当下话题，把表面上看上去不重要的话题变得重要起来。

围绕地方党委政府的中心工作来做财政选题，为地方财政厅局往往能够创造一个较好的舆论环境。

很多策划最初可能就是在喝茶、饮酒、吃饭、聊天、读书、沉默、散步的过程中的灵光闪现，是头脑中突然冒出来的思想火花，关键是要抓住它们，不要轻易放过这些灵感。

学会站在财政的角度用讲故事：《汶川重生》的写作体会。

环北京经济圈策划方案的出炉及社会反响。

新闻宣传离不开策划，策划的目的是为了更好地把新闻话题传播出去。西方媒体非常擅长利用新闻策划来把新闻的某个话题做大。近几年，随着中国国力与影响力的增强、增大，一些西方媒体也不断地把中国作为新闻报道的重要选题，其中，法国一家杂志就以一期几十个版面的篇幅，分成若干个话题，集中报道了中国历史、文化、经济、百姓生活的方方面面，给读者留下了深刻的印象。

所有的重要媒体，每年几乎都会有一些重要的选题策划。所谓新闻策划，就是在一个适当的时机，抓准一个当下话题，把表面上看上去不重要的话题变得重要，把重要的话题变得更重要的一个新闻造势过程，以期达到最佳的新闻宣传效果。它是新闻媒体从选题到刊登全过程中集中优势兵力、调动各方资源，运用多种新闻手段合力完成的一项重要新闻任务。它体现了当代新闻竞争激烈，新闻媒体抓住话题后，努力做到将新闻事件与话题不留余地，不留遗憾，吃干榨净的专业企图。

真正的媒体人都有这样的抱负，找到属于自己独家的东西，然后产生社会影响。可以说，许多有追求的媒体人，几乎每天都在寻找这样的新闻选题。好的选题，能让新闻策划充满激情。每年，我们都会看到一些媒体的精彩策划。有些策划，一时成为社会的热门话题，有些直接影响到了国家的决策，有些策划至今回忆起来仍然让人津津乐道，有些成为新闻人一生难忘的经历。

20 世纪 90 年代初期我进入中国财经报社以来，曾经参与了大大小小许多的新闻策划，有些策划，至今回味起来仍然热血沸腾，记忆深刻。我参与过 1998 年长江抗洪救灾、1999 年澳门回归、山西汾河行、中国民族大家庭巡礼、新疆维吾尔自治区成立 50 周年、西藏自治区成立 40 周年、汶川地震灾后重建 3 周年等等众多的新闻战役报道，这些都成为我本人新闻经验与人生经历的重要组成部分。

媒体人的幸福在于，你总是能够站在时代的前沿，直接参与、目睹许多影响深远的历史事件；而记者的优势在于，你可以在第一现场观察、聆听、提问，如果你愿意的话，你可以用你那支思考的笔，写下你的见闻。读万卷书，行万里路，世界上还有比这更好的职业吗?

不过做好财政新闻策划，不是想策划就能够策划的，它需要策划人对财政、对国家宏观经济形势、对国际国内大势的基本把握，还要考虑天时地利人和等客观环境，除了这样一些条件之外，本人以为，做好财政新闻策划，在具体的操作环节应把握以下几点：

真正抓住财政某个时期的工作重点

财政新闻，离不开财政的中心工作，财政新闻策划，更要紧紧紧围绕财政部党组、地方财政厅局的中心工作。这个大局很重要。中国之大，各地发展情况各不相同，工作重点也各有侧重，对于策划宣传地方厅局中的工作重点，尤其要抓住两个重心，一是地方的财政工作是否与财政部的中心工作相一致；二是在服务地方经济社会发展方面，是否与地方党委政府的工作重点相一致。这是工作的大局。只有紧跟大局，紧靠大局，这样的工作才更容易引起关注，才更容易获得支持。

在为地方财政厅局策划新闻选题时，围绕地方党委政府的中心工作来做财政选题，往往能够为地方财政厅局创造一个较好的舆论环境。这些年，我们为许多省的财政工作做过选题策划，我们推出系列报道有不少受到地方主要领导的批示、表扬，在一线工作的财政干部感到自己的工作得到了领导的肯定，也很有成就感。期间，我为不少省市财政做过新闻策划并形成了系列的新闻报道，比如关于新疆、西藏财政支持经济社会、民生不断得到改善的报道，关于重庆化解“普九”债务、财政机关文化建设、渝怀铁路建设给当地带来变化的系列报道，还有为河南、河北、内蒙古、辽宁、山东、江苏、福建、山西、陕西等省（区）做过的系列报道，均产生了积极的反响。

回想起这些报道，在局外人看来，不过是一个个抽象的概念而已，而在我们当事者看来，这其中又有多少新闻背后的故事？从新闻策划到战役报道，其中，从线索的发现到策划过程的不断沟通、启发，再到见报前稿件的一遍遍打磨、修改，这其中真是有无数细节与故事。而最大的愉悦莫过于当你把某一时间段内的这个策划完全见报之后那种成就感，那真是一种幸福。

【案例】

“中原经济区”系列报道的策划过程

2011年年初，我应邀参加了河南省财政厅在河南大厦举办的“中原经济区”财税政策研讨会，主办方除了河南省财政厅的主要领导外，分管财政的河南省常务副省长也参加了，并做了重要发言，研讨会上还邀请了北京几位著名的财税专家，这说明河南省对这个关乎河南省未来发展的战略异常重视。据会上透露，河南的中原经济区战略有望得到国务院的批准，上升为国家战略。这对于媒体来说，是一个重要的新闻选题。首先，它是十二五时期的一项国家战略，意义重大；其次，它受到河南各界的高度重视，这样的选题一定会得到当地政府的积极支持；再次，这个选题一定会受到各大媒体的关注，而《中国财经报》早动手，等于抢到了新闻的先机，走到了同行的前头；最后，我们可以找到鲜明的经济、财税角度，而且能够挖掘出新内容。开完会，我们很快就开始筹备，针对河南省的地域文化、经济特色，以及河南自身提出的发展路径，我们确定了河南省作为一个农业、粮食、人口大省，如何在立足自身优势与劣势的基础上寻求突破的发展思路上作文章。围绕这些特色与局限，河南财政做了什么，想做什么，能做什么。很快我们将选题计划与河南省财政厅进行了沟通。经过河南方面的认真准备，我们组成一个三人采访小组，对河南进行深入的采访，最后形成了一组报道：《产粮第一大省的信心与期盼》、《变人力资源为人才资本》、《城乡统筹：新乡的实验》、《农业大省的新型工业化路径》，为了突出报道的重要性和报道气势，开篇我们刊发了本报评论员文章。例文1是评论员文章，原文如下：

例文 1

站在战略层面看中原经济区

纵观我国区域经济版图，除了传统意义上的中东西部和东部地区的珠三角、长三角、环渤海的划分之外，由于我国地域之大以及各不同区域经济快速发展所呈现出的多样性，近几年，不少地方抢抓机遇，纷纷突破行政区划的藩篱，以突出内在联系日益密切的区域经济为特色，以政府为引导，以市场为纽带，相继完成了颇具特色的区域经济布局，并因其在国家层面所具有的重要性和不可或缺性而不断上升为国家战略。近几年来，这样的战略布局如雨后春笋，仅中部地区，就有鄱阳湖生态经济区、长株潭经济一体化、武汉经济区等若干经济功能区规划的相继推出，一时间，地处中部的第一人口大省河南相比之下，显得相对沉寂，颇有陷入“四面楚歌”的意思，直到最近，河南省以“十二五”为契机，规划出“中原经济区”蓝图，方令人眼前一亮。

以河南为中心的中原地区的确是一个具有鲜明地域特色的经济带。这里人口众多，是我国第一人口大省，占全国人口的十三分之一；这里是我国重要的交通枢纽，铁路、公路网横贯东西，纵贯南北，交通便利发达；这里是中国文明的重要发源地之一，文化底蕴深厚，文化资源丰富；这里工业门类齐全，特色鲜明，正处于升级换代，整合聚集的重要转型期，后劲十足；这里更是我国粮食主产区，小麦产量占全国七分之一，承担着我国粮食安全责无旁贷的重大责任，从某种程度上说，河南的小麦生产的年景好坏，直接影响着全国的粮价乃至世界的粮价。这样独特而鲜明的区域经济带，它的现状、前景与影响，确实具有国家战略层面上的多重意义。

站在全国的视角看河南，正如站在世界的角度看中国。仔细观察，河南的省情与我国的国情具有太多相似之处，经过这些年的快速发展，河南的GDP与财政收入分别占到了全国的前 5 位和前 8 位，但是，正如我们向世界所做的说明那样，由于人口众多，再大的数字，除以人口总数也会变得很小；再小的数字乘以人口总数也会变得很大。按人均计算，河南全省人均 GDP、人均财政支出、人均教育经费、人均享受的公共服务等均在全国排在很后的位置。

正是这个区域经济带的重要性以及在发展中面临问题的复杂性与艰巨性，让人对其未来的发展规划与走向给予了更多的关注与厚望，因为说到底，中原经济区能不能像规划者们设计的那样，在未来数年内逐步完成向新型工业化、新型城镇化、农业现代化的同步转型，这对实现我国国家战略的重大转型，具有多角度的解读与象征意义。有经济学家最近在谈到中原经济区的构想时，曾这样意味深长地发出感慨：河南的崛起意味着中部的崛起，中部的崛起，意味着中国的崛起。

我们都希望看到中原经济的迅速崛起，然而，站在国家战略层面来考虑，河南以及受其经济辐射的周边地区必须首先服从于国家经济战略的总体布局，作为粮食大省，以河南为中心的中原经济区就必然以确保国家粮食安全、保护生态环境的为前提，来实现具有中原特色的工业布局、人口就业、教育均等化、完成农村人口向城镇的逐步转移、缩小城乡差距等目标，这是一个彼此掣肘、相互牵制、牵一发而动全身，具有历史意义的综合性改革。

河南需要破题，中部需要破题，国家需要破题。

诚然，每一个经济区域都在强调其独特性、重要性，也因此都会呼吁来自国家层面的财税等优惠政策与扶持政策，这当然是可以理解的，也是必要的。然而，冷静分析，我们会发现，今天靠优惠政策发展的空间毕竟是有限的，很大程度上还需要地方自身的大胆创新与实践。

有时候，思想大解放换来的可能就是创造力与生产力的空前大解放。没有什么能够比释放 1 亿人口创造财富的热情与想象力更能让中原大地焕发生机。

为了深入了解中原经济区，本报近日派出采访组，深入中原腹地进行了有选择的重点采访。本报从今日起，将陆续推出相关报道。

到河南采访的时候，正是“十二五”规划刚刚通过的时候，又赶上中原大地的初春时节。这里真是一派广袤无垠的神奇土地。我们看到，麦苗正在返青，柳树正在吐绿，春风送暖，我们穿越在中原大地，正是穿越在希望的土地上。

（《中国财经报》 作者：苗福生）

与财政一线工作者多交流

处在一线工作的财政干部，他们对财政的具体工作更为熟悉，更了解情况。特别是在财政部业务司局综合处室以及地方财政厅局办公室工作的财政干部，他们掌握情况全面，对司局厅主要领导的理财思路摸得也比较清楚，尤其是遇到那些有思路、素质高、文字好、政治敏锐性强的干部，和他们在一起，多聊聊，多听听他们的意见，会让你真正感受体会到“三人行必有我师”的古训。这些年，和这些财政系统干部的交往，不仅让我学习到很多财政知识，而且，尤其大家共同认真工作都结下了深厚的友谊。我们常常说，在财政系统待久了，就会对财政产生很深的感情，这种感情其实又往往和这些具体的优秀的努力工作的财政人有很大关系。

我每年都会做一些新闻策划，这么多年下来，就有了很多案例。有时候，同事、朋友包括我自己，也常常问这样一个问题，这些新闻是怎么出炉、怎么策划出来的？我想很多是聊天聊出来的。近几年，我给财政部监督检查局做过几个影响不错的新闻策划，几乎每年一个。这就得益于和该局综合处同志的交流。

对我而言，财政部监督检查局的工作相对封闭乃至神秘，因为众所周知，他们的主要业务是查账，检查别人。这里面的新闻肯定有，但是根据中国的国情，报道有难度，那么，这么重要的工作怎么从新闻操作的层面入手呢？

有一年，我到海南参加一个他们的内部业务工作交流会。回来后，和综合处的傅向阳进行了交流，他把财政监督检查工作当前的任务、重点、特色，讲得清清楚楚，以至于全国每个省财政监督检查开展的情况，特点在哪里，意义是什么都一清二楚。这一次交流，让我抓住了一个重要的新闻资源，从那一次开始，我们策划了“财政监督纵深行”的系列报道，由监督检查局提供典型，《中国财经报》开设专栏进行系列报道，可以说，一共9个省的系列报道，在全国财政系统产生了很好的影响。此后，我们又推出了长篇通讯《守护四万亿》、《渐行渐近大监督》等报道，这些报道不仅引起部领导、系统读者的重视，而且为从事这些报道的记者赢得了荣誉。这种积极合作，同时在财政部监督检查局领导的大力支持下，最终促成我们在《中国财经报》上开设了每周一期的“财政监督”专刊。我相信，在这个更大的平台上，对财政监督检检查的工作还将推出更多更好的新闻。

抓住一闪即逝的灵感，好东西可能就在你的一念之间

策划需要激情，策划是想象力的展示。与许多创造性劳动一样，很多策划最初可能就是在喝茶、饮酒、吃饭、聊天、读书、沉默的过程中的灵光闪现，是头脑碰撞过程中突然冒出来的思想火花，关键是要抓住它们，不要轻易放过这些灵感。

我们有许多重要策划、选题就是这么冒出来的。

20世纪90年代末期，我主持《中国财经报》一个叫做“窗周刊”的经济社会周刊。在这个版面上，我和我的同事们真是很过瘾地做过许多至今难忘的新闻策划和选题。

一天中午，我和同事在办公室闲聊，同事提起一件有趣的事，说是收到一封山东某县关于斗蛐蛐发展当地经济的稿件，我们觉得这实在是一件荒唐又搞笑的事情，但是，这后面隐藏着重要的新闻价值。这位同事叫蔡劲松，毕业于戏剧学院文学创作专业，文字好，有激情，有很强的叙述故

事能力。我们越聊越热闹，后来他到当地做了深入采访，写成了一篇被多家重要媒体转载的新闻通讯《蟋蟀能扛起经济大旗吗?》。

那几年，我们常有这样精彩的合作，我们一起采访1999年山西假酒案给汾酒带来的负面影响，讨论稿件一直到深夜，那种的激情飞扬，真是令人难忘。后来，我们撰写的《汾酒坦荡荡 杏花仍飘香》一文，得到时任山西省委书记胡富国的批示，这篇文章还很快被山西当地的一家小报全文盗版：除了我们原文作者名字被改成当地盗版者的名字外，其他全文一字未改，为此，我们差一点打一场笔墨官司。

新闻选题很多时候来自于灵感。关键是，你要能抓住灵感，把灵感变成可操作的新闻选题。还是在山西，采访完山西汾酒的内容后我们在山西太谷顺便参观了曹家大院。当导游介绍到当年日本鬼子占领山西，在曹家实施秘密抢劫，连屋顶大梁上涂抹的金粉都用刺刀一点一点刮走后，当时，我们十分气愤。就在那一瞬间，我记得我脑子里冒出了对日本鬼子抢劫曹家大院这段历史进行新闻调查的想法，以让后人不忘历史。很快，蔡劲松再赴山西，完成了一个整版的新闻通讯《68年前，日本鬼子抢走我万贯家财》，这篇报道受到曹家后人的关注。每每看到日本政客不断在南京大屠杀，钓鱼岛、历史教科书等问题上大放厥词时，我就希望能有更多这样的报道出来，表达中国民间的声音。我们希望中国民间应当有人站出来，起诉日本政府，要求赔偿损失。至少要不断地告诉人们，勿忘国耻，勿忘历史。

仔细想来，许多新闻策划可能就是把“子虚乌有”变成见诸报端的过程，也可以说，就是把“无”变成“有”的过程。这个“无”，不是说本来没有，而是说，财政工作本来是普普通通、平平淡淡地搁在那儿的，如果不是你的发现，不是你的积极运作，不是你不辞辛劳地采访、写作、修改，这个新闻事实可能永远无声无息、处在“无”的当中。因为你，让这个“无”变成了“有”。一切精神领域里的创造性活动大抵都是如此吧?

翻阅这些年自己做过的新闻策划，和写过的若干不同体裁、题材的新闻报道，我常常想，某一篇文章、某一次策划，如果没有我当时的好奇、发现、努力、坚持，可能就没有这样一件新闻产品。当然，也可能别人会发现，也可能永远不会被发现。

记得了解重庆化解"普九"债务的选题，完全是一个偶然。那一年，我到重庆采访，是做别的选题。聊天中，了解了重庆的做法。可是，职业意识告诉我，这是一个极度敏感的财政选题。造成"普九"债务的历史背景非常复杂，在当时的现实环境中，带来的社会问题也很多。这是一个烫手的山芋，本来不是财政的责任，财政主动去碰，肯定会带来一系列连锁反应。但是，当我了解了重庆的做法后，这个问题实在吸引我，让我回到北京欲罢不能，用现在网络语言叫很"纠结"。越是充满矛盾的新闻事件，越是好新闻，但是，越是这样的新闻，越不好动手。好在，当我把这个新闻与报社领导并向财政部领导报告后，这个选题得到了财政部领导的大力支持。这篇报道，从采访到最后见报，从财经报时任副总编姚中利到财政部副部长张少春，再到重庆市财政局领导，一直到时任重庆市常务副市长黄奇帆，稿件一遍遍改下来，黄奇帆市长半夜还在电话里和我商量稿件的某个字句，稿件见报后，产生了较大的影响。

新闻作品不像文艺创作，一件新闻作品的见报，虽然署名可能是某某某，但是，其中其实有很多人的劳动在里面。我记得有一年，一位美国的普利策新闻获奖者，在发表获奖感言时说过一段很诚实的话，她说，面对殊荣，她不知道应该感谢谁，因为稿件见报后，经过了层层把关的手，有些地方的改动已经是面目全非，但是，最后把荣誉却给了她。这体现了一个新闻人良好的职业操守。我在回味几年前这些新闻的操作过程，内心仍然充满暖意。

下面这篇"采访手记"，是我们采访完"中华民族大家庭巡礼"后，写下的随感。它留下来的不仅是一次历史的记忆，更重要的是其中对这次策划报道活动的思考，希望它对类似的新闻报道活动提供帮助。我相信，任何采访、策划、报道都会留下遗憾。这其中就有我当时完成任务之后的一些心得。

【附文】

“中华民族大家庭巡礼”采访手记

一

新中国成立55周年前夕，报社决定推出反映少数民族生活变化、社会进步的专题报道，并最终定名为“中华民族大家庭巡礼”。从提出设想到行动，一共不到一个月的时间。报社把东北组、西北组的活儿派给我的时候，我既兴奋，又心里没底。少数民族多数集中在边远地区，平时很难有机会到这种地方，对于记者而言，绝对是千载难逢的机会，想想都让人激动。后来的事实证明，将近两个月的南征北战，的确是不枉此行。但是按照报社的规定，要求一天写一篇新闻报道，我清楚，完成这种报道任务，有相当大的难度。这意味着，白天采访，晚上写稿，在两个月内的连续高强度的工作身体能不能吃得消，也拿不准。那一段时间，我们采访组最大的奢侈就是在周末睡一个完整觉。

从接到任务到出发，时间有点仓促，我们很快找来一批反映少数民族生活方面的书，生吞活剥，囫囵吞枣，先对各民族留个大概印象，然后带上书，资料，采访设备，就匆匆上路了。

二

实际采访比想象中的还要艰苦，时间主要花在了路上。东北、西北都是中国地域辽阔的地区，新疆占了中国六分之一的国土面积，黑龙江、青海、甘肃、内蒙古哪一个跑起来都是够喝一壶的。有时候，为了采访一个民族，往返要跑三天。如果是一次旅游，那么路远不算什么，但是我们都带着任务。我们对一个民族的了解，只有手上一点资料，采访的难点在于，如何确定采访对象，想象与实际操作有很大的差别。从理论上讲，我们会说，找这个民族的典型，但是接下来的问题是，谁是典型。当然，典型一般都是紧扣主题，我们的主题是少数民族的变化与进步。如果跟着这个主题走，我们很容易想到当地的富裕家庭，但是，这种大户在少数民族中占多大的比例，是否具有代表性，又如何确定其是否具有代表性呢？从另一个方面说，即便个个是典型，这种采访和写作会不会让读者起腻呢？我特别担心我们的写作会陷入一种模式：民族特点——生活变化（当然是好了）——政府的支持（主要是财政的支持）。我不断地征求我们三人小组的意见，有没有创新？新意在哪里？这也许是我们每天的苦恼和快乐的焦点吧。两个月专心的采访、写作和往回发稿，我们的生活压缩到了一个点上，快乐和苦恼也集中到了一个点上。一篇不满意的稿件能让我们痛苦半天。而一篇不错的稿子则让我们像孩子一样快乐。

三

写作上的难度是如何突破千篇一律。报社提出的“大提速、大练兵”解决的是深入基层，并在最快的时间内发回报道。做到这一点，没什么，无非是多走点路，少睡点觉，但是作为职业记者，最重要的是，要写出让自己满意的稿子。这种战役报道的危险在于，起初几篇，对于记者和读者而言，可能会有一种新鲜感，但是在连续报道之后呢？我们要完成的不仅是10篇20篇，而是50多篇。我们花了很多时间在寻找角度和写作的突破上，比如维吾尔族的特点是手工艺制作，东乡族是造刀，塔吉克族是为国戍边，回族是经商等等，但是我们发现，我们写出来的东西，不过是一些小的变化而已。

报道的主题是否已经内在地规定了这种结构？民族特色、生活变化、政府支持基本上构成了文章的基本要素。能够做文章的地方其实只有民族特色这一部分。后两部分大概只是数字的不同而已。新闻写作与文学写作不同，前者靠扎实的采访，准确的叙述取胜；后者则主要靠情感、想象力和写作功力吸引人。在每天的讨论中，我们特别警惕这一点，不要把新闻当作文学作品写。不要随意地加入想象的成分。其实，你如果这样做也不会有人说什么，但是我们希望这是一种严格的训练。同时也逼迫你加强采访的内容。一个打动人心的好新闻一定是故事本身。好故事是扎实的采访中获得的。新闻写作也需要想象力，但是这种想象力一定是真正的带着镣铐的舞蹈。新闻写作的想象力应当局限于选材、角度、逻辑和恰当的写作技巧。文学色彩可能增强一篇通讯的可读性，但是它伤害了新闻最基本的价值内核。

四

少数民族身上总有特别吸引我的东西。尤其是东北、西北的民风，带有游牧民族的粗犷、豪迈、热情，还有单纯。我说的单纯，不是简单的单纯，而是一种透亮的内心世界。在城市里呆久了，在太多的斤斤计较、鸡毛蒜皮、尔虞我诈、信口雌黄、出尔反尔、自以为是的所谓的文明人中呆久了，我特别喜欢这种单纯。他们单纯地表达自己的爱憎、喜好，单纯地以心换心、热情好客。

锡伯族240年前的大迁徙和俄罗斯族的百年动荡史，给我留下很深的印象。可惜，这与我们的报道主题无关，我觉得这是记录片应该去挖掘的好题材，这里面涉及个人与民族、母语、土地等很有意义的文化人类学话题。我后来看过一部流浪到欧洲的俄罗斯导演拍过的一部影片《乡愁》，获得了威尼斯的一个什么大奖，就像于右任的那首《望大陆》，乡愁写在每一个我见过的俄罗斯族人的脸上。我觉得乡愁这种东西，和政治无关，和民族政策无关，更和爱国主义无关，而是人类和民族和土地和母语的一种很深的纠缠和血缘的东西。这种东西有一种特别震撼人的力量。当然这种东西我们不可能去写，否则就有点不着调了。

五

我特别担心主题的单一会伤害报道本身。我们可以总结的经验是，当一次战役报道开始策划时，如何更细致地考虑主题的丰富性。后来的采访和写作变成了我们小组一行三人的流水线作业，我们基本上是头一天看一下民族的特点，然后根据这些特点进行采访中的分工，到现场找两三户有特色的人家聊一聊，从政府那里找一点支持少数民族发展的资料，晚上我们便开始分工写作，基本上是三段式。我们对于一篇文章的满意度，基本取决于文章中对细节的把握和选用以及有多少文采。作家余华在重读了他的小说《活着》以后说，他感到自己写出了一部高尚的东西。余华是令人尊敬和诚实的作家，我丝毫没有想要拿自己的东西与人比的意思，我最多是想用人家诚实的心态对照一下自己而已。到了不惑的年龄，我还不能够诚实地面对生活与现实，文章中某些表现出来的浮躁和矫情，我现在再读，仍然有点难为情。通常情况下，读者在一般的阅读中，经常会被一些精彩的句子吸引，但是，这往往与事实本身有了出入。正如一个投机的演讲家知道什么时候该说出撩拨人心的语言，并博得大众热烈的掌声，但是我们最应当警惕的正是，这些赢得掌声的内容实质是什么。至少我本人在多年的成长中，在鼓过很多次掌以后，对那些哗众取宠的演说，比较地低调和沉默，有时甚至比较鄙视。就个人的趣味，我比较喜欢那种务实、简洁、行云流水般的文风。正如比较喜欢那种埋头做事、保持沉默又比较有灵性的人。王朔在一篇文章里列举过一大堆他认为最厌恶的词语，诸如崇高、悲壮、伟大之类，我读后会心一笑。虽然王朔骂过很多人，也被很多人骂过，但是我喜欢他的坦率、生动和对北京语言使用的纯熟，还有他对生活表现出的自信和诚实。

六

“我们什么都不懂，我们所有的知识不过是学童的程度。”重温爱因斯坦这段话，我觉得这位大科学家不是在谦虚，而是在他真正地了解了宇宙世界之后发出的这般感慨。现代人的可怜在于，看到一点皮毛就以为自己发现了真理，并且将别人当作傻子一样地开始大发议论，滔滔不绝，诲人不倦。这也是无知者无畏的一种表现形式了。巴金先生到了晚年，说他有一个习惯，就是喜欢沉默，在沉默中看别人说什么。经过了文革，巴金先生对于那些滔滔不绝地从红唇白齿间流出来的语言，他总是警觉地辨别，辨别哪些是真的，哪些是假的。读巴老的这篇文章是在20世纪80年代，那时候巴老还能够在病床上颤颤巍巍地每天写一点随想，现在不知道巴老还是不是这样观察人。保持沉默，其实也就保持了一个距离，在这个恰到好处的距离中，去观察，看人世间的喜剧、悲剧、荒诞剧、无聊剧，不亦悦乎！我一直觉得这是一件很好玩的事情。当年金圣叹一口气写下人生的诸多快活事，三毛也模仿写下诸多快活事，我觉得这种心态实在是很健康的。干嘛不把生活中的一些事情看得轻松一些呢？

七

我们跑了两个月，写了几万字，这算不算是成果呢，算不算是对少数民族的一种贡献呢？至少，我现在跑了20多个民族之后，依然认为自己对少数民族的了解不过是学童的水平。昆德拉引用犹太谚语说，人类一思考，上帝就发笑。在我们的这一点文字里，大概连让上帝发笑的东西都没有。算下来，我当了12年的记者，可是认真地总结一下却是什么也没有的，这颇有点浑浑噩噩混日子的意思。但是，跑了这么多年，长了见识这是一点不夸张的。朋友们会问，最大的收获是什么呢？我想就是知道了自己的无知。所以一读到上面引用的爱因斯坦的这句话，我就记住了。当时身上是不是出了一身冷汗我忘了，但是我肯定感到了羞愧和害臊。“知也无崖，生也有崖”，老祖宗早就认识的真理，我们现在还在夸夸其谈，还不赶快闭上嘴，不亦悲乎？

【案例】

一样的题材，不一样的角度：学会站在财政的角度讲故事

为纪念汶川大地震三周年，《中国财经报》特别策划并重点推出了长

篇通讯《“汶川”重生》。纪念“汶川”三周年，是全国多家媒体都关注与重点策划的重大选题。面对同样题材的选题，《中国财经报》如何写的与别家媒体不同，如何在不同中又要好看，而且有一定的深度，我们必须坚持两个原则：第一要有财政的视角，第二要讲故事。只有好看的故事以及支撑故事的情节、细节，才能让报道好看。我们做到了。

作品从财经的视角，以讲故事的形式，通过运用大量的事实和具有代表性的场景，真实地记录了灾区“脱胎换骨”般的灾后重建成果和百姓生活“一步跨越 20 年”的巨大变化。一个个动人的镜头，一段段感人的文字，告诉了读者这样一个朴素而又深刻的道理：巨变的背后，是强大的国家力量，是 13 亿人的守望相助，这其中与我国的社会制度、政治体制密不可分，更充分体现了社会主义“集中财力办大事”的制度优越性。作品表达方式独特，文字自然流畅，细节生动鲜活，处处流露真情实感，具有很强的感染力、说服力和影响力。

可以说，从财经视角、以讲故事的形式报道汶川大地震灾后重建，全国尚属首篇。因此，《“汶川”重生》发表后，在社会上引起强烈反响，新华网、人民网等全国各主流网站纷纷转载。四川省委、省政府及各大班子领导阅后均给予高度评价，省财政厅还专门给中国财经报社发来感谢信。该作品被中华全国新闻工作者协会评为“5·12 汶川特大地震”恢复重建主题宣传优秀新闻作品，并被收录于《见证奇迹——“5·12 汶川特大地震”恢复重建主题宣传优秀新闻作品选》一书。

我是怎样讲故事的——《“汶川”重生》写作感言

在人们通常的心目中或意识里，新闻报道尤其是财经新闻和讲故事完全是两回事。其实，优秀的新闻报道就应当是生动的故事。换句话说，如果用讲故事的方式写新闻报道，那么新闻报道就能在一定程度上克服死板、生硬、单调、枯燥的毛病，变得吸引人，打动人，感染人，从而易于传播，更收功效。

这篇通讯除了稿件本身题材好外，一个主要原因就是努力跳出以往采写财经报道的固有模式，用讲故事的形式来写财经报道，给人的感觉是平易而引人入胜，易读却发人深思。那么，如何运用讲故事方式撰写财经新闻？怎样才能像讲故事那样，把财经通讯写得鲜活生动，富有吸引力和影响力呢？从长篇通讯《"汶川"重生》的采写来看，应当做到以下几点：

第一，转变观念，跳出固有模式，树立"讲故事"的意识是前提。

目前，很多财经新闻充斥着大量专业术语和冷冰冰的数据，语言干瘪苍白，文风生硬呆板，常常见事不见人，造成财经新闻"外行看不懂，内行不屑看"。因此，如何有效提升财经报道专业水准，为受众提供既专业又贴近的财经报道已经成为一个重要话题。中国财经报社苗总编曾告诉本报记者们，《华尔街日报》对于记者的要求就是讲故事写新闻，因此他们的记者讲故事写新闻的意识很强，形成了一个观念：写新闻就是讲故事。所以我们在平时的采访和写作中，一定要培养这种意识和观念。汶川大地震三周年纪念日前夕，《中国财经报》拟策划一期重大专题报道，反映三年来地震灾区发生的巨大变化，重点体现财政从中所起的作用，以及财政人所做的工作。报社苗总编明确要求，此次报道在形式上要有所创新，从财经的视角，以讲故事的形式，真实记录灾区的灾后重建成果、百姓生活的巨大变化以及财政人的默默奉献。观念的转变，为此次战役报道以"讲故事"的形式奠定了坚实的基础。

第二，深入采访是做到用"讲故事"的形式写财经报道的保证。

充满现场感和典型生动故事的报道，需要记者深入采访，到新闻第一线，不仅要身入，更要心入。采写此稿前，记者便列出了采访及写作提纲，四川省财政厅提供了许多的总结材料，如果不去采访，也可以根据材料写成稿件。但这样的稿件，只能是工作简报式的报道，不可能是新闻报道。为了把这篇报道作为一则好新闻来写，我们把重点放在基层，在一周的时间里，我们先后来到什邡、绵竹、汶川、北川等重灾县以及红白镇、汉旺镇、孝德镇、映秀镇、擂鼓镇等重灾镇，克服山峻路险等重重困难，走村入户，深入百姓，采访了无数位当地的干部群众、援建工作者和学校师生。由于时间紧，我们抓住一切机会，很多座谈都是在饭桌上边吃饭边采访。记者在地震重灾区绵竹市金花镇玄郎村一家农家乐吃饭时，不经意间听镇财政所的同志说到了老板娘刘晓荣的故事，于是趁吃饭工夫，记者专门对刘晓荣进行了采访。地震让刘晓荣失去了丈夫，苦心积累多年刚刚建好的房子也顷刻间化为废墟。然而，生活还要继续。在当地政府的帮助下，她重新建起了一处新房，并在财政的补贴下，开办了一家农家乐。她的故事经本报报道后，打动了一大批读者。同时，从她的故事中，也反映了政府的关怀和财政的作为。所以，正因为把重点放在了群众身上，才了解和掌握了许多感人的故事，这些故事深深地打动了我们，为我们讲故事提供了保证。正是由于采访的深入细致，才使得大量的素材，鲜活地显现在记者的脑海中，并落实到纸面上。可以说，没有深入的采访，就没有这篇通讯的诞生。

第三，选择叙述主线，搭好写作框架，突出文章主题，是用“讲故事”的形式写财经报道的关键。

深入采访，会获得大量新闻素材，这些素材中包括众多人物和事件。但在写财经通讯时，并不能将所有的人物和事件都挤入一篇文章。这些人或事只是一个引子，后面引出的问题或现象才是报道的中心和主题。如何条理、逻辑性地把素材组织成文，显示着一个记者的功力，而如何还原一个真实的故事，需要把所有人物和事件，所有看到、感受到的内容综合再融合。记得当初写完初稿呈给苗总编审阅时，苗总指出了初稿的失败之处：财政主线不明显，思路要调整，并提出了具体的修改意见。按照苗总的要求，本人对初稿进行了重新梳理，思路进行了调整，并明确了叙述主线和具体框架。

说到叙述主线，每一个故事，都有一条主线控制，一般来说，叙述的主线有三条：一是板块递进主线。二是时间主线。三是主题线。其中主题线是集中精力打造从故事中挑选出来的重要信息，主题陈述告诉读者哪些内容是最重要的，可以打乱时间顺序，把最重要的元素放在最前面，围绕主题展开和运用故事。根据文章需要，我们采取的是第三项，即主题线，以财政的巨大作用和财政人的付出为叙述主线——“巨变的背后，是强大的国家力量，是13亿人的守望相助，其中也有我们财政人的默默奉献。”对整个布局重新进行了调整。第一部分：最坚固的是学校，最现代的是医院，写公共基础设施的重建；第二部分：废墟上，重建新家园，写新民居建设；第三部分：要让灾区百姓有活干、有饭吃，写灾区人民的生活；第四部分：产业领跑，发展起跳，写灾区发展；第五部分：资金监管，交出一份合格答卷，写灾后重建资金管理；第六部分：让我们记住这个群体：既是灾民，又是财政人，写财政人的奉献。这样一来，层层递进，环环紧扣，引人入胜，且具有很强的故事性。

第四，多抓细节，运用文字魅力叙述好故事。

用讲故事的形式写财经通讯，唯有大量依靠生动而翔实的细节描写，才能使整篇通讯引人入胜、令人信服。有故事才有可读性，能感动人的不是大而空的道理，而是细节。每一篇新闻报道，尤其是通讯，记者在传递信息的同时，都是为了要表现一个主题，主题是一篇报道的影响力所在，主题靠什么表现，最有效的手段就是细节。穆青曾说，一个好的细节胜过千言万语。想起穆青写的焦裕禄，我们印象最深的是其中有一个细节：焦裕禄用椅子顶自己的肝部以止疼。这就是细节的力量。当然，好细节需要记者的“慧眼”，能见人之未见。

笔者在《“汶川”重生》中，有这样一段细节描写：

“地震了！快往外跑！快去看看家人！”而绵竹市财政局局长王锐，在地震发生的那一刻，却从家里往单位跑，他想到的是大家的安危。他第一时间冲到第一线，冒着余震和楼房随时倒塌的危险投入抗震救灾。父母、妻子、女儿需要照顾，他抽不出时间回家看一眼。当他再次见到妻子时，已是10多天后。望着瘦了一圈、疲惫不堪的丈夫，妻子无言以对。王锐说，不安置好群众，心里不踏实。

还有一个细节：3年来，黄锦生厅长和其他厅领导研究抗震救灾和灾后重建工作坚持“五加二”、“白加黑”，有时甚至通宵达旦。省财政厅所有厅领导跑遍了39个地震重灾县的每一个角落。一段路、一所学校、一座医院、一栋农房，投资多少钱，财政该补助多少，四川省财政厅的很多厅领导、处级干部都了如指掌。

整篇报道中，像这样的细节描写无处不在，细节描写刻画出了人物和事情的特点，丰满了人物的个性，吸引和打动了读者，增强了感染力。

（解希民）

【附：《“汶川”重生》全文】

“汶川”重生

——写在5·12汶川特大地震三周年之际

本报记者　解希民　马忠

谨以此文献给为5·12汶川特大地震抗震救灾和灾后重建作出突出贡献的全国财政人。

——本报编辑部

3年前，这里断壁残垣，举世关注。

3年后，这里一座座新城拔地而起，令人振奋。

“一步跨越20年”——曾有人这样形容灾后重建成果，“脱胎换骨”——人们这样比喻灾区巨变。

巨变如何发生？奇迹背后是什么力量在支撑？奔赴羌山岷水间，我们一路探寻，一路思考……

毫无疑问，巨变的背后，是强大的国家力量，是13亿人的守望相助，其中也有我们财政人的默默奉献。

最坚固的是学校，最现代的是医院

从成都到汶川，从什邡到绵竹，从北川到青川，当我们走过那些曾经令人心酸流泪的重灾区时，不禁被一个个重建奇迹震撼了——

我们看到：民居、学校、医院、福利院、文化设施等等，以一步跨越10年、20年的速度，从废墟里“长”出；

我们看到：在绵延300公里的汶川地震带上，映秀、汉旺、红白……100多个涅槃重生的小镇，如颗颗璀璨的明珠；

我们看到：综合交通枢纽建设突飞猛进，特色优势产业、战略性新兴产业强劲发展……

民生是重建的根本。震后一个月内，中央财政向灾区拨付了第一笔灾后重建资金300亿元，用于灾区倒损农房的重建补贴；一个月之后，中央财政决定建立3000亿元规模的地震灾后恢复重建基金，并在当年安排投入740亿元。

资金投入力度空前，拨付速度前所未有，体现了中央财政对灾区民生的高度重视和无限关爱。

记者从四川省财政厅了解到，在重建资金的安排上突出民生优先，对教育、医疗等民生项目，中央和省级基金予以重点保障，补助标准达到投资额的45%以上，最高的达到77%。中央财政从地震灾后恢复重建基金中安排专项补助资金23.2亿元，专项用于中小学校舍维修加固和教学仪器设备重置。

翻开四川地震灾区恢复重建时间表，调整重建进度，“加快”的主要是民生项目——

震后10天，完成1500多万人的应急安置；震后100天，完成1200多万人的过渡性安置；震后1年内，350多万户震损住房修复加固全面完成；震后1年半，150万户农房重建全部完成；震后2年，26万户城市居民住房基本完成；震后3年内，38个恢复重建重点城镇已经建成，2899所学校、1883个医疗卫生机构相继竣工。

来自四川省财政厅的统计数字显示：截至 2011 年 3 月底，四川省纳入国家灾后重建总体规划的 29600 多个项目已完工 27500 多个，完工率为 93%；完成投资近 8000 亿元，占概算总投资 8600 亿元的 92%。

现在四川有句话："最漂亮的是民居，最坚固的是学校，最现代的是医院，最满意的是群众。"

记者走进绵竹市汉旺镇第二小学，看到师生们在功能齐全的校舍里快乐地学习、生活……俨然一幅生机勃勃的画面。当记者端起相机时，一群天真活泼的孩子围了上来，他们的笑脸定格在了记者的镜头中。

汉旺镇是 5·12 汶川特大地震的极重灾区之一，镇第二小学的教学楼在地震中全部倒塌，包括 21 名幼儿在内的 228 名学生和 22 名教师不幸遇难。地震过后，该校择址另建。2010 年 1 月，师生们从板房搬进了新学校。副校长潘华勤告诉记者，新学校总投资 1800 余万元，设施一流，可容纳 500 多名学生。

走进北京对口援建的什邡职业中专，现代化的教学楼旁，一块黄绿相间的足球场格外显眼。橘红色的塑胶跑道上，学生们正在跑步锻炼。这所学校投资 2.1 亿元，阶梯教室、计算机教室、专业车间、现代化的设施应有尽有。

在北川县人民医院，前来看病的擂鼓镇五星村 71 岁的陈安芳老人简直不敢相信自己的眼睛：崭新的医疗大楼，不仅安装了电梯，还设置了无障碍卫生间。那些过去只有大医院才有的电子胃镜、核磁共振、螺旋 CT 等现代化医疗设备一一齐备，一拨又一拨的农民像过年逛庙会一样来看他们身边的新医院。

该院副院长杨盛友介绍说，大地震使北川人民医院房屋全部倒塌，设备全部损毁，127 名医务人员遇难。2009 年 11 月，选址在永昌镇中心城区的新医院开工建设，不到 1 年时间即投入使用。杨盛友告诉记者，新医院由山东省潍坊市整体援建，总投资 1.2 亿元，建筑面积 2.4 万平方米，编制床位 200 张。

汶川、北川、青川、什邡、绵竹、都江堰……走进灾区，无论是县城还是乡村，民生设施成了当地标志性建筑。在灾区的每一个乡镇，目前至少都有一所学校、一座医院、一个供水站、一个文化中心。这一切，不只让灾区的公共服务设施实现整体跨越，同时也使灾区群众的生活方式发生了历史性的变迁。

废墟上，重建新家园

什邡市红白镇峡马口村，是一个地处大山深处的小山村。沿着一条狭长的公路蜿蜒而上，陡然间，青山绿水中一幢幢依山而建的新民居映入眼帘。

今年50岁的梁崇玲正在庭院里忙着打扫卫生，房前的几株牡丹正绽放着鲜艳的花朵。梁崇玲家共有6口人，地震时家里的房子全倒塌了。她所在的峡马口村95%的农房倒塌，有35人遇难。2008年10月，梁崇玲决定和妹妹一家联合起来重建家园。在政府的帮助下，他们的7间新房很快就建好了，有130多平方米。

“没想到这么快就住上了新房子，而且比过去的漂亮多了。”梁崇玲说。这是一幢披檐阁楼、青瓦白墙的乡村别墅。走进室内，塑钢门窗、实木地板、现代家具、各类家电一应俱全……梁崇玲告诉记者，他们的新房子共花了10多万元，财政补贴了6.6万元，政府贴息贷款4万元，自己只花了很少的钱。

与梁崇玲邻村的王明玉，地震前属于低保对象，没有固定收入。地震后，他家房屋倒塌，当地财政部门积极下拨了农房重建补助资金，王明玉先后领取了财政补贴、北京援建补助和特殊党费补助4.3万元。加上当地村组给予的扶持，王明玉未掏一分钱就住进了新房。

据了解，为帮助解决建卡贫困户和低保户灾后住房重建贷款问题，四川省建立了规模为40亿元的担保基金。

走进地震重灾区绵竹市金花镇玄郎村，如同走进一座“世外桃园”。行走在一排排白墙黛瓦的漂亮小楼间，房前屋后鸟语花香，宛如江南小镇。环境优美的“武进友谊广场”成为村民休憩的好地方，便民服务中心、村民书屋等公共设施一应俱全，堪比现代化新城镇。

村支书孙秀华风趣地告诉记者：“汶川大地震使我们村一步跨越了至少

20 年。”

在灾区采访，那一栋栋农家新居常常让我们流连忘返。从什邡的别墅洋房，到绵竹的川西民居，从汶川的藏式小楼，到北川的羌式小楼，一处比一处漂亮。曾经满目疮痍的 100 多个重灾乡镇，转眼间大多变成了美丽的田园小镇，一步跨越 10 年、20 年。

要让灾区百姓有活干、有饭吃

今年 43 岁的董德，是映秀镇中滩堡村 4 组村民。3 年前，地震让他失去多位亲人，包括他的一双儿女。去年腊月，董德一家搬进了如同别墅区一般的映秀镇新居，那是一栋藏羌味浓郁的 3 层别致小楼。利用底楼，董德开了家土特产专卖店。

“生意好的时候，一天能挣几十块甚至上百块。”董德说。陪同采访的汶川县财政局副局长张多文告诉记者，为了让搬进新居的老百姓有活干、有饭吃，在规划建设新民居时，专门设计了商住一体的格局。“这种下店上寝的布局方式让很多群众在居住的同时，实现了增收就业。”张多文说。

大山深处、一片郁郁葱葱的新绿之下，刘晓荣的农家乐生意异常火爆。

地震让刘晓荣失去了丈夫，苦心积累多年刚刚建好的房子也顷刻间化为瓦砾废墟。然而，生活还要继续。2010 年初迁入新居后，刘晓荣决定开办一家农家乐。在当地政府的帮助下，去年 3 月 28 日，刘晓荣的农家乐正式开业了，取名为“玄郎人家”。

刘晓荣说，开业那天，镇财政所专门送来了 2000 元的“红包”，说是政府补贴，这让她感到很惊喜。刘晓荣告诉记者，从建房到开农家乐，财政共给了他们一家 4 万多元的补贴，政府还帮助贷款 3 万多元，由财政贴息。后来，刘晓荣专门请人制作了一块牌匾，上书：“党比母亲还伟大”。

灿烂的阳光下，什邡市方亭街道上，44 岁的廖玉秋正骑着自行车巡街。她的手臂上戴着“卫生监督员”的袖章。因灾失去工作的她，十分热爱这份工作。正是通过由财政埋单的公益性岗位，她的生活逐步有了好转。

和廖玉秋一样，万千灾区群众瞬间失去生活来源。应急响应实施就业援助——四川省迅速扩大公益性岗位认定范围，通过财政出资购买岗位，因地制宜，及时开发出伤员看护、余震监测等20多类共19.7万个公益性岗位。

地震的“阵痛”后，免费就业培训、创业带动就业……一系列促就业、保民生的新政接二连三地出台，让灾区群众在困难的外部环境中享受到了政府带给他们的稳定与信心。

“你摔倒了，有人扶你时，你自己也要用力撑，这样才能尽快站起来！”说这话的是北川县擂鼓镇胜利村村民韩玉梅。

北川羌绣制品厂门前，韩玉梅坐在一张小凳上，专心绣着香包。据说这种手工羌绣很受市场欢迎，一个香包可以获得80元的收入。韩玉梅说，震后不久，她便主动参加了由财政埋单的羌绣培训，就业后1个月能赚到800多元。虽然生活还不富裕，但她的心里踏实了不少。

为了让老百姓“住得下、能发展”，灾区各地频出新招——什邡市红白镇以奖代补鼓励发展生态旅游业，农民种植1亩茶叶财政补贴600元，1亩猕猴桃补贴1000元，灾毁耕地复垦每亩补贴3000元，开办三星级农家乐财政奖励2万元。

绵竹市金花镇玄郎村人重拾画笔，还办起了年画传习所，搞起年画游。过去，年画是手艺、是文化，现在，它更是玄郎人增收的门路。

龙门山下，这样的“年画村”鳞次栉比，与新近种植的万亩玫瑰园、葡萄园、茶园一起，共同构成一条长约几十公里的沿山产业带。在当地人眼中，这就是未来的“东方阿尔卑斯”。

“我们对未来充满信心！”绵竹市孝德镇“年画村”的“盖碗茶”老板杨继才说得很有底气。杨继才告诉记者，他家5口人，修了10间房子，新房花了不到20万元，财政补了5.2万元，政府担保贷款3万元，现在还有3亩田，家里子女外出打工，自己和老伴则在家开茶馆。投资仅1万多元的茶馆自2009年5月12日开张以来，每天的营业额有几百元，1年下来能挣3万多元。

据了解，四川人民在接受各项援助的同时，感恩奋进，不等待、不依赖、不观望，自己动手，奋发图强，重建家园。灾区群众激发出空前高涨的积极主动意识，从内心深处喊出了“有手有脚有条命，天大困难能战胜”、“出自己的力，流自己的汗，自己的事情自己干”的口号，艰难困苦、玉汝于成，流血流汗、自强不息的精神在天府大地发扬光大。

产业领跑，发展起跳

灾后重建，既是一场“强筋健骨”的重生历程，更是一场“脱胎换骨”的发展洗礼。东汽汉旺老厂的时钟，永远定格在那悲情一瞬，而灾区发展振兴的脚步一刻也没有驻留。

在什邡市湔氐镇下院村，清一色标准化的猕猴桃园漫山遍野，星星点点的猕猴桃花透出芳香。

“地震前，我们的猕猴桃只有400亩；地震后，已经发展到了2000亩。”下院村村委会主任李炳其感慨地说：“这多亏了财政部门帮助我们在村里建起了猕猴桃展示中心、猕猴桃主题公园和猕猴桃长廊，再加上财政出台了每发展1亩猕猴桃补贴1500元的补助政策，吸引了业主来流转土地带动村民发展猕猴桃。”

据什邡市财政局局长张肇梧介绍，灾后3年，什邡市农业发展经历了“三级跳”：2008年，基本恢复农业生产能力；2009年，农业生产和农村经济恢复到震前水平；2010年，扩大猕猴桃、食用菌等特色农业规模，农民年人均纯收入达7324元，比2007年提高2000元以上。

除了农业，工业重建也紧锣密鼓。四川宏达股份有限公司是什邡市的财源支柱企业。该企业在大地震中遭受重创，生产经营陷入困境。什邡市财政局了解情况后，特事特办，在认真履行相关审批程序后，从工业企业产业恢复重建资金中及时拨付给该企业迁建补助资金3000万元，从而帮助企业恢复生产，走出困境。

阿坝铝厂，也曾是一个让人伤痛的名字。地处汶川县漩口镇，与映秀镇相邻，是离地震中心最近的工业企业，也是阿坝州最大的工业企业。

为帮助企业恢复重建，四川省财政等有关部门积极协调金融机构，对该企业恢复生产急需的维修和流动资金融资贷款给予大力支持。如今的阿坝铝厂，产能从震前的1.9万吨提升到14.2万吨。

据了解，为减轻灾区企业和社会负担，四川省对纳入国家规划的39个重灾县3年内免收8项政府性基金、免收22项行政事业性收费，预计3年可减轻灾区社会和企业负担15.3亿元。目前，四川省2440个受损的规模以上工业企业已恢复生产99.5%。

走进人来车往、建设正酣的北京——什邡产业园，才知道什么算是真正的大手笔。在北京市的援建下，什邡市财政投入3亿多元高标准建设园区基础设施，将7.8平方公里河滩荒地变成了配套完善的产业园。为了增强灾区的“造血”功能，北京市财政等有关部门先后组织了6次招商引资推介会。截至目前，产业园工业企业总数达到95家，2010年完成工业总产值100.6亿元。

对口援建变对口合作，与援建省市共建工业园，搭建共同发展平台，成为灾区产业重建新模式。

如今，18个受援县市都与援建省市建起了产业合作园区。行走在一个个援建产业园，感受到的是灾区未来发展的强劲脉动。

产业领跑，发展起跳。灾区产业正在走出一条由小到大、由弱到强的重生之路。去年四川省6个重灾市州工业得到恢复性增长，灾区财政收入触底后在较短时间内实现较快增长。2008年—2010年3年重建期间，39个地震重灾县地方一般预算收入年均增幅达44%，高于全省县级平均增幅16个百分点，整体已超过2007年震前水平。各项重点支出特别是民生支出保障有力，与震前2007年相比，39个重灾县教育支出增长65%，社会保障支出增长100%，医疗卫生支出增长140%。

以记者走访的绵竹市为例，该市提出了“两年重返全省县域经济十强、三年再造一个绵竹”的发展目标。在短短2年多时间里，绵竹财政收入走出低谷，达到并超过震前水平。2010年一般预算收入实现5.69亿元，同比增长70.4%。

产业上马，就业扩大，灾区群众的收入不断增加。去年，39个地震重灾县城镇居民人均可支配收入和农村人均纯收入，已超过震前水平。

资金监管，交出一份合格答卷

灾难，不仅考验财政人的勇气和责任，更考验财政人的智慧和能力。

当一笔笔重建资金和一个个援建项目源源不断地涌向四川灾区时，资金监管成为考验当地财政部门的一个重大课题。

令人欣慰的是，四川省财政厅交出一份合格的答卷：在应急抢险阶段，全省没有任何地方因为财政资金不到位而影响抗震救灾；在灾后重建阶段，全省没有任何地方因为财政资金不落实而影响规划重建项目的开工建设。

谈到灾后重建资金管理，四川省财政厅厅长黄锦生坦言“压力大、紧迫感强”。压力和紧迫感来源于时间紧、任务重、要求高；重建资金来源渠道多，带来的资金申请工作量大；援建工程进度快，要求资金拨付必须快；援建项目优化设计，带来资金预算变化大；援建项目集中建设，资金监管难度大。

为加强灾后重建资金监管，财政部还特别安排经济建设司的周法兴同志赴四川省财政厅挂职副厅长。

3年来，黄锦生厅长和其他厅领导研究抗震救灾和灾后重建工作坚持“五加二”、“白加黑”，有时甚至通宵达旦。省财政厅所有厅领导跑遍了39个地震重灾县的每一个角落。

一段路、一所学校、一座医院、一栋农房，投资多少钱，财政该补助多少，四川省财政厅的很多厅领导、处级干部都了如指掌。

据了解，为确保重建资金安全高效使用，四川省财政厅从建章立制入手，“剑指”资金监管。在预算管理方面，要求各级政府安排的恢复重建资金，必须纳入财政预算管理；在资金拨付方面，要求恢复重建资金必须由财政部门按照国库集中支付有关程序拨款；在财务管理方面，要求恢复重建资金做到专款专用，单独建账核算，按规定的标准开支；在捐赠资金管理方面，开设专户进行管理；在特殊党费管理方面，实行专户管理、专账核算；在融资创新资金管理方面，制定了《四川省地震灾后恢复重建融资创新资金管理办法》，通过注入投融资平台，建立贴息、担保和奖励基金，投资补助等方式，解决规划内项目的资金缺口；在竣工项目财务决算审批和结余资金安排使用方面，提出了“重建资金的利息收入、项目结余资金，按预算程序和相关政策规定安排用于规划内其他项目建设”的规定。

值得一提的是，为了让每一分钱都要花得清楚明白，四川省财政厅研究开发了“灾后恢复重建项目资金管理信息系统”，借助现代化的信息技术手段，实现了对项目资金的适时在线监管。

在四川省财政厅重建办，记者打开该系统，轻轻一点鼠标，规划内的所有重建项目一目了然，既包括项目类别、项目名称、项目事权、建设方式、建设内容，又标有总投资、年度投资、资金筹集、开竣工日期和建设进度等基础信息。系统还设置了财政性资金分类控制数约束功能，资金分配和拨付只能在分类控制数额度进行，不能擅自修改。

“这样一来，就避免了资金用于规划外项目、超计划使用资金问题的发生。”工作人员告诉记者。

“效果是显而易见的。”黄锦生表示，经过全方位、多层面的审计检查，全省灾后重建资金使用管理没有发现大的违纪违规问题。

既要保证资金快速拨付，又要确保资金使用安全，同样使灾区的基层财政人感受到了压力。

面对一个个投资额巨大的灾后重建项目，什邡市财政人敏锐地意识到，建立自己的财政投资评审中心，审减不合理、不合规的财政支出，成为当务之急。于是，借外脑，求援助，招能人，2009 年 3 月，由 5 名专业人员组成的什邡市财政投资评审中心应运而生。短短 2 年时间内评审项目 443 个，审定金额 41.41 亿元，审减金额 3.3 亿元。

“干了一辈子财政工作，财政人从未经手过现金，但由于地震后整个金融系统瘫痪，不得不手工清点几千万元现钞。”说这话的是绵竹市财政局局长王锐。据了解，为加强资金监管，绵竹市财政局建章立制，出台了灾后恢复重建资金和物资监督管理办法、“特殊党费”使用管理办法等一系列规章制度。对于每一笔救灾资金都要经过“六关”：乡镇党委书记、市长、抗震救灾指挥部负责人、财政局长、会计，最后由当事人按手印。

“特殊时期，资金监管不能搞‘特殊’。”王锐说。

让我们记住这个群体：既是灾民，又是财政人

到达四川后，记者很想去北川县财政局采访，但又犹豫不决，真的怕触痛他们悲伤的记忆。3 年过去了，43 名财政干部永远地被埋在了废墟下，而幸存的 43 名财政干部不知现在过得好不好，当初无一个完整家庭的他们是否又开启了新的生活。

感动，无法忘却。走进北川县财政局临时借用的办公场所，让我们再来认识一下这些可敬可爱的基层财政人吧——

他叫周甫，北川县财政局局长。地震发生后，周甫被埋在倒塌的废墟中，当他艰难地自救脱身后，没有去寻找自己的亲人，而是义无反顾地冲进废墟中，搜寻幸存人员，硬是将 10 名同事从死神的魔爪中夺了回来。别人得救了，但他心爱的妻子却永远地离开了他，至今还被埋在废墟中。

在灾后重建的特殊时期，周甫不顾自己受伤的身体，强忍失去爱妻的悲痛，在居无定所的困境下，重新搭建起保障有力的收支管理平台。由于他对特殊情况的应急处理及时，自始至终，北川县没有任何地方因为财政资金支付问题而影响救灾和重建。

接下来要介绍的是一名同时失去了幼女和母亲的财政人。他在大难来临之时，为了更多的母亲和孩子，忍住巨大伤痛，恪尽职守，用自己的肩膀分担起更多人的苦难。

他就是朱福勇——现任北川县财政局纪检组长，是一位羌族汉子。地震发生时，朱福勇正在县里参加一个会议，当他从会场跑出来后，没有回家去看一眼，便冒着余震和山体滑坡的危险，迅速赶往单位参加救灾。途中，当他经过县机关幼儿园时，发现有许多老师和孩子被埋在了废墟里，便毅然加入了

抢救之中，亲手救出了6名幼小的生命。而当时他的母亲、妹妹和3岁的女儿等11位亲人却还都被埋在废墟之中。事后，当他从幸存者的口中得知，他的母亲和女儿当初还活着，并且一直在呼唤他的名字时，那一刻，朱福勇心如刀绞，这也成了他心中永远的伤痛……

“天塌了也不要哭，要用肩膀顶住。”羌族汉子、北川县财政局国库股股长李福贵就是靠着这股韧性，在失去爱妻和儿子的巨大悲痛中坚持工作。在地震中李福贵身受重伤，绵阳市中心医院鉴于他伤势严重，要他转院到重庆进行治疗，被他婉言谢绝。因为他所在的原本3个人的国库股中，只有他1人幸存。在得知局里工作恢复运转后，李福贵强行出院，拄着拐杖，缠着绷带，穿着铁背心，一头扎进了救灾工作中……

今年51岁的熊玉兰如今身兼数职——北川县财政局主任科员、投资股股长、评审中心主任、重建办主任、工会副主席。大地震使得她全身遍体鳞伤、双腿4处骨折，左大腿皮肤坏死。她在北京做完手术不久，不顾医生和家人的劝阻，毅然回到北川，一人承担起了多项工作。

灾难发生后，北川财政人擦干眼泪，忍着失去亲人的伤痛，积极投身抗震救灾一线。他们第一时间统计受灾群众人数和上报灾情数据，积极筹措和拨付抗震救灾资金物资。很多财政干部在简易的帐篷里一住就是几个月。没有办公场所，他们在路边临时搭设，重新开设新账户，启动新印鉴。

北川灾后重建规划内项目总投资高达218.98亿元，数量巨大，来源渠道广泛，涉及部门众多，管理情况复杂。对此，北川财政人突破常规，与时间赛跑，在短时间内建章立制，恢复并完善了财政资金监督管理系统，保证了资金的安全运行。

“地震了！快往外跑！快去看看家人！”而绵竹市财政局局长王锐，在地震发生的那一刻，却从家里往单位跑，他想到的是大家的安危。他第一时间冲到第一线，冒着余震和楼房随时倒塌的危险投入抗震救灾。父母、妻子、女儿需要照顾，他抽不出时间回家看一眼。当他再次见到妻子时，已是10多天后。望着瘦了一圈、疲惫不堪的丈夫，妻子无言以对。王锐说，不安置好群众，心里不踏实。

邹志勇、王慧、白敏、单木真、杜廷才、王俊、张雯、陈龙玉……一个个熟悉的名字、一个个忙碌的身影、一张张疲惫的面容，深深感动着无数受灾群众。他们还有一个响亮的名字——财政人，他们是英雄的群体，他们的背后是财政人的责任和奉献。

“谢谢”如今已成为灾区人民的口头禅

在什邡市红白镇镇口，竖立着一块巨石，石上刻有3个红色大字：“感恩石”。从巨石处往下看，一条巨幅标语映入记者眼帘：“感谢党和政府，铭记北京恩情。”

几天来，穿行于地震灾区，给记者印象最深的莫过于一幅幅写有“感恩”字样的标语了。“党恩凝聚人心，互助体现真情”、“情深似海，恩重如山”、“滴水之恩，涌泉相报”等标语随处可见。与灾区百姓交谈，使用频率最高的一个词是“感恩”，听得最多的是“谢谢”。“谢谢”这两个字如今已成为灾区人民的口头禅。

对口援建，为灾区群众揭开了幸福生活的新篇章。对此，他们看在眼里、记在心里。灾区人民懂得感恩，他们用“谢谢”这种最朴素的方式来表达对兄弟省市的爱。

去冬今春，山东出现大旱，四川省委书记刘奇葆对此作出重要批示：“山东大旱，四川人民感同身受，我们要全力支援抗旱救灾，回报山东人民对四川抗震救灾斗争的倾情援助。”

今年2月10日，四川近千名突击队员紧急行动，在四川省常务副省长魏宏的带领下，日夜兼程千里驰援山东打井找水。“援助山东抗旱打井是一次感恩行动，是一次回报山东人民的最好机会!”突击队员说。“感恩驰援，解‘渴’齐鲁大地”，200多口抗旱水井既是回报，更是友谊的见证。

黄锦生厅长代表四川省财政厅特意通过本报表达对中央财政及全国财政的感恩之情：“我们永远铭记，在抗震救灾和灾后重建中，财政部给予的深切关怀；我们永远铭记，在抗震救灾和灾后重建中，兄弟省市财政系统的倾情支援；我们永远铭记，在抗震救灾和灾后重建中，社会各界的爱心汇聚。”

灾区人民不会忘记，地震发生后，当他们还没有来得及呼救的时候，中央财政5亿元的救灾补助资金已经紧急到位；当成群结队的灾民惊恐未去、开始为生活发愁的时候，巨额的补助资金让他们不再发愁；当灾区供水急待恢复、堰塞湖险情不断的时候，20多亿元的抢修应急资金如雪中送炭；当成千上万的灾民无家可归、盼望早日重建家园的时候，中央财政250亿元的重建资金和兄弟省市的援建资金源源不断；当四川为重灾区财政基本保障感到焦虑的时候，20多亿元的综合财力补助让他们特别的踏实……

灾区人民不会忘记，在灾后重建阶段，中央财政安排四川2203.43亿元的中央财政恢复重建基金、64.5亿元的过渡期财力补助，代发地方政府债券360亿元，为四川灾后重建的顺利推进提供了坚实的资金保障。

灾区人民不会忘记，震后37天，国务院制定《汶川地震灾后恢复重建对口支援方案》，统一部署对口支援任务，创新提出“一省帮一重灾县，举全国之力，加快恢复重建”，成为集中人力、财力办大事的“汶川样本”。

灾区人民不会忘记，在18个援建省市和灾区人民的共同努力下，目前，3663个对口援建项目已建成3617个，已完成投资762.58亿元，已到位对口援建资金776.6亿元；香港、澳门特区政府分别给予了四川省100亿港币和55亿澳门元的资金援助。港澳援建295个项目已开工289个，完工50个，已到位资金99.3亿元。

灾区人民不会忘记，亿万中华儿女的心时刻牵挂着灾区。地震发生以来，四川省共计收到社会各界捐赠资金201亿元，中国共产党特殊党费资金80.3亿元。

在18个省市的对口援建下，一条条宽敞的公路，一座座耸立的桥梁，一个个美丽的城镇，一幢幢崭新的建筑，一栋栋漂亮的民居，从废墟上拔地而起……如同一座座丰碑，树立在了灾区人民的心中。

与黄锦生厅长的感恩之情不谋而合，在什邡，一首由当地财政局组织创作的感恩歌曲深深地打动了记者——

洒一路古道热肠
都留下你的坚定力量
唱一路欢歌悠扬
都记着你的情深意长
走一路鸟语花香
都印着你的真心守望
铺一路惠风和畅
都彰显你的激情飞扬
……

【案例】

环北京经济圈系列报道的策划及实施过程

策划背景：2010 年春天，两会还没有结束，中国财经报社副总编辑苗福生给河北记者站李毅主任打来电话，商量一起围绕环北京经济圈做一次深入的系列报道。报社的想法与我们的想法不谋而合。一直以来，我们也想找一个合适的机会，就北京周边的河北市县经济发展情况做一次深入的调查。值得我们思索的是，为什么北京周边的河北市县经济一直处于贫困状态，与首都经济社会发展形成强烈反差的原因究竟是什么？河北这么多些年以来，为首都的饮水、风沙治理、社会稳定、经济发展、老百姓生活的改善可以说作出了特别大的贡献乃至牺牲，改革开放已经 30 多年，河北这些市县的经济社会发展水平依然不容乐观，作为新闻人，我们不该视而不见。但是，要碰这个题目，也需要合适的机会。中国财经报这个时候计划选择这个选题，应该说，时机非常好。第一，在这次两会中外记者新闻发布会上，温总理深有感触地说：中国城乡发展不平衡、地区发展不平衡，再加上人口多、底子薄，不少地方差距还很大。他举例说，就在北京150公里以外的河北滦平县，群众虽然这些年来生产生活条件有所改变，但依然与北京有很大的差距。温总理的关怀体现了中央政府对河北经济社会发展的高度重视。第二，中央提倡科学发展观，地区协调发展，河北市县与首都的差距，应当引起我们的关注，虽然改变这种状况尚需时日，但是，它必须被提出来，引起社会及决策部门的关注，第三，2010年年初，有关部委正在研究制定“十二五”规划，国家发改委正在研究制定“京津冀都市圈发展规划”。为全面客观地反映环北京经济圈河北各县（市）经济社会发展取得的成就、存在的困难，赢得中央及国家各部委对河北经济社会发展的支持，这个机会很好。新闻策划就需要在关键时刻，抓住关键时机。

报道内容的确定：有了好的策划，还要有好的实施方案。即便我们有了环北京经济圈这样的报道大思路，但是，从什么角度着手，以期达到什么样的报道效果，这个也很重要。我们和报社苗总进行了很好的沟通。考虑到报道选题的敏感性，我们初步定下了一个新闻报道的基调：就是如果过多报道这些市县的贫困与落后，容易给人以消极的感觉，这也不符合实际。实际情况是，这些地方虽然与首都等发达地区相比存在很大的差距，但是，与自身历史比，应该说，取得了不小的成绩和变化，因此，我们的报道，既要客观反映一定的情况，也要写当地政府与百姓面对困难的积极应对与勇气，特别是针对各市县自身的特点与发展定位，浓墨重彩地写他们为首都经济作出的重要贡献。新闻应该看到问题，面对问题，但不能有太多的抱怨，而是要给人以鼓舞、给人以勇气、给人以希望、给人以感动。有了这样的角度，我们的报道选材、选点、角度就有了一个明确的方向。毕竟，新闻战役报道，不是一两个人能够完成的，它需要一个团队，而作为团队，必须让每一个人明确我们的选题方向与写作角度。否则，如果方向不明，任由记者发挥，这个战役报道就会跑调，也很难在报纸上形成规模效应。

组织落实。当我们将这个策划的想法向财政厅领导汇报后，得到了厅领导的大力支持。

2010年3月31日，我们下发关于组织开展“环北京经济圈见闻”系列报道的通知。通知主要内容：为全面客观地反映环北京经济圈河北各县（市）经济社会发展，赢得中央及首都各单位对河北经济社会发展的支持，河北省财政厅新闻中心会同中国财经报社（后又会同《新理财》杂志社），对有关县（市）进行系列采访报道。采访对象及主要内容：采访环北京经济圈的张北县、滦平县、丰宁县、围场县、三河市、迁安市、易县等7个县（市）近年来经济社会发展现状、取得的成就、存在的问题、发展战略，以及为保护首都北京的蓝天、清水和环境所作出的贡献；采访近年来财政支持经济社会发展的投入情况及投入结构变化情况，惠民工程落实情况。采访时间及路线：采访时间定于4月8日—16日，在每个县（市）采访时间不超过2天。采访一组路线：张北县—易县—迁安市—三河市。采访二组路线：丰宁县—滦平县—围场县—省厅及有关厅局。

在人力配备上，中国财经报社为这次报道也精心挑选了精兵强将。苗福生副总编辑亲自带队，报社新闻部主任齐玄江，文字记者解希民、宋凯、罗荀，摄影记者余波，河北这边，李毅主任和我本人一起上马，分成两个报道组，兵分东西两路。从4月初开始，对环北京经济圈的7个县（市）进行了系列采访，并于5月6日—25日，以“环北京经济圈见闻”为主题，环北京经济圈见闻系列报道全部9篇稿件相继在《中国财经报》重要版面刊发。具体内容是：6日刊发《丰宁：告别风沙迎“风宁”》,7088字；8日刊发《坝上崛起新张北》，6744字；11日刊发《易县：对接京津大“提速”》，3571字（原稿6291字）；13日刊发《滦平转型》，3144字（原稿5234字）；15日刊发《围场：从一棵树到森林的海洋》，3523字（原稿5380字）；18日刊发《三河打造与北京无缝对接》，3604字（原稿4957字）；20日刊发《迁安：加速转型提升求发展》3216字；22日刊发苗福生副总编辑撰写的评论员文章，《改变京津周边贫困带需要新思路》，1659字；25日刊发《河北对接京津迈上高速路》，3040字；已发文稿共计3.5589万字。以“环北京经济圈见闻”为主题的9篇报道，既全面反映成绩，又客观地介绍河北对首都发展稳定作出的巨大贡献。

每年两会之后，一般都是新闻淡季，我们策划的这组系列报道，形成了淡季不淡的新闻报道局面，产生了良好的社会反响。

战役报道产生的社会反响

报道被新浪网、人民网等多家网络媒体转载，并引起许多专家学者的高度关注。随后，在《新理财》杂志，以"'环北京经合区'畅想"为主题，组织了11篇文章，对京津冀一体化发展问题进行了多角度深度挖掘报道。一方面继续宣传报道河北对北京的付出和担当，以及河北对接京津的努力；另一方面，邀请两院院士吴良镛、京津冀经济圈课题组成员赵亮等8名专家学者，从经济体制、行政体制、财政体制、长三角和大伦敦经济圈经验等多个视角解读环首都经济圈发展问题，并提出了很多好的建议和构想。

环北京经济圈系列宣传报道分别报给厅领导和省领导，立即得到领导批示。

6月13日，时任财政厅厅长齐守印等厅领导对环北京经济圈宣传报道相继作出批示。齐守印厅长批示：这项系列报道立意确实高远，对配合我省对接京津，加快发展和争取中央支持具有积极意义。高志立副厅长批示：这组报道紧贴省委、省政府的战略部署，展示了宽阔的视野和深刻的内涵，从老话题中挖掘出了新价值。赵文海副厅长批示：呈齐厅长及各位厅领导阅示。建议报省委、人大、政府、政协领导参阅。新闻中心组织的这一系列报道，立意高远，时机得当，有一定深度，可称为"大手笔"，望继续进行更广、更深的追踪挖掘，特别是财政体制、政策方面的作用要深入探寻、宣传。

6月20日—28日，时任省委书记张云川等省领导相继作出批示。20日，省长陈全国批示：请志方同志组织有关部门研究。22日，省委书记张云川批示：财政厅做法很有影响。22日，省人大副主任王增力批示：环北京经济圈宣传报道卓有成效。建议我省在推动京津冀一体化中应争得主动，首先搞好经济一体化的谋划布局。23日，省委常委、省委宣传部部长聂辰席批示：请永山、国珍阅研借鉴，积极做好环北京经济圈宣传报道。并就推动成立"京津冀都市圈发展论坛"事宜，请有关方面提出意见。6月25日，省委常委、常务副省长付志芳批示：请发改委参阅。

环北京经济圈系列报道报省委宣传部后，被复印给了《河北日报》、《河北电视台》等省内重要媒体。自此，河北各大媒体掀起了一轮宣传环北京经济圈的报道高潮。

2011年12月12日，在财政部第十届（2009—2010年）全国财政好新闻评选中，环北京经济圈系列报道获财政好新闻一等奖，并获得来自《人民日报》、CCTV、《新华社》的评委和财政部办公厅领导的一致好评。

2012年，河北沿海地区发展上升为国家战略，京津冀区域经济一体化、首都经济圈纳入国家“十二五”规划，冀中南地区列为国家重点开发区域，首都新机场将在北京和廊坊交界处兴建，百家央企与河北省签订11800亿元投资意向正在逐步落地，这充分体现了党中央国务院和国家各部委对河北经济社会发展的关心和厚爱，河北经济社会发展迎来了千载难逢的历史机遇！

（河北省财政厅新闻中心副主任　黄奎）

下面是配合环北京经济圈系列报道，发表在《中国财经报》上的评论员文章：

改变京津周边贫困带需要新思路

距离首都150公里外的河北北部山区县是贫困的。按说，在我国广大的中西部地区比这里更贫困的地方还有很多，但是，因为这里地处北京周边，它的贫困以及由此引出的贫富反差更引人关注。事实上，早在10年前，亚行的一份研究报告就曾经用京津周边贫困带一词对此进行过描述，而在今年两会的中外记者会上，区域发展不平衡问题再度受到温家宝总理的高度关注，温总理在回答一位外国记者提问时，就意味深长地表示，北京、上海不代表中国的全部，中国还有许多落后地区，北京150公里外的河北滦平县就很贫困。

前不久，我们中国财经报的两个报道组分两路，对环绕北京周边的7个县进行了深入的采访。报道组走村进户，还特别到了温总理不久前到过的滦平县的农民苏洪喜家。我们感受到了这里的进步，特别是感受到了近些年一项又一项惠民政策所取得的实效，但也不可否认，这里总体上还是贫困的，有些乡村甚至相当贫困。比如，丰宁县小坝头乡，这里是离北京最近的风沙源，这里有的村民吃水还要到几里之外去拉水，每个村子都有几个因为贫困娶不起媳妇的光棍，孩子上学要跑十几里路。贫困，当用文字和数字来表述的时候，它是那样的苍白与抽象，而我们肉眼看到的贫困却是那样的具体，它几乎体现在当地农民吃穿住行的每一细节当中，因为我们刚刚从繁华的北京过来，因为我们走过来的路途只有100多公里，所以这种反差更让我们震撼。我们曾到过一些发达国家，我们体会最深的是，发达国家的发达不是仅仅体现在几个著名城市的高度发达上，而是从城市到乡村，你感觉不到如此强烈的城乡差距和地区差距。或许，这正是我们与发达国家之间的差距，或许，这正足以说明我们还是一个欠发达的发展中国家吧。

不可否认，京津周边贫困带是一个特殊的现象。一般而言，守着一座大城市，其周边基本上都会形成一个由大城市带动小城市的经济繁荣的城市群，人们因此称之为大城市经济圈。生机勃勃的长三角如此，珠三角如此，我国许多区域性的中心城市特别是一些省会城市周边形成的经济带也是如此。而围绕在京津周边的河北一部分市县，相对而言，却显得黯然失色，有些违背常规。我们不否认，眼下北京周边已经出现一些市县充分利用地缘优势，积极对接京津，表现出相当的发展活力与后劲，但总体而言，大多数市县还是比较贫困。

地区贫困的形成有其复杂的原因，有地理位置的、自然禀赋的、政治军事的、政策体制的、历史文化的等多种因素，每一个因素中还包含了若干子因素。但是不管怎么说，这些地区在为两大都市的环境保护、风沙治理、水源涵养、食品供应，尤其是维护稳定方面作出了长期的、巨大的贡献，我们不应该忘记。我们报道组走到潮河水源头的时候，想到了饮水思源这个词。

据说，北京人喝的三杯水当中，有一杯来自潮河。而天津人的生活用水则主要来源于滦河。饮水思源是感恩的意思，作为北京人，的确应当感谢这里的人们。在这里采访，我们为这里普通百姓的任劳任怨、吃苦耐劳、通情达理、知足乐观、大局为重等优良品质所深深感动。

我们应当感谢这里的人们，但更关注这里如何走出贫困，走上致富之路。在河北相关市县采访，我们与各方人士进行了认真的探讨，令人欣慰的是，不同市县的主要领导对当地的认识是客观、清醒的，都有自己的发展思路和定位，也基本形成了一个共识，那就是紧紧围绕京津这两个大都市作文章。从近几年的实践看，有的地方已经取得实效，有的地方也展现出了美好的未来前景。如果站在这些市县的立场看，不能说，他们的思想不够解放，步子迈得不快，但是，站在京津冀乃至整个国家发展这样一个更宏观的战略层面看，这些地方要加快发展仍需拓展视野。我们以为，站在行政区划的角度看，北京、天津、河北都面临着自己发展的瓶颈问题，从某种程度上说，都存在着相互依存，谁也离不开谁的关系问题。但是，行政区划本身的局限又影响了彼此之间的均衡、协调发展。也许，打破行政区划的樊篱，真正形成京津冀一体化的共同协商机制、公平合理的财政纵横转移机制，才是走出京津周边贫困带的破题之举，而这，显然不是河北一家可以办到的，它需要更高层面上的大手笔。

（作者：苗福生）

第九章
角度——找到最佳切入点

导　读

靠近读者最近的切入点，就是新闻写作最好的切入点。每位新闻写作者在动笔之前，一定要认真地问自己，我的这篇新闻读者感兴趣吗？那么，紧接着值得思考的问题是，读者感兴趣的角度在哪里？

新闻之所以重视角度问题，与它的市场竞争以及它的生命周期有关。

新闻写作讲究角度，在评价一篇新闻作品时，我们通常也会把角度这个词挂在嘴上。到底什么是新闻的角度，新闻写作为什么要讲究角度？

所谓角度，其实就是找到最能引起读者对新闻事实感兴趣的切入点，角度体现写作者观察问题的独特视角。新闻之所以重视角度问题，与它的市场竞争以及它的生命周期有关。在市场激烈竞争中，在极短暂的时间和极丰富的信息中，读者凭什么要选择读完你的这篇新闻？因此，一个让记者在写作前绞尽脑汁、倍受困扰问题，就是如何找到一个读者感兴趣的切入点。这就是新闻的角度。

衡量新闻角度好不好的标准，应该是以能否调动起读者的阅读兴趣为标准。一般而言，这样的几个切入点更容易引起读者的兴趣：一是容易使人们记住的具体事物，尤其是细节；二是满足读者需求与好奇心的内容；三是调动人们积极情绪的人情味。

2011年，中国有关方面制作的两个关于中国形象的广告片先后登陆欧美以及亚洲等国际传媒。一个是以“中国制造”为主角的广告。这则广告由商务部提供资金，于2009年底，在北美、欧洲和亚洲的电视、网络上播放，其中在美国有线电视新闻网络（CNN）播放了6周、在英国广播公司（BBC）播放了5周。

商务部并未给出这则广告的播出费用，但据凤凰卫视时事评论员曹景行估计，仅在CNN的广告投入就可能高达上千万元。

——广告创意从欧美国家人们的日常生活切入：跑步者在林间跑过，跑鞋上印有糅合“美国科技”的“中国制造（Made in china）”；家庭主妇取出冰镇果汁，她的冰箱是融合欧洲风格的“中国制造”；不仅如此，女孩腰间使用“硅谷软件”的MP3；“法国设计师设计”的时装，都可以看到“中国制造”的字样……

耗资甚巨，这则广告的效果如何？欧美观众是否买账？香港浸会大学传理学院孔庆勤博士在2011察哈尔公共外交年会上公布了她的调查报告。孔庆勤认为这一广告总体有效，而带来这一结果的主要原因是“广告踏实，用事实说话”。

孔庆勤博士介绍，中国商品在外国的整体形象并不理想，常被贴上质量差、低端等标签。对此，商务部在欧美媒体上推出“中国制造，携手世界共同制造”的广告，目的就是为改善国际消费者对中国商品差的印象。

——这则广告时长为30秒，画面文字和旁白全部为英文。据介绍，这则广告并非产品广告，而是将“中国制造”的商品作为一个整体形象加以诠释。如果说品牌，那么希望树立的是“中国制造”的整体品牌。

调查显示有八成左右的受访者认为广告令消费者“很好”地记住这是“中国制造”的商品。而且受访者看过广告后，对“中国制造”产品的反思也较强烈。孔庆勤认为，能引起消费者反思，是该广告最有意义的影响。

同样投入不菲的表达中国国家形象的另一则广告，则没有达到预期效果。这一广告片于 2012 年 1 月登陆美国纽约时报广场大型电子显示屏，在这段 60 秒的宣传片里，中国各行各业的杰出代表如谭盾、郎朗、袁隆平、杨利伟、姚明、邓亚萍等在片中依次登场。

但这一广告片的效果并不理想，英国广播公司全球扫描（BBC-GlobeScan）的调查显示，广告播出后，对中国持好感的美国人从 29%上升至 36%，上升 7 个百分点；而对中国持负面看法者，则上升了 10 个百分点，达到 51%。孔庆勤的研究数据与 BBC 的数据基本吻合。

“很多人说，看了这个广告很紧张，第一个想法是：中国人来了，而且来了这么多。”孔庆勤说。

为何“携手中国制造”广告效果较好，而《中国国家形象片人物篇》效果不佳？孔庆勤认为前者“没有侵犯性，不试图改变对方观点”是重要原因。对于欧美受众而言，试图改变其既有观点是非常令人不快的行为。

孔庆勤分析说，“携手中国制造”广告，是一个非常“踏实、平和”的广告，通篇没有明确表达某个观点。中国制造的产品遍及欧美，这是事实，受众们对此是认可的，因此对广告抵制度较小。

以上两个广告专题片很好地说明了角度的重要性。从这两个广告的创意来看，它表达了中国政府利用西方现代传媒塑造中国国家形象与中国制造的良好愿望，但是，效果为什么不同呢？孔庆勤博士的分析其实已经很能说明问题，广告与新闻宣传一样，你不能自说自话，你要了解你的读者是谁，什么文化背景，甚至他的价值观与思维特点，否则，很容易变成一厢情愿。

从这个角度看，新闻角度在新闻写作中十分重要。

角度一：找到一个小的切入口。越是重大选题，越要在丰富多彩的素材当中找到一个小点，由小及大，逐渐展开。

《参考消息》刊登 2011 年 11 月 2 日美国《华尔街日报》网站的一篇文章，题目是《在中国，钢笔价格越高越显尊贵》。众所周知，随着电脑的普及，办公无纸化成为趋势，使用钢笔的人已经越来越少。这篇报道却从高档钢笔为切入口，报道了作为礼品与身份象征的高档钢笔——派克笔在中国市场受宠的新闻事实。报道选取了一个很小的角度，特别是抓住了应和中国消费者需求而精心设计的三个细节写道：世界上最大的书写工具制造商派克钢笔公司在中国的设计团队加深了其钢笔墨水的颜色，以迎合中国文字的书写者们，并在笔尖添加了一个特殊的中国字“福”，寓意繁荣和好运。派克公司已经推出了好几款特别版钢笔，包括定价为 39888 元人民币的绘有金龙的特别版钢笔。

2011 年古巴推出了一系列令外界关注的“社会主义改革计划”。其中，在古巴共产党第六次全国代表大会上批准通过了 300 多项改革措施。这引起了世界媒体的关注。据《参考消息》转载的西班牙《国家报》的一篇报道，记者选择了一个很小的角度：引题为“半世纪禁令终被取消”，主题为《古巴人获准自由买卖汽车》，这就把古巴的改革放在了一个人们很容易被读者关注的细节上，原来古巴人一直以来是不能自由买卖汽车的，汽车是现代社会人们的一个基本交通工具，从禁止到允许都会给人留下很深的印象，而假如将新闻的角度放在空洞的词汇上，正如国内一些媒体可能做的那样：诸如古巴加大改革力度，或者古巴出台 300 项改革措施之类，这个新闻的价值可能要大打折扣。这条新闻以汽车作为切入口，让古巴的改革变得很具体。

人类对于细节往往能够留下特别深的印象，根据我们的阅读经验，我们读过的许多书，很多书名、故事、情节、作者可能都忘记了，但是给我们留下印象的往往就是细节。因此，聪明的记者总是在新闻报道中，以突出新闻中最可能给人留下印象的细节，作为新闻的切入口。

一篇关于俄罗斯离婚女性生活的报道耐人寻味。在俄罗斯，离婚女性和单身母亲经常受到歧视，俄罗斯一位记者以《“粉红出租车”闯出一片天》为题，积极展示了莫斯科妇女仍然不相信眼泪的故事，这篇报道以莫斯科最近出现女性专用粉红色出租车为切入点，报道了莫斯科这个女性特殊人群鲜为人知的生活。

有一段时间，富士康自杀事件闹得沸沸扬扬。围绕这一事件，海内外媒体的报道可谓铺天盖地，各家媒体都在选择不同的角度对此事件进行解读，在后续报道中，一家海外媒体选择了一个很小的角度：富士康外包宿舍管理，显得别具一格。这家媒体上来这样写到：“在中国南部工厂发生数起自杀事件后，富士康科技集团处于严密的审查之下，它决定停止管理工人宿舍。富士康今日表示，将完全外包其住宿管理项目给两家中国物业管理公司。”

在许多重大事件中，选择小角度，不仅独辟蹊径，避免千篇一律，而且因为角度小，更容易让新闻变得短小精悍，别具一格。

例文1这篇新闻与财政工作有关。在财政新闻中，如果角度独特，同样能够写出好新闻。

【例文 1 】

小康不小康　厕所算一桩

内蒙古农村牧区改厕工程做到“三个结合”

本报讯　内蒙古自治区今年农牧区厕所建设将采取三联沼气式卫生厕所，并要求做到三个结合：改厕项目要与农牧业部门沼气项目相结合，与精神文明“文明生态村”项目相结合，与扶贫部门移民新村扶贫开发项目相结合。把改厕的资金与这些部门资金捆绑在一起，使资金能发挥出最大的效益，也使项目发挥出最好的综合效益。

为此，该区在项目点的选择上提出了明确要求，即去年改厕项目中没有完成匹配经费的地区不考虑，没有农牧业部门沼气项目的地区不考虑。

据了解，为了确保广大农民的身体健康，2004 年、2005 年中央财政通过转移支付分别拿出 1.2 亿元、1.25 亿元专项资金在全国开展农村卫生厕所改造与建设项目，要求各项目省在卫生厕所建造上使用全国爱卫办推荐的“三格化粪池式、双坑交替式、三联沼气式、粪尿分集式、完整下水道式”，内蒙古自治区及项目地区各级政府非常重视改厕工作，从自治区到所有的改厕盟市旗县都成立了农村改厕领导小组。2004 年项目中自治区财政拿出了 91 万元配套资金，项目地区各级匹配资金为 273 万元；2005 年项目中自治区财政配套资金为 140 万元，项目地区各级匹配了 137.45 万元。2006 年除了将 2004 年部分未完成的厕所建造任务全部完成外，完成率为 76.5%。

在改厕过程中，内蒙古自治区本着高标准要求、高档次建造，“统一设计、统一购料、统一施工、统一验收”的原则，按照示范带动、典型引路、整村推进的方针，积极培育改厕示范镇、示范村和示范户。

无害化厕所使用后，不但外观漂亮，而且整洁实用，可以与城里的抽水马桶相媲美，令大煞风景的卫生死角消失，农民风趣地说：“小康不小康，厕所算一桩”。一座座整齐划一的无害化厕所与窗明几净的农舍遥相呼应。通过农牧村改厕工作，改变了内蒙古自治区农牧村的卫生环境。基本实现了改水改厕、人畜分离、庭院清洁、环境整洁的目的，特别是提高了群众的健康卫生认识。并且提供了高效有机肥，农牧民节省了化肥钱、农药钱，降低了生产成本，使农作物无公害。农牧村改厕使原有的粪坑、污水、垃圾等滋生苍蝇、蚊子传播疾病的场所得到了彻底整治，农民的身体健康得到了保障。

（摘自《中国财经报》　记者：史生荣　宋亮）

角度二：找到满足读者获取知识的需求与知情权。你了解读者的需求吗？很多人并不了解读者的需求是什么，写新闻与卖商品一个道理，只有满足读者的需求与兴趣，才可能让读者对你的报道感兴趣。

在满足消费者需求方面，一些知名企业的做法值得新闻记者学习。

根据一项调查分析显示，肯德基在中国比它的老对手麦当劳更为成功，部分原因是它将食品和管理本土化了。其中特别提到，中国的肯德基餐厅早餐提供皮蛋瘦肉粥，这在美国是不可思议的。尽管美国人或许根本不可能接受中国的皮蛋瘦肉粥，但是中国消费者喜欢，肯德基就提供了这项服务。这项分析还举例说，美国直销企业安利甚至放弃了其商业模式的核心内容，设立了零售店。事实证明这是一项成功的战略，因为中国消费者更喜欢有实体店的品牌。

优秀的企业总是这样在研究它的不同消费者的不同需求，事实上，优秀的新闻工作者与媒体，也应当不断研究你的读者需求是什么？只有找到他们的需求点和满足他们的好奇心，这样的新闻才叫做有价值。

例如，同样是反映老龄化问题的，西班牙记者的一篇报道，他就站在欧洲读者的立场，所以他选取的角度是快速老龄化问题困扰亚洲，文章着重提到了中国的情况，文章写道，“在所有亚洲国家中，中国是问题最严峻的。中国拥有世界上最庞大的人口，而且在致富之前就已经变老了。此外，中国建立起有效的养老金和社会保障制度还需要一段时间。”这篇报道向欧洲读者提供的兴趣点在于，为什么老龄化会困扰亚洲。《人民日报》2011年11月8日刊登的一篇反映养老问题的报道，角度更小，更具体，也更能引起中国读者的关注，该文引题为：“长寿不健康”状况堪忧，主题是：失能老年人达3300万。这篇报道不长，几百字，但是，它抓住了长寿不健康和失能老年人的这个重要内容，在引起国内读者担忧的同时，也吸引读者进一步阅读下去。相比较而言，前一篇报道，更侧重于面上的情况，而后者，更加具体。

不同媒体应根据媒体自身的定位和读者对象，选择自己的角度以满足读者对新闻的需求。比如，针对政府出台的一些与民生相关的文件，一般都会受到百姓的关注，那么，其中百姓最关心的问题，往往是媒体应当选取的新闻角度，以北京市颁布的《关于进一步加强我市廉租住房建设和管理的若干意见》为例，“意见”中相关内容很多，也很全面，但媒体的报道，不能面面俱到，必须选择自己的角度。首都一家媒体的报道从标题的制作就选择了一个很好的角度：《北京严格保障房准入退出机制》，显然，准入退出是读者非常感兴趣的，为了进一步解释准入退出机制的内容，这篇消息还在标题下面的副题部分，做了更加具体的解释："家庭收入超标须退出廉租房，退出后保障体系仍有衔接"，这个副题对文件的解释很到位，而且紧紧贴近读者的需求做解读，体现了独特的新闻视角。不可否认，对于同一篇新闻选题，一百个记者有一百个写法，肯定不会重复，但是满足读者需求，吸引读者读下去，让新闻价值真正传播出去，这应该是所有新闻记者写作的初衷。

在政府文件、研究报告、各类会议上找到满足读者需求的新闻，很能体现记者的独到眼光与新闻功夫。例如，2011年10月中旬，卫生部发布的我国首个《全国居民洗手状况白皮书》，这应该是一个重要新闻。发布首个白皮书本身就是新闻，但是，这毕竟还是一个面面俱到的东西，白皮书中到底有什么内容，读者最关心的新闻点在什么地方，这是对记者的考验。人民日报社记者在不到200字的一篇新闻中，紧紧抓住读者关注的内容，标题观点鲜明地提出：调查显示，96%国人不会正确洗手，新闻共分三个层次，突出三个新闻点，第一，引用白皮书的权威调查结果显示，我国居民的正确洗手率仅为4%；第二，强调不正确洗手的危害，经手传播疾病的两周患病率为20%；第三，介绍了世界卫生组织对正确洗手的定义，正确洗手需要同时满足4个标准：吃东西前、上厕所后、干完活或下班后、去医院或接触病人后等5种情形下每次都洗手；洗手时使用流动水冲洗；洗手时使用肥皂、香皂、洗手液等清洁用品；洗手时长不少于20秒。

这篇新闻，我们看不出任何废话，几乎每一个字都具有很高的含金量，这篇新闻无论从角度、价值、写法、新闻长短等多方面都是一篇难得的或者说是标准的好新闻。

【例文 2】

财政安排 800 万元专项资金建立馒头供应保障体系

天津：让更多市民吃上“放心馒头”

本报讯 日前，天津正式启动“放心馒头”保障体系建设，让放心馒头占领馒头销售市场，保障市民吃上安全、放心的馒头。今年，天津市财政安排 800 万元专项资金，扶持定点生产企业扩产设计、设备选型、车间改造、销售布点。国庆节前，确保实现日销 100 万个“放心馒头”，满足广大市民生活需要。

据了解，天津目前每日馒头销售量约 210 万个，其中超市、便利店销售量占 15%，菜市场固定摊位销售量占 29%，个体馒头房及流动摊贩销售量占 56%。全市城镇人口 750 万人，按人均日消费一个馒头测算，日需求馒头 750 万个。目前，天津市场销售馒头 210 万个，仅占 28%，其余大部分由家庭及企事业单位自制。随着居民收入水平的不断提高和社会服务水平提升，馒头的市场需求量将逐年增加。3 年后按市场销售馒头占消费量的 50% 至 60% 测算，每日销售馒头约 400 万至 500 万个。

天津市财政局有关负责人表示，财政扶持的重点是促进放心馒头生产企业做大做强，扶持国有主食厨房企业新增生产线 50 条，2012 年产能达到日产 100 万个，销售网点达到 1000 个；2014 年达到日产 300 万个，销售网点达到 2400 个，进而实现全天满足市民“放心馒头”的配送能力。

天津放心馒头保障体系发展目标是：扶植馒头生产重点企业扩大产销规模，在保证食品安全和产品质量基础上促进企业扩大产能，推动超市、标准化菜市场及社区商业中心为放心馒头销售提供一定数量的摊位和销售点。制定馒头生产标准，指导机关、学校、企事业单位馒头的生产加工。建立方便主食安全检测机制，从源头采购、生产加工、储运销售环节重点监控，确保原料安全，加强生产、保鲜、物流配送环节检测，随时掌握企业馒头生产质量，做到安全无缝隙，检测全覆盖。运用市场调节机制，采用加盟连锁等手段促进个体馒头制销点由制转销，增加放心馒头网点覆盖率，让放心馒头占领馒头销售市场。

（摘自《中国财经报》　记者：曲明）

第三个角度：好奇心与人情味。人类天生地对所处的世界和生活的环境具有好奇心，同时，充满人情味的新闻报道又能够拉近与读者之间的心理、感情距离。

2011年10月26日，国务院决定启动实施农村义务教育学生营养改善计划：中央每年拨款160多亿元，按照学生每天3元的标准为农村义务教育阶段学生提供营养膳食补助，普惠680个县市、约2600万在校学生。这是一项利国利民的举措，一般的新闻可能都在介绍这项政策，但是一家媒体的报道突出了这项政策的人情味，该报道引题部分强调的是这项政策的实质内容："中央每年拨款160亿元实施农村义务教育学生营养改善计划——"，主标题以通俗的语言突出了人情味："确保每一分钱都吃到孩子嘴里"，围绕这个主题，全文共分三部分，回答了如何从制度上确保让营养膳食吃到孩子嘴里。这篇报道因为突出了人情味，让一篇干巴巴的政策文章与读者之间拉近了距离。

同样反映"剩男剩女"婚姻问题的两篇报道，从不同角度来吊起读者好奇的胃口。一篇是日本记者发自上海的报道，一篇是美国记者发自北京的报道，《参考消息》先后编发的这两篇报道，分别选择了两个不同的角度。上海的这篇报道题目为《中国父母比孩子更热心相亲活动》，北京的这篇报道题为《越来越多北京女子推迟婚姻》，从内容看，两篇讲的是同一个社会现象，大龄男女的婚姻，两篇报道的角度均侧重于某一点以引起读者的好奇，为什么父母比子女更热心相亲？为什么女子要推迟婚姻？从两篇报道的内容来看，原因大同小异。

生活中出现的新生事物，往往是媒体竞逐的对象，这也为新闻记者提供了许多重要的新闻事实。在英国的中小学，出现这样一个现象，就是有中国背景的学生在英国的学习成绩要超过任何别国背景的学生。实际上，何止英国，恐怕在全世界都存在这样的情况。这引起了英国教育官员的重视，在他的调研中，发现这是因为中国文化尊重和重视家庭和教育。为此，负责此项事物的英国国务大臣专门起草文件，希望将中国古代哲学家尤其是孔子的教育思想引入英国学校，这件事情引起英国记者的关注，从引起人们好奇心的角度撰写了一篇饶有趣味的新闻《英国官员求助孔子提高学生成绩》。孔子能不能提高英国学生的成绩先不说，但是这个角度做出来的新闻，却是让人好奇的。

中国富裕起来的所谓新贵阶层，他们的消费观、价值取向往往是各类媒体的关注对象，下面几篇报道就是从不同角度针对这个群体，如《中国电视和网络大发红娘财》、《中国崛起的一代携款而去》，类似的新闻经常会不断地调换角度以满足读者的好奇心，又如《"太太学院"教人防范"小三"》，该报道介绍了收费很高但很受欢迎的中国"太太学院"，报道一开头写道：总会有人从两性关系中找到商机，从教你如何增进夫妻间的相互理解，到帮助你更快地找到另一半等等。写到这里，文章笔锋一转，切入正题，"如今，一所私立的太太学院现身中国。它专门面向已婚妇女，教她们如何正确处理夫妻之间可能会出现的问题，而最令人惊讶的是，它的主要课程是指导已婚妇女如何防范丈夫婚外情，也就是'可怕的小三'"。"小三"在中国是一个比较普遍的现实，记者从太太学院教人防范小三这一角度入手，可谓角度独特。

2010年9月7日，《参考消息》转载新加坡《海峡时报》的一篇报道，同样是关于中国富人的内容，这篇报道选取的角度是关于"雇菲佣"的这一新闻事实，文章以《雇菲佣成中国人新身份象征》为题，开头写道："如果说 LV 包和宝马车已经不再是中国新贵的地位象征，那么他们可能有了一个新的标签：说英语、上过大学的菲佣。”如果说菲佣对于绝大数中国人而言还是一个陌生的词汇，但这个新生事物已经悄然进入中国富人的生活圈，这篇报道接着向我们展示了这样一个鲜为外人所知的生活事实：“在中国日益壮大的中产阶级中，请‘阿姨’是很常见的事情，不过越来越多的人开始非法雇用菲佣。中国并不给外国保姆发放工作签证，但据说有数以千计的外国保姆在中国打黑工”。

下面这篇报道，是我们到新疆塔什库尔干采访的意外收获。塔什库尔干一般人很难到达，电影《冰山上的来客》给观众留下很深刻的印象，电影反映的故事和外景地均取自这里。在这样一个生活环境及其艰苦的条件下，财政局干部工作生活状况怎么样，很少人知晓，可以说，他们工作生活中的点点滴滴都是新闻。这篇报道是本人当天晚上在塔什库尔干宾馆里，深夜一边吸氧，一边写下的报道。

【例文 3】

冰山上的财政局

不到高原，不能体会高原生活的艰辛。在高原采访，只要稍微加快步伐，就会感到气喘吁吁，可是当我们问吴于平生活苦不苦时，他的回答却十分简单和轻松：“怎么不苦，习惯喽。”

吴于平是新疆塔吉克族自治县财政局的局长。他是一个粗壮的四川汉子，先是当兵到帕米尔高原，然后转业留在了当地，一干就是 20 多年。“现在回到平地反而不习惯喽，过去刚到高原是缺氧，现在到下面是过氧反应。都不舒服。”吴局长的口气虽然有点半开玩笑，但是长期生活在高原上的人，再回到平原以后，都普遍表现出头晕，胸闷等症状，医学上称之为“醉氧”。

塔吉克族自治县位于帕米尔高原东部，平均海拔在 4000 米以上，生存环境十分恶劣。在平原地区一个小小的伤风感冒，在高原就是一场大病。“这里是国家的重要边防地区，工作总要有人干。”言语不多的吴于平这样解释自己坚持岗位的理由。同样的理由，他的前任女局长，是从福建过来的，在这里干了30多年，把自己的青春全都献给高原了。

对于长期生活在平原的人来说，上一次海拔几千米的高原，就算是一次勇敢的冒险行为了，而在塔县财政局，却有一批从内地过来的长期工作、生活在这里的人。

从内地来到高原，首先遇到的困难就是高原反应。来自河南的王中梅说，1993年她从喀什坐10个小时的车到塔县，头晕、恶心、气喘，高原反应特别强烈。当时真想家啊，可是自己还是坚持下来了。1999年，随丈夫调过来的湖南妹子刘湘慧说起三年前怀孕期间得的晕高症，眼泪又掉了下来。她说，因为要剖腹产，当地没有血库，医院已经下了病危通知书，是到300公里之外的喀什住院才捡了一条命。

帕米尔高原最低温度达到零下43度，来自重庆的企业股干部张宗生说，最冷的时候，水管都被冻成一节一节掉下来，有一年，他到几公里外去挑水。在高原有许多生活在平原的人们无法想象的具体困难，毕业于陕西财经学院的四川籍女干部张梅说，这里的生活用品都是从300公里外的喀什运进来的，成本比内地高许多。她说，现在职工要自己盖房子，一块砖的价钱是喀什的四倍，一吨煤在平原300元，到塔县要580元。最让她头疼的是孩子上学，当地没有幼儿园，中小学教育水平低，她刚把三岁的孩子送回四川老家，现在几天的电话费就是上百。吴局长说，因为每个股平均只有一个人，所以国家公务员享受的休假也等于没有。

这几年，新到财政局的年轻人，有的因为条件艰苦，受不了，走了，可是更多的留下了。记者问几位年轻人留在这里工作的理由，他们的回答十分实在。22岁的社会保障股干部刘志荣的回答也许最能代表他们的心声：高原农牧民的生活更艰苦，这里经常有雪灾、地震、寒流等自然灾害，每当这种时候，他能够代表财政，及时反映情况，通过自己的手将救灾款拨出去，他觉得自己有价值。

“这几年发生了很大的变化。”记者和吴局长乘坐在当地财政局唯一的一辆汽车——带拖斗的“皮卡”车内，吴局长指着变宽的马路和崭新的建筑介绍情况。据了解,2003年，塔县财政收入只有464万元，支出为9130万元。作为财政局长，吴于平感到最宽心的事是，从2000年以后，全县的工资能够正常发放了。吴于平说，能够保证当地社会经济生活的正常运转，从中央到地方各级财政给予了很大的支持。

（摘自《中国财经报》　记者：苗福生）

由于价值观、文化背景、民族习俗等多重因素的影响，不同人观察同一个事件，往往得出不同的结论。在2002年日韩世界杯前，围绕韩国人吃狗肉的民族习俗，曾经在世界上引起争论乃至抗议。吃狗肉好不好？吃狗肉是不是一种野蛮行为，韩国人要不要取消吃狗肉，这不是本人关注的重点，本人只想就这件事背后的文化背景以及国家影响力谈一点个人的想法。记得当年，本人曾经与一位在中国学习汉语的美国人有过一次讨论。在他对韩国人吃狗肉表达极度厌恶的时候，本人曾经问他，你们西方人以及美国人为什么不能忍受吃狗肉，这位美国人回答的倒是非常直接，他说，在他们看来，狗是人类的朋友，他反问到，你们吃自己的朋友吗?

狗肉要不要吃，姑且不谈。至少在逻辑上，这位美国小伙子其实已经偷换了概念，将狗等同于人类——虽然我相信，在他们的价值观里，他们确实就是把狗当做了人类的一员，生活中似乎的确如此。但是，我必须强调的是，狗不是人类，狗也不能等同于人类的朋友。我想说的是，这不过是一种文化的差异，而西方人天然地把自己认为理所当然的事强加给了韩国人或者东方人。

我们知道，印度人是不吃牛肉的，美国的麦当劳、肯德基等快餐店都在印度等国遭到过不同程度的抗议。按照印度人的价值观，牛不仅是人类的朋友，简直就是人类的上帝、佛主、圣明，按照西方人的信仰，就是你的上帝、耶稣，那么，问题来了，对牛肉趋之若鹜的西方人，你们每天不都在吃你的上帝吗？

本人的观点是，吃牛肉没那么严重，吃狗肉也没那么严重。不过是观念的差异。关键在于，近几百年，西方人自以为是的优越感让他们不假思索地认为，只要他们认可的就是正确的，只要他们不能接受的，就认为是错误的，是必须取消的。所以韩国人在世界杯期间，赶快取消了汉城周边的狗肉馆。假如有一天，韩国成为世界上最强大的国家，没准狗肉就成为世界上最美味的食物，这谁能说清楚呢？假如有一天印度成为世界上最强大的国家，没准也会责令全世界都不得再吃牛肉，否则统统打入野蛮民族的行列，这谁又说得清楚呢？

这就是价值观的差别，也可以说是饮食文化的差别。因为有这样的差别，所以，美食大国中国人会认为西方人吃带血丝的烤牛排基本等于还没有进化好，而美国人则把中国人喜欢吃的松花蛋嘲讽为魔鬼下的蛋。这个世界就是这样。

一个新闻可以从多个角度挖掘新闻价值。现代媒体特别强调给读者提供尽量多的信息咨询，以满足读者对同一个新闻事件的全方位需求。

2011年8月份，围绕全球最大富翁沃伦·巴菲特和比尔·盖茨发起的慈善运动，国内外媒体就慈善事业刊发了大量的报道。从新闻写作的角度看，各家媒体可谓八仙过海、各显神通。将这些报道收集在一起，可以说为我们了解慈善提供了一个十分宽泛的国际视野。仅《参考消息》就介绍了多家海外媒体的相关报道内容，如从2011年8月6日开始，参考消息陆陆续续转载了这样一些报道：美40位亿万富翁承诺捐过半身价、富翁们的慈善感言、中国富豪对慈善态度反差大、澳大利亚人慈善捐助最慷慨（这篇报道的副题为：中国人在全球调查中倒数第二）、让中国富豪捐款要有好环境等，限于篇幅，以上介绍的都是大标题。

在关于慈善捐款问题上，人民日报也在其国际版上，以一个版的篇幅，由三篇主要文章构成：《完善的制度支撑美国慈善事业》、《捐款折射双重人格》、《慈善方式可以多样》，从多个角度解读了国际上对慈善事业的不同观念与制度模式。

作为媒体，人民日报对慈善事业把持了一个较为公正客观的报道立场。在国内对慈善事业纷纷攘攘还一时闹不清楚的时候，适当地介绍一些西方发达国家的经验，让人们充分地掌握更多信息，比媒体一味强调某一种观点更有价值。孰是孰非，让读者去判断，前提是，要为读者提供更多的信息咨询。

【例文 4】

比尔·盖茨慈善路上的三个人

2008 年 6 月 27 日，美国微软公司创建人之一比尔·盖茨向 830 名微软代表发表告别演说，正式宣布辞去执行董事长的全职工作。当微软首席执行官史蒂夫·鲍尔默亲手交给盖茨一本剪贴簿作为告别礼物时，两人都忍不住热泪盈眶。

刚刚过去的这一周对于盖茨来说非同寻常，这不同于他此前在微软度过的 1712 周。因为从创立公司以来，盖茨在微软都是全职上班的。但 6 月 27 日后，只是微软非执行主席的盖茨每周将只花一天的时间到微软处理事务，剩下的 4 个工作日将用于慈善事业。盖茨指出，希望自己对世界有“正面的贡献”，并表示这是他和妻子梅琳达的共同决定。

6 月 21 日，52 岁的盖茨在接受英国 BBC 访问时表示，他将把自己 580 亿美元财产全数捐给“比尔及梅琳达·盖茨基金会”，一分一毫也不会留给自己子女。媒体报道，盖茨表示将把中国作为其全球“慈善之旅”的首批国家之一，并且计划来北京观看奥运会。

毫无疑问，这位曾经是世界首富的人将在慈善领域续写自己的“盖茨神话”。一路走来，盖茨在慈善的道路上并不孤独，因为先后有三个人陪伴着他。

母亲告诉盖茨什么是“该做的事”

毫无疑问，母亲对孩子的影响是巨大的。在盖茨的慈善道路上，可以说，母亲仿佛是一盏明灯，指引着方向，引导着他前行。正如盖茨日前接受美国《新闻周刊》专访说的那样，“我是在做母亲告诉我该做的事。”

“被上天赋予愈多的人，被人们期待的也愈多，”这是比尔·盖茨的母亲玛丽·盖茨在他与梅琳达 1994 年结婚时，在信里写的箴言。

早年的盖茨并不热衷慈善事业。对雪片般的要求捐款的信件也一概不理，这令盖茨父母十分难堪。盖茨家族是西雅图市的望族。父亲威廉·盖茨二世是西雅图著名的律师，市场运作和法律事务方面的专家。母亲玛丽·盖茨是银行家的女儿，在社交和商业上游刃有余，并热心慈善事业。玛丽去世后，西雅图市为了纪念她，还以她的名字命名了一条街道。

老盖茨后来回忆说：“他母亲和我一直劝告他，作为一个好公民，一定要多为社会做些事。”但盖茨听不进去。有时母亲的唠叨让他不耐烦，他就还嘴：“妈妈，我有一个公司要管理。我为社会能做的最好的事，就是让这个企业成功。”

1994 年，在盖茨的生命中是悲喜交加的一年。

这一年元旦，在夏威夷举办的结婚仪式上，盖茨和梅琳达终成连理。在举行婚礼的那一天，客人中有 6 位亿万富翁。盖茨在拉奈岛包下了全部轿车、直升机和 250 间酒店客房。盖茨为梅琳达请来她最喜欢的歌星威利·尼尔逊，演唱了歌曲《亲爱的，如果你赢得了时间，那我就赢得了金钱》，气氛欢快热烈。

但也是在这一年，盖茨深爱的母亲却不幸死于癌症。

个人生活的巨大变动，使盖茨的精神和感情受到巨大冲击，他开始重新思索人生和周围的世界，许多他原来埋在如山的事务底下的事情进入视野，许多原来似乎无足轻重、只能排在日程表末尾的事情冒升到了最前面——这其中，就包括慈善事业。

新婚不久的盖茨和梅琳达，以母亲的名义，做了一项特别的贡献。1995年，在纪念母亲玛丽逝世一周年时，他们捐赠给华盛顿大学1000万美元，建立玛丽·盖茨奖学金。玛丽一向非常重视教育，这笔奖学金使很多大学本科生受益。他们还捐献了100万美元给西雅图的福瑞德·哈金森癌症研究中心。

热心公益事业的企业家卡内基，曾经撰有一本名为《财富的福音》的书，现在它已成为盖茨最钟爱的书籍之一。据说盖茨反复阅读这本书，并将其中的一句名言铭记在心——“带钱入棺材，死也不光彩”。

当初老盖茨夫妇一再催促盖茨履行一个公民回馈社会的“义务”，还为之焦虑不已。盖茨后来的所作所为，远远超出了他们以及所有人的想像。在接受由卡内基公司颁发的慈善事业奖章时，老盖茨以一个“自豪的父亲”的身份，热泪盈眶地说：“我现在只有一个愿望，就是希望他（比尔·盖茨）的母亲也站在这里，看到这一切……”

妻子让盖茨看到“世界的另一面”

俗话说，每个成功男人的背后都有一个女人。促使盖茨在慈善领域有更大转变的，是他的妻子梅琳达·盖茨。

1993年秋，身为盖茨女友的梅琳达刻意安排了非洲之旅。在那里，他们俩平生第一次看到了“世界的另一面”。

在扎伊尔，当时由于殖民主义统治的后遗症，以及腐败和通货膨胀的影响，他们走过的一个个城镇死气沉沉，狭窄街道两旁的商店全钉上了木板，犹如鬼城。他们看到光着脚的妇女不得不头顶着水罐、怀抱着孩子走几英里的路到市场去；在小小的露天市场，几个妇女把少得可怜的一点儿蔬菜放在地上卖，再没有其他东西。梅琳达后来在《商业周刊》记者采访时回忆说：“看着妇女们走啊走，那种景象确实震撼了我们。我们曾经一路上用目光搜寻走路的妇女，就是为了看她们是否穿着鞋？——没有，她们全是赤脚。”妇女的困境使包括盖茨在内的每一个人终生难忘。

在非洲其他各地，他们在路上还看到了无数饿得皮包骨的孩子。这一切让盖茨和梅琳达心烦意乱。

1998年，正当盖茨面临官司，也陷入心灵的煎熬时，《纽约时报》星期日版上一篇文章，使他们夫妇受到深深触动。这篇文章运用数字和图表，勾勒出世界上的不同国家在收入、健康保健和平均寿命等方面的巨大差异。文章说，在全球范围内，90%的疾病发生在贫困国家，但这些国家的人民，却只有10%的保健资源。这类文章以前也登过不少，但是这一次，对他们俩——首先是对梅琳达，随后对盖茨——却发生了奇妙的效应，唤起了他们非洲之行的切身体验。梅琳达后来回忆道："我记得，这是我和比尔第一次谈论，这些疾病对于孩子们是多么悲惨。我们问自己，我们能做些什么？"

2001年是盖茨一系列慈善事业的开始：他们设立了"比尔及梅琳达·盖茨基金会"。从前那个一毛不拔的"铁公鸡"不见了，世人见到了一个乐善好施、在慈善事业上挥金如土的盖茨。

据这对夫妇的朋友称，如果不是梅琳达，盖茨不会做这样的转变。正是梅琳达让盖茨变得更加开放、耐心和有同情心。盖茨自己也承认，由于梅琳达，他很愿意扮演新的角色。

在基金会资产投资方面，梅琳达发挥着巨大的作用。每当她和盖茨选择一个新的捐款方向和捐款地点时，他们都会问两个问题：什么问题影响了最多的人？我们过去忽略了什么问题？虽然很多慈善家也采用同样的方式，但盖茨夫妇更为严格。梅琳达说："我们会仔细审视所有的不公平，并努力通过捐款带来最大的变化。"

巴菲特助盖茨做大慈善基金

物以类聚，人以群分。盖茨慈善路上还有一个重要的人，就是他的"铁哥们"，被誉为"股神"的沃伦·巴菲特。一个是技术天才，伟大的企业家；另一个是投资大师。今年3月，虽然盖茨在富豪榜上的位置被这位"铁哥们"取代，但二人在慈善舞台上上演的"二人转"可谓精彩纷呈。

“我从来不相信王朝世袭式的财富，”当巴菲特说这话时，盖茨则在旁边点头微笑。2006 年 6 月 25 日，巴菲特准备将捐款中的绝大部分、约 300 亿美元捐给盖茨建立的基金会，使得该基金成为了世界上最大的慈善基金之一。

盖茨和巴菲特，作为世界上“最有钱”的两个男人，世人一直对他们之间的忘年交兴趣盎然，一如关注他们那耀眼的财富。首富榜上的“状元”与“探花”之间，关系确实非比寻常。

在美国大公司中，高层领导人之间的纯真友谊可谓凤毛麟角。但美国当代最具影响力的两位商业领袖——巴菲特和盖茨之间的友谊却延续了 17 年。

巴菲特和盖茨这对忘年交有很多共同的爱好，例如，他们都喜欢汉堡、橄榄球，也喜欢在网上打桥牌或解数学题。不过他们最大的相同点应该是两人对财富的态度，巴菲特宣布把 300 多亿美元捐献给盖茨基金会就证明了这一点。无论是盖茨还是巴菲特都鄙视那种把亿万家财留给子孙后代的做法。

在捐赠仪式上，巴菲特积极呼吁其他富人也加入到慈善事业当中。不过，与其他富豪计划建立自己的基金会开展慈善活动不同，投资天才巴菲特却选择让盖茨基金会管理这笔钱。这和他管理自己公司的手法一模一样。他认为，自己的职责是选出优秀的经理人，让他们去投资、去花钱，自己不干预。

这对“铁哥们”相识于 1991 年，当时，盖茨的母亲建议他去参加一个巴菲特出席的会议。但忙于工作的盖茨不太乐意，他害怕巴菲特谈论枯燥的金融话题。没想到见面后，他和巴菲特相谈甚欢，从此成为至交。

这是一个有意思的安排，时为世界第二富豪的钱进了当时世界首富的基金会。巴菲特强调，他的钱，不是去了比尔·盖茨的口袋，而是通过他，为社会服务。巴菲特认为盖茨夫妇在进行慈善工作方面比他更有能力。

对于巴菲特的慷慨捐赠，连盖茨都大呼“震惊”。盖茨表示，巴菲特通过这次捐赠显示的“慷慨和信任”是“不可想像的”，这些捐赠必将“深化和促进盖茨基金会的工作”。

（摘自《深圳特区报》）

第十章
标题、背景、语言

导　读

新闻标题很忌讳那种放之四海而皆准的真理式标题，它要求很具体，要把新闻事实强调出来。

不使用背景材料，几乎没有什么报道是全面的。事情并不是突然从什么地方蹦出来的。记者的任务就是发现它们的起因，说明它们的发展。

简洁是最好的文风。简洁不是简单，简洁的文风体现在语言上应当具备下面三个条件：一是笔下每一句话要言之有物，并且承载的信息量越大越好；二是用字越少越好；三是意思表达准确。一句话，就是用最少的字把意思说清楚，这其实是很难的。什么都不如“写对了”重要。

新闻标题：准确、具体、生动

是文章就要有标题，在各类体裁的文章标题中，新闻标题别具一格，具有自己鲜明的文体特性。与其他体裁相比，新闻标题的制作难度最大、要求最高，概括来说，新闻标题的制作具有这样三个特点：

第一，要突出最重要的新闻事实，用语既要准确、具体，又要生动、活泼。在突出新闻事实方面，首先要做到的就是准确，准确是前提，是基础，只有准确，才不会引起歧义，准确又不能太空洞，新闻标题很忌讳那种放之四海而皆准的真理式标题，它要求很具体，要把新闻事实强调出来，在这方面可以说，越具体越好。有了这样的前提，标题越生动活泼越好，生动活泼是准确基础上的锦上添花。

第二，意思要完整，读者通过阅读新闻标题就能够知道主要新闻内容。作为一个独立的句子，标题采用主谓宾结构较多，有时候可以省略主语，标题中一般不用虚词，总之，一句话能够说清楚意思的，力求字越少越好，压缩与概括标题中可有可无的内容，删去标题中可有可无的词和字。从标题形式看，在报纸版面上，不超过12个字的标题不仅排版美观，而且容易吸引读者眼球。过长的标题，往往将新闻事实淹没在冗长的句子当中，反而影响阅读效果。

第三，新闻标题在形式上丰富多样，有一行题、双行题、三行题。这种形式上的多样，不仅在标题中能够让新闻的主要卖点更加突显，而且在版面上显得不单调，特别是通过双行题、三行题的字体变化，让读者在获得更多信息的同时，不容易产生视觉疲劳。

标题种类。在一篇完整的新闻中，新闻的标题，主要包括主题、引题、副题、提要题和小标题5种。以上5种标题同时出现在一篇新闻当中的情况很少，正常情况下，主题必不可少，引题、副题或不用，或用其中一种，或两者均用，提要题，小标题较少用。这主要和新闻的重要性、文章的长短有关。在一篇重要的新闻中，主题与引题、副题二者或二者之一的组合常常被采用。

主题：标题中最主要的部分，说明最重要的事实或思想，字号最大。

引题：又名肩题、眉题，位于主题之前的辅助性标题，主要作用是引出主题。

副题：又名子题，位于主题之后的辅助性标题，主要用事实对主题作补充和解释。

提要题：位于稿件的标题（含引题、主题、副题）之后、正文之前，用以提示稿件主要内容的题。

小标题：又名分题、插题，分嵌于新闻稿件之中，用以概括介绍稿件每一大部分的内容，具有分段或分类的作用。

标题结构。单一型结构：只有主标题，没有辅助标题。单一型结构的标题多数是一行题，也可以是两行题、三行题。

复合型结构：除主题外，还有辅题，即引题、副题或两者都有。引题的作用：交待背景、烘托气氛、揭示意义、提出问题、说明原因（目的）。副题的作用：交待事情结果、补充次要事实、印证主题中的观点、解释主题的。

复合型标题结构举例：

例 1：

"妃子笑"本月下旬有望降价（引题）

国产荔枝大量上市将拉低价格（主题）

例 2：

一心要拼收视率　节目煽情失实（引题）

韩电视台被要求反省四亿元丑闻（主题）

例 3：

餐馆不给免费餐具可投诉（主题）

北京消协称"消毒碗筷费"涉嫌强制消费，应由顾客自主选择餐具（副题）

例 4:

多项优惠政策温暖回头浪子(主题)

陕西认真做好刑满释放人员就业和社会保障工作(副题)

例 5:

新建改扩建幼儿园 9 万多所(引题)

3 年新增园位 500 多万个(主题)

重点保障农村孩子能上幼儿园(副题)

例 6:

普通猪肉假冒“绿色食品”猪肉(引题)

沃尔玛在渝分店被罚 269 万元(主题)

同时停业整顿 15 天(副题)

制作新闻标题应重视的几个问题。新闻标题是对新闻事实的高度提炼和概括，有的新闻只用一个标题就代表全文，比如有一年中国男足与伊拉克比赛争夺小组出线权，是一场生死之战，结果中国男足客场再败，完全失去出线权，一家媒体的头版只用一个标题:《国足再败，我们无话可说》，这个标题比多少分析文字都更有力量。新闻标题是报纸的脸面，某种程度上，报纸之间的竞争，也是标题的竞争。所有重要的媒体，都非常重视标题的制作。制作标题是有规律可循的，一般而言，应当重视这样几个方面。

选择最有特点的事实和观点:

例 7:

葡萄牙宣布“最严格财政预算”

明年计划节支 74.6 亿欧元，预计经济将萎缩 2.8%

例 8：

江苏沛县

聘请禁酒督查　紧盯“贪杯”干部

例 9：

外媒分析

中国“崛起的一代”携款而去

例 10：

15 万人参加临床药品试验，近两千人丧生

印度穷人沦为西方药厂“小白鼠”

例 11：

教育部下发通知，促进 2012 年 680 万高校毕业生就业

就业率不高　专业要减招

就业率连续两年低于 60% 的专业，将调减招生计划直至停招

例 12：

女职工特殊劳动保护条例征求意见

产假拟由 90 天增至 98 天

标题选择的事实与观点必须与新闻内容的本质一致：

例 13：

放宽准入条件　扩大资金渠道

浙江为小额贷款公司“松绑”

例 14：

武汉去年三公支出 33398 万元

为当年预算金额的 98.5%，今年预算略有增加

例 15：

海南东方清理七类“吃空饷”人员

例 16：

我国近年治理教育乱收费约 17 亿元

50 县审计报告表明 6 成教育乱收费由政府行为引发

寓思想感情于对新闻事实的表述中：

例 17：

企业排污紧　百姓度日难

例 18：

中央财政将每年安排 160 多亿元专项资金，

实施农村义务教育学生营养改善计划

孩子，你可以吃得好些了

例 19：

没有买卖，就没有杀戮

姚明做公益广告劝停喝鱼翅汤

例 20：

政府购买服务　监管完善队伍

广州花都 43 万农民“1 元钱看病”

例 21：

首次国际道教论坛在衡山举办

中国借先哲智慧求解“道德滑坡”

例 22：

中国电视和网络大发红娘财

新报称类似节目娱乐性质大过相亲功能

例 23：

红包必须给　看病成买卖

越南医疗机构被批“见钱眼开”

例 24：

甘肃 22 项硬招　剑指过度医疗

例 25：

街头流落无家归　垃圾箱里找食物

希腊危机让中产阶级很受伤

贴近读者需求，找到读者最感兴趣的新闻点：

例 26：

给个人税负算算账

例 27：

参与式预算：

从为民做主到让民做主

例 28：

山西长治公务员考录违规

两次篡改考生体检结果

六责任人被处理

例 29：

甘肃庆阳市委市府决定

明年公车预算全部购买校车

例 30：

因公司出售近 200 万客户资料

香港八达通公司总裁辞职

特区私隐专员呼吁保障个人隐私

例 31：

一年减持逾 800 亿元，中小板、创业板已成为股东、高管的提款机

他们为何纷纷套现

例 32：

东北一在建铁路工程违规分包、安全隐患巨大，施工人员说——

“这趟火车通了，我可不敢坐”

适当用简称、比喻、借代使标题变得更简洁和有色彩：

例 33：

屠呦呦登上“拉斯克奖”领奖台

造福人类的“中国小草”

注解：“中国小草”是指中国学者屠呦呦发现的青蒿素——一种用于治疗

疟疾的药物，挽救了全球特别是发展中国家的数百万人的生命。

例 34：

广州车展“绿”意浓

注解：“绿”意浓的绿，是加了引号的，这是因为 2011 年的广州国际汽车展销会上，记者发现多家公司推出混合动力和节能环保的车型，突出了“绿色科技、和谐未来”的车展主题。

例 35：

“美国人用中国的钱了解中国”

专家称中国“出口汉语”使美国人受益

注解：副题中的“出口汉语”是指，中国教育部下属的公共机构“汉办”提供的资金用来支持孔子学院、孔子课堂等项目。美国学生可以在孔子学院和孔子课堂接受汉语教育，学习中国文化。

例 36：

白菜价格“入冬”

注解：“入冬”一词为双关语，既有进入冬天的意思，更是表达菜贱伤农的现实状况。

例 37：

《机关事务管理条例（征求意见稿）》要求

政府机关定期公布“三公”经费

注解：“三公”经费在财政预算中，并没有这个科目，“三公”具体指公车、公款宴请、公款出国三项经费。

例 38：

寿光 300 农民国外当“老板”

这些农民在国外创办了蔬菜农场、基地，设立了 11 家经销公司，年经营额 2000 万美元以上

例 39：

汾酒坦荡荡　杏花仍飘香

例 40：

美府院“演双簧”逼人民币升值

例 41：

朝提议与美联合调查“天安舰”事件

外电认为朝鲜半岛紧张局势正在缓解

例 42：

不满“种族灭绝”指责

“狂怒”萨科齐反击欧盟

例 43：

《泰晤士报》公布最佳大学排名

中国大陆名校上榜数居亚洲首位

新闻背景：别忘了交代背景

在新闻写作中，背景很重要。新闻讲究的是一事一报，但是，生活是复杂的，任何事件的发生都不是偶然的，都有其产生的内因、外因，主客

观因素，黑格尔说：存在就是合理的，这个“合理”指的就是其存在的自身规律，作为新闻报道，记者不仅要告诉读者发生了什么，更重要的是，为什么发生。这就需要在叙述事实的过程中，还要恰到好处地适当穿插背景材料，美国新闻学者麦尔文·曼切尔说：“不使用背景材料，几乎没有什么报道是全面的。忽视这个忠告的记者，他们绝不可能给读者和听众提供充分的情况。”他补充说，“事情并不是突然从不知什么地方蹦出来的。记者的任务就是发现它们的起因，说明他们的发展，而且最好在一个最短的篇幅里做到这些。”

例如，《参考消息》上曾刊载一篇来自英国《泰晤士报》网站的文章，这篇报道发现的一个新闻事实是，中国连续七年获得玉米大丰收，然而仍然要从全世界农产品市场大量进口玉米。记者从这一现象发现，主要原因是中国人饮食结构发生了很大的变化，“经济的增长最终使得中国人的胃口超过了国家的农业能力。”紧接着，报道中记者巧妙穿插了两段对于揭示主题具有至关重要意义的背景材料，原文如下：

背景一：“发生这种变化的原因是，近50%的人口进入了城市——这种史无前例的大规模的变化自1970年以来产生了6.5亿吃肉的城市人。”

背景二：“中国谷物库存管理者面临的问题是，城市居民人均花在食品上的钱比农村居民多了大约270%。从总体上说，这就意味着他们要吃更多的猪肉、鸡肉和牛肉，也就是说中国需要更多的玉米来饲养全国的4.77亿头猪。而中国要想满足国内的猪肉需求，还需要多养6000万头猪。”

可以想见，如果没有这个背景的补充，这条新闻仅仅报道说中国进口了多少玉米，读者一定是一头雾水，而有了这个背景的插入，整篇新闻便比较令人信服。

任何新闻事件的发生，都有其原因。新闻背景的使用正是起到帮助读者了解原因的作用。具体来说，使用新闻背景，具有这样的一些作用：

说明作用。通过说明，让读者明白产生某一新闻事实的具体原因。在一篇《俄停用冬令时搞晕民众》的报道中，记者在讲述了俄罗斯30年来首次没有改用冬令时这一新规，为当地百姓生活带来混乱之后，加入了这样一段说明："去年俄罗斯颁布法令，从2011年开始正式取消冬令时。总统梅德韦杰夫说，频繁调整时间会让人感到压力、容易生病。根据1981年以来的做法，在夏令时的实施期结束后，全民本应在10月最后一个周日的凌晨3点钟将钟表调慢一小时，改用冬令时。"有了这一段的背景插入，让读者对俄罗斯30年来实行的冬令时有了一个清晰的了解。在新闻报道中插入背景说明，是新闻报道中常用的手法，例如美联社在一篇《暴风雪打乱美国东部万圣节安排》的报道中，插入了这样的一段说明："因为10月份就到来的这场暴风雪压断了输电线，导致全市四分之三的地区断电。"再如，在《华尔街日报》的一篇题为《常春藤名校文凭是否物有所值?》的报道中，作者插入了这样一段说明性文字："随着助学贷款违约率日益攀升，加上大学毕业生找不到工作，越来越多的学生认定，对他们来说，从一所学费不太贵的学校拿到的学位和从一所精英学校拿到的文凭没什么区别，而且还不必背负债务负担。"这对加深对新闻主题的理解与认识，起到了非常重要的作用。

解释作用。新闻报道涉及面广，经常会碰到一些专业知识，这些知识不做解释很难让专业之外的普通读者读懂。适当穿插一些解释对新闻传播能起到很好的作用。例如，在一篇题为《南海发现巨大宝藏"可燃冰"》，可燃冰是一个专有名词，如果不做解释，读者很难理解可燃冰到底有什么价值。这篇报道对"可燃冰"做了这样的解释："'可燃冰'外形似水，能够燃烧，学名叫'天然气水合物'。与石油和天然气相比，'可燃冰'的优点更为突出。1立方米的'可燃冰'所释放的能量相当于164立方米的天然气。目前，在全球公认的'可燃冰'总能量是所有煤、天然气、石油总和的两到三倍。"有了这段解释性文字，读者不仅了解了这篇报道的新闻价值，而且对"可燃冰"有了科学的认识。

对比作用。许多新闻事件，孤立地看，看不出有什么意义，而通过对比，就能发现其存在的价值。对比地使用材料，也是新闻报道中常用的。路透社在一篇2008年美国企业裁员人数创五年最高的报道中，在报道了2008年美国企业裁员人数共达122.4万人这一新闻后，接着通过对比，补充了如下背景“比2007年增加59%，为2003年以来年度最高水准。”《人民日报》2011年10月19日刊发这样一条新闻：《全国假币犯罪22个月连降》，报道中选用了这样一组对比数字：“据统计，自2009年11月至今年8月，全国假币犯罪发案数连续22个月呈下降趋势；全国公安机关假币犯罪月均立案数，由2009年的398起、2010年的125起，大幅下降到今年的64起；月均缴获假币的面额，由2009年的9708万元、2010年的5453万元，直线下降到今年的3036万元，均为近10年来的最低。”数字对比在新闻报道中很常见，但是也要注意数字的可比性，2011年在一家著名的党报上，有一篇题为《武乡农民吃上红色文化饭》的报道，报道通过对比，反映该县通过摆脱煤炭资源依赖，发掘抗战旅游资源的发展思路，在运用数字体现具体成果时有这样一段数字：“在八路军文化产业带动下，截止11月28日，武乡县财政收入累计完成11.58亿元，提前一个月完成全年任务，同比增长35.6%，绝对额增加3.04亿元。”这个数字是没有说服力的。这里面始终没有具体说明，旅游收入在财政总收入以及当年的增长比例中到底占多少。事实上，这个数字是可以不要的，因为旅游开发主要是富民工程，旅游对增加财政收入作用十分有限，硬要和财政收入扯在一起，反而削弱了主题。

揭示事物意义的作用。《人民日报》报道过一篇我国治疗性乙肝疫苗研究取得重大进展的新闻，为了让读者更加了解这项科技成果的重大意义，文章加入了这样一段背景：“目前，我国乙肝病毒携带者有1.2亿，另有3900万慢性乙肝患者，每年的治疗支出高达300亿—500亿元。”该项成果到底意义有多大，无须报道者说什么，作为客观报道，记者也不应该直接说明这项发明的重大意义，让事实本身说话，相信这两组数字已经说明了一切。

更加通俗易懂的作用。新闻背景具有说明、解释、对比、揭示事物的意义，让新闻更通俗易懂等的重要作用。财政新闻尤其如此。财政作为一门政策工具，一方面由于其出台的每一项政策与社会公众利益息息相关，被关注度高；另一方面，由于它具有很强的专业性、政策性，又让没有接受过专业训练的社会大众很难完全理解。财政新闻的写作就对写作者有一个很高的要求，一是要了解财政专业；二要能够以通俗易懂的语言准确地“翻译”出来。这就更需要在新闻中掌握好新闻背景的运用，拿捏好度。

能不能将财政新闻以通俗易懂的方式表达出来，能不能将每一项财政政策出台的来龙去脉、意义目的说清楚，这是衡量一个财政新闻记者、编辑的基本标准，也是最高标准。遗憾的是，现在有不少财政新闻依然没有摆脱用专业说专业，自说自话的尴尬局面。与其说这是新闻写作的语言问题，毋宁说这是没有真正弄懂财政政策的外行表现。

把简单的问题说复杂，是不懂；把复杂的问题说复杂，是没有真正弄懂；把看上去十分复杂的问题能以简洁、通俗的语言表述出来，这是一种极高的语言智慧，而要达到这样的境界，前提是必须真正弄懂。

新闻语言：什么都不如“写对了”重要

无论何种体裁，简洁是最好的文风。新闻尤其如此。简洁不是简单，简洁的文风体现在语言上应当具备下面三个条件：一是笔下每一句话要言之有物，并且承载的信息量越大越好；二是用字越少越好；三是意思表达准确。一句话，就是用最少的字把意思说清楚，这其实是很难的。作家严歌苓说过一段很朴实的话：什么都不如“写对了”重要。

什么才是写对了？严歌苓说："随着写的东西越来越多和岁数越来越年长，我的文字不像过去那样'语不惊人死不休'，我觉得那是年轻时候的追求，现在的追求是，语言把感觉完全写对。你要诚实地问自己'我真是这样想的吗？'如果不是这样想，就反反复复地改。我们要诚实地写作，而不是矫情地让人看文字有多漂亮。我曾经遇到过一位美国女作家，她写了几部作品在美国很畅销，我问她你觉得行文什么最重要？她说什么都不如写对了重要，这个是最难的。"

写对了，说到底，就是准确地表达你想要说的意思。其实，很多的时候，人们写出来的文字并不是自己想要表达的意思，写出来的白纸黑字，和内心里想要说的并不是一回事。好比画画一样，没有经过训练的手，画在纸上的和自己看到的、想到的画面差距很大。文字也是，多一字少一字换一字，都可能产生不同的效果。这表面上看上去是语言的功夫，其背后反应的是思维的清晰度与思考的深度。唐朝诗人贾岛当年作诗为句子中"僧敲月下门"还是"僧推月下门"苦苦推敲，现在想来，推敲二字放到诗句中，各有各的内涵，各有各的妙处，贸然地得出"敲"比"推"好的结论，未必准确，关键是，诗人想要的是什么，想要的就是写对了。

再如，曾国藩当年给慈禧太后的那份著名的奏折，其中写到与太平军的战斗，他起初用了"屡战屡败"的句子，后来，他修改为"屡败屡战"，词语前后顺序的简单调整，意思完全发生了变化。

许多优秀的作品都是改出来的。修改，就是在不断寻找准确的意思。鲁迅说，自己的文章要反复修改，毛泽东发表的许多文章，今天看他的当年手稿，能看到许多的删改处。

2010 年朝鲜半岛发生的延坪岛事件，造成韩国海军多人伤亡，一时世界舆论哗然。尽管美日韩等国一致将责任指向朝鲜，但是，联合国安理会在发表声明的时候，用词谨慎，基本保持了客观、中立的立场。全文不长，但堪称"写对了"的典范。

【例文 1】

安理会主席声明全文

2010 年 7 月 9 日

安理会注意到 2010 年 6 月 4 日大韩民国（韩国）常驻联合国代表给安理会主席的信和 2010 年 6 月 8 日朝鲜民主主义共和国（朝鲜）常驻联合国代表给安理会主席的信。

安理会对 2010 年 3 月 26 日导致韩国海军天安舰沉没并造成 46 人不幸死亡的攻击，感到痛惜。

安理会认定，这一事件危及该地区及域外的和平与安全。

安理会对人员丧生和受伤感到痛惜，并向受害者及其家属以及韩国人民和政府表示深切的同情和慰问，同时呼吁对此事件的责任者采取适当且和平的措施，旨在依照《联合国宪章》及所有其他有关国际法规定，和平解决这一问题。

考虑到由韩国牵头、五国参与的军民联合调查组的结论，其中认为朝鲜应为天安舰沉没负责，安理会深表关切。

安理会注意到其他有关各方的反应，包括朝鲜表示与此事件毫无关系。

因此，安理会谴责导致天安舰沉没的攻击。

安理会强调防止在对韩国发动或再在该地区发生此类攻击或敌对行动的重要性。

安理会欢迎韩国表现出的克制并强调维护朝鲜半岛乃至整个东北亚的和平与稳定的重要性。

安理会呼吁全面遵守《朝鲜停战协定》并鼓励以和平手段解决朝鲜半岛未决问题，通过适当渠道尽早恢复直接对话和谈判，争取避免冲突，防止局势升级。

安理会重申所有会员国遵守《联合国宪章》各项宗旨及原则的重要性。

（联合国网站）

语言是交流传播的媒介，到底应当用什么样的语言把财政新闻准确地传播出去，让公众喜闻乐见，这恐怕很难有一个具体的标准，但是，由于在实际操作中经常出现的三方面的问题，确实应当引起重视并着力避免。

一是要避免打官腔。从公文行文的规范看，“官腔”作为政府部门之间在公文往来过程中所约定俗成的固定语气、习惯用语等，其背后反映出来的实际上是命令、服从、商榷等政府职能关系，通常，这样的公文或者准公文中，都会出现一些穿靴戴帽式的官样文章表述方式。这样的文章，在政府系统之间往来应该是非常正常的，但是，把这样的文章写法搬到新闻当中，就会使读者反感。即便同样是官员，当官员的身份转变为媒体读者时，他们对这样的官样文章也十分反感。新闻是大众传媒的一种独有文体，它需要与读者以平等的身份进行交流，换句话说，读者需要从大众媒体上获得的是实实在在的信息，是“干货”，你只要告诉读者你想说什么就可以了，一旦将与新闻无多大关联的多余的内容放到新闻报道中，报道就会显得装腔作势、盛气凌人、不伦不类。语境变了，文章的语言也必须跟着变化。

二是要力争少用专业用语。财政作为一门专业，有许多自己的专业术语。这些术语在圈里人之间，人们很容易了解其中的意思，但是，放到圈里人之外，人们往往不知所云。应该说，各行各业都有自己的专业术语，但是由于财政事关千家万户，财政必须让公众能够听懂，这就需要在大力宣传的同时，还要力求做到让人们能够听懂、看懂。这需要写作者不仅本身要弄懂财政政策，了解每一个专业术语的具体内含，还要能够用通俗的语言表达出来。通常的方法有，一是在文中适当插入术语解释；二是可以打个比方，如遇到专业术语较多的情况，可以在文后适当做一些链接。

【例文2】

渐行渐近大监督

——“两基”建设在财政监督系统中的实践

从大监督理念的提出到地方财政监督的具体实践，无不表明，“两基”建设其实涉及财政管理的每一个部门、每一个环节、每一个人。——记者手记

大监督，成为系统内的“流行语”

在全国财政监督系统，从上到下，有一个大家耳熟能详的专业术语，在记者看来又几乎可称做系统内的“流行语”，叫做：大监督。

监督就是监督，何以在监督前面要加一个“大”，并且被系统内广为认同呢？一个简单、直接的原因是，近几年财政监督的内涵和外延发生了重要变化。

记者到全国各地采访，经常能够听到地方财政厅局负责人对财政资金在规范安全有效方面的担忧，由此进一步引发对财政监督的高度重视。虽然全国各地真正行动起来早晚不一，但在机构建设，体制、机制、制度建设和创新方面的力度却是前所未有的，以至于财政部监督检查局有关领导和记者谈到全国财政监督检查工作时，都颇为欣慰地说，现在全国许多地方都动起来了，有些地方动作之大、创新之多超乎想象。

特别是结合贯彻落实财政部党组的“两基”建设部署，全国财政监督系统更是在监督检查制度细化方面成绩斐然，在系统内涌现出了一批典型经验或者创新模式：江苏的财政大监督模式、甘肃的“一把手工程”、河北的

"三局分立"、河南的强化财政监督职能建设乃至该省焦作市的"四权分离"改革……

仔细分析会发现，这些典型也好，模式也好，其改革的目标均有一个十分明确的指向，或者说在共同呼应一个鲜明的主题——建立财政大监督体系。

作为全国财政监督的最高指导部门，财政部监督检查局近几年一直在不遗余力地推广财政大监督的实践。仔细翻阅这些年财政部监督检查局出台的文件，大监督的概念经常出现在文件的字里行间，作为呼应，地方的相关文件也同样开始大量使用大监督的概念。

财政大监督理念落实到具体工作，就是要实现财政部党组提出的"建立健全覆盖政府性资金和财政运行全过程的监督机制"，最终目标是要实现中央提出的"建立健全预算编制、执行和监督相互协调、相互制衡的财政运行机制"。

"大监督是在几年前提出的一个理念和设想，但没想到地方推得这么快，成绩这么显著，社会影响这么大。"财政部监督检查局局长耿虹对记者表示。

大监督，渗透在财政管理的各个环节

加强财政监督很重要，但关键是怎么监督。

这些年，随着国家投向民生的资金越来越多，如何用好管好财政资金越来越成为财政管理者的当务之急，从某种程度上说，财政部部长谢旭人以及本届部党组提出的"两基"建设其实就是从基层和基础这两个关键环节入手，加强财政资金的监督管理。如果说科学化精细化是对财政管理提出的一个整体要求，"两基"建设则是具体的突破口和发力点。

那么，监督检查系统如何在落实"两基"建设方面有所作为呢？财政部监督检查局提出的基本思路是，建立财政大监督机制：即预算编制、执行、监督（绩效）这样一种"三位一体"的机制，财政监督必须贯穿于财政资金运行和财政管理的全过程之中，只有这样才能为实现提高财政资金的使用效益打下扎实的基础。

过去，在人们的印象里，财政监督似乎只是财政监督部门一家的事情，而在实际工作中，每天都在下拨大笔的财政资金，单靠财政监督部门去检查，或者靠运动式的集中检查，显然不能保证长久和长效。必须考虑在日常工作中建立一种长效机制，让财政资金每时每刻，每个环节都处于财政监督当中，而建立财政大监督机制，恰恰是提高财政资金使用效益最为基础性的制度建设工作。财政部门作为资金管理部门，除了监督检查这样的职能部门具有监督的义务外，财政资金分配环节的每一个部门和个人也都应该承担监督的义务。

不少地方的成功实践经验，正是在财政管理的诸多环节引入了监督的职能，为了避免流于形式，很多地方还在干部考核中，加入了监督考核的内容。

大监督，在各地风生水起

从各地财政大监督的探索和实践的内容来看，处处渗透着加强财政基础管理的深刻内涵，仔细琢磨，颇有启迪的意义。

江苏，作为中国东部发达省份之一，在财政监督上率先于 2006 年开始尝试建立起“预算编制、预算执行、绩效评价、财政监督”这样一种财政大监督的模式，于 2009 年开始基本成型。

江苏省财政厅监督检查局原局长王卫星这样描述建立这一体制的过程：首先建立了财政预算编制、预算执行、预算监督“三位一体”的内部监督体系。其次，建立了财政收入政策制定、执行、管理的收入监督体系。再其次是建立了日常监督和专项监督相结合的财政支出监督体系。最后是建立了会计信息行业管理与行政监管相结合的会计监督体系。这其中的关键，是财政监督机构要发挥牵头作用，扮演好财政监督“总导演”的角色，在财政监督制度设计、组织协调等方面积极作为，并对其他业务管理机构财政监督工作开展情况实施再监督。

“随着财政收支盘子的日益增大，财政风险随之加大，财政管理水平要求不断提高，财政监督愈显重要。但监督工作面广量大，专职监督人员又相对不足。新的形势要求我们创新思路，建立财政监督长效管理机制。”江苏省财政厅厅长潘永和的一席话，道出了江苏在全国率先探索构建财政“大监督”格局的初衷。

甘肃省财政厅在全国首创的“一把手”工程，则独辟蹊径，为财政大监督机制的建设添了一块“好砖”：2008 年年底，甘肃省财政厅党组提出实施财政监督“一把手”工程，由厅长周多明直接分管财政监督工作，坚持一手抓预算收支，一手抓监督检查，着力提高财政专职监督机构的权威性，解决财政业务部门重拨款轻监督的问题，促进财政监督与财政管理相融合，强力推动财政部门认真履行监督职责。

“一把手”工程理顺了财政监督工作机制，有力地推动了甘肃省财政监督工作的开展。目前，全省14个市州及86个县区，已全面实施财政监督“一把手”工程，领导干部对新形势下强化财政监督的意识不断增强，财政监督能力大大提高。

在机构建设方面，河南作出了大动作。从 2009 年开始，省财政厅将财政监督处更名为财政监督检查局，局长高配为副厅级，下设 3 个职能处室，核定行政编制 20 人，比改革前增加 10 人，同时向 18 个省辖市派出 6 个正处级监督检查办事处，新增全额事业编制 60 人。财政厅党组还着力为财政监督事业创新发展选干部、配班子、聚人才。

河北省财政厅则从机构设置上向前迈出了更大的一步，为了突出监督的力度，在厅内实行“三局分立”：继 1999 年成立财政监督检查局之后，又于 2010 年先后成立了河北省财政厅预算管理局、河北省财政厅国库支付管理局。这 3 个局都分别由省财政厅 1 名副厅长兼任局长。

在监督方式、方法的创新上，河北省也做了大胆尝试。河北省财政厅财政监督局副局长张振川介绍说，2005 年，河北省财政厅就向省教育厅、林业局、交通厅、国土资源厅等 4 个部门派了两个财政监察组。这 4 个部门都属于资金量比较大（占整个省级部门资金量的 50% 左右）、专项资金比较多、社会关注度比较高的部门。两个财政监察组为正处级单位，驻在部门，对部门进行旁站式监督。5 年来，两个监察组前后深入到 82 个预算单位和 110 多个县级单位跟踪检查各类资金的执行情况，涉及资金 600 亿元，发现并纠正违规使用资金 4.27 亿元，有效遏制了违规使用财政资金问题的发生。

据悉，为扩大监督成效，经省编办批复，下一步，河北省财政厅将财政监察组由 2 个增至 5 个，人员由 6 人增至 21 人，对管理财政资金量在 2 亿元以上的省直预算单位实施派驻监督。

为了推广这种被实践证明为行之有效的财政监督模式，河北省财政厅还向 11个设区的市财政部门实施了派驻监督，实现省对设区市派驻监督工作全覆盖。据悉，全国采取这种派驻监督方式的还有湖北、陕西、山西、山东等省。

大监督，正向我们走来

在实际工作中，要真正实现财政“大监督”，没有信息化手段的支撑，是不可想象的。地方财政系统在积极探索、践行“大监督”机制的同时，都在因地制宜，开发各种信息化系统，以便为财政“大监督”的实施提供强有力的支撑。

财政部部长谢旭人非常关心信息化建设在财政监督中的作用，他曾经感慨道，什么时候轻点鼠标，每一笔财政资金的流向能够一目了然就好了。今年，河北省财政厅自主研发的即时分析监控系统，基本解决了网上即时监督的问题。河北财政厅将这套系统概括为纵向到底、横向到边的信息化监督体系。据记者了解，在全国财政系统，不少地方都在财政管理和财政监督信息化方面迈出了重要步伐。

就连地广人稀的雪域高原西藏也开发出了随时可以监控财政资金走向的大平台系统，西藏财政厅厅长艾俊涛表示，他不出办公室，就能够了解西藏财政资金的基本走向。

广州的“天眼”更是走在了全国的前列。广州市财政局开发并于去年上半年开始上线运行了“财政监督业务管理系统”（被业内人士称为“天眼”）。

真正实现了对财政资金运行以及财政管理全过程的参与和监控，进一步促进了财政管理和财政监督的规范。

关于大监督，我们总能听到与之有关的各类新闻。最近有两则消息令人耳目一新。一是为了加强对中央预算基层单位的监管力度，财政部决定自2011年1月1日起，在吉林、上海、青岛、海南、四川、陕西等6省市开展中央基层预算单位综合财政监管试点工作，以推进财政科学化精细化管理，规范中央基层预算单位财政财务管理，确保财政政策执行到位，提高财政管理绩效。二是最近财政部纪检组长刘建华和副部长张少春传达了关于贺国强同志的重要讲话精神，特别强调，要建立健全执行中央重大政策部署的长效机制，其中大监督被放到了重要位置。

越来越多的信息似乎在不断传递着这样一个重要内容：随着中央越来越多强农惠民政策资金的下达，随着中央转移支付资金的额度越来越大，加强财政监督的任务将越来越重。可以毫无疑问地说，伴随着财政"两基"建设的不断深入，大监督，正向我们阔步走来。

（摘自《中国财经报》　记者：刘明中）

三是要避免使用抽象空洞的语句。新闻是写给公众看的，要言之有物，最好用老百姓的语言来写文章。老百姓说话，朴实无华，生动活泼，但都是大实话。提倡用通俗的语言尤其是口语写作，听上去是一个语言问题、文风问题，其实背后体现了写作者的立场问题。就是你能不能真正地放下身段，用平民化的视角看问题，思考问题，另一方面，也体现了写作者的语言功力。能不能用自己的话把问题写清楚，是写作者有没有真正把所要表述的对象想清楚的重要标志。有些人，按照本本上语言，按照别人的语言能够说清楚，而一旦用自己的话却说不清楚，这说明还在嚼别人吃过的馒头，自己还没有真正把问题想清楚。

【例文 3】

总理到过的农家院

因为温总理三次造访偏桥村，两次进过他家的门，农民苏洪喜成了当地的“名人”。

早春四月，北京已经春暖花开，位于北京150公里外的滦平县还是春寒料峭。我们上午驱车来到偏桥村苏洪喜家，大门锁了，村里人去喊他，过一会儿，老苏回来了。老苏已经习惯了陌生人的来访，一上来就与我们热情地握手。老苏的手很硬，有老茧。老苏一身陈旧的灰黑衣服，一顶旧帽子斜扣在脑袋上，照相的时候，细心的老伴将他的帽子正了正。一件桔黄色的马甲穿在老苏身上显得十分惹眼。去招呼他的村里人大概和他很熟，边进门边和他开玩笑说，老苏你现在可是名人了，老苏也不回答，咧嘴对我们笑笑，有点不好意思。又过了一会儿，老伴、儿子也回来了。

老苏热情。把我们让进屋后，沏茶倒水，然后指着墙上温总理和他全家的合影，向我们详细介绍温总理到他家时的情景。老苏说，温总理三次到过偏桥村，两次进过他家。第一回，2000年，视察旱情。第二回，2005年，温总理来调研，临走的时候，和他说了，5年后再来。温总理果然就来了。老苏特意指着里屋的土炕说，温总理这回就坐在这个炕上和他以及老伴一起吃的饭。

我们问老苏日子怎么样，老苏说，村里地少，一人不到一亩地，主要种大棒子（玉米），遇到好年景，一年收成1000元，天旱，也就600多元。各项种地补贴加起来，一亩58.3元，老苏指着身上的桔黄色马甲说，这是上面发的，护林穿，每年护林8个月，能挣1500元。老苏有5个儿子，有打工的，跑运输的，做点小生意的，一年三个节，每个儿子再给老两口50元，一年下来，有750元。偏桥村农民主要收入靠外出打工，全村353户，1273口人，人均收入2711元，在全县属于中等偏下水平。

老苏69岁，腰椎不好；老伴64岁，高血压、心脏病，一天吃药6元。老苏说，省着花，一天10元，够了。边上的人插话说，要是现在年轻人，可不够。老苏说，那是。

老苏说，温总理特别关心农民生活，出门的时候，拉着他的手在村子里看，老苏不好意思地说，村容村貌不够好，总理说，村子变化可不大，临走的时候，交代三句话：第一，把村容村貌搞好，让家家户户干净些；第二，把土地规划好、利用好；第三，多种些树，这样适当时候可以发展旅游。

温总理走后，陆陆续续有各级政府官员和媒体记者走访老苏家。老苏说，香港记者来了，要求在他家吃农家饭，就吃他家儿媳妇为温总理做的四道菜：炖萝卜、白菜粉条炖肉、煮南瓜、葱花炒鸡蛋，主食馒头。有人建议他开个农家乐。

这一段时间，偏桥村有了新变化。村边栽了树，农民房前屋后的垃圾也清除干净了，特别是随着国家农村养老保障政策的逐步试行，滦平县纳入了全国试点县，偏桥村有几十口符合政策的60岁以上老人，每人每月领取55元，老苏老两口一年就能增加1320元，讲到这项政策，老苏老伴在一旁激动地说，这可管事啦。和我们一起前来拜访老苏的一位财政干部说，财政计划利用农业开发资金，在村里建16个蔬菜大棚，老苏听后说，那敢情好。

老苏家也有了新变化。不仅房前屋后整理干净了，大门的墙上还挂了一个乡村旅游示范户的牌子，县文化旅游局计划帮助老苏以及其他几家农户发展农家乐。

听说最近从省城到市县，不断有政府部门的人到偏桥村，进老苏家。

温总理在今年“两会”的记者招待会上说过，北京、上海等发达地区不代表中国，中国还有很多落后地区，他到过的距北京150公里外的滦平县就很穷。

在首都150公里以外的地区，贫富差距这么大，无论如何是需要改变的。

老苏以及偏桥村的农民，离好日子大概不会很远了。

（摘自《中国财经报》 记者：苗福生）

第十一章
写好短新闻

导　读

写短新闻，表面上看，是文字的长与短，实际上，是观察问题的角度与表达观点的逻辑清晰度。抓住了独特的角度，又能把意思说清楚，文章自然就会短。不要把肉埋在饭碗里。

向古代经典短文章学习。

通常，除了那些特别重大的新闻之外，在报纸的版面上，一些短新闻更能引起读者的兴趣与关注。

一　短新闻是新闻中的“珍品”

文章本来无所谓长短之分，大文豪苏东坡说过，文章当长则长，当短则短，意思是文章长短应当根据内容而定。想说的意思说了，文章就算写完了。但是，现代人文章是越写越长，新闻界也是长文章越来越多，以至于每年中国新闻最高奖——中国新闻奖的评选也作出了硬性的规定，消息不超过 1000 字，通讯不超过 3000 字。在通讯标准上，最近又有所松动，规定不超过 4000 字，然而不管怎么说，文章长已经成为令人头疼的事，所以，不得不作出字数的限定。

我国著名新闻前辈，原《人民日报》总编辑范敬宜先生非常重视短新闻的写作，在他的《总编辑手记》一书中，经常能够看到对文章长短的评价。例如，对于一篇选题好，但文章长达 7000 字的新闻，他批评说，实在太长，即使内容好，能读完的恐怕也不多。他特别提到读者的“承受能力”。有一篇 1000 多字的通讯，被改编成了二三百字的短新闻，范敬宜先生兴奋地称之为抓住了一条小活鱼。他在书中具体点评说：“我们有的同志写稿，最善于把肉埋在饭碗里，而不愿意把它挑出来加以突出，总是舍不得，结果珍珠被埋没掉了。”

本人在写作本书时，正逢中国记协又要评选 2011 年度好新闻，本报记者撰写的一篇新闻，应该说相当有新闻价值，但是，字数超过了 1000 字，该文失去了参选的资格。短是一条硬杠杠，更是一条值得坚持的硬杠杠。好新闻，就是要短。

写短新闻，表面上看，是文字的长与短，实际上，是观察问题的角度与表达观点的逻辑清晰度。抓住了独特的角度，又能把意思说清楚，文章自然就会短。我的同事中国财经报社的要闻部主任齐玄江，在 20 世纪 90 年代，曾经在众多记者参加的新闻发布会上，由于角度独特，撰写的新闻稿件不到 300 字，却获得了中国新闻三等奖。时间过去多年，这篇稿件却给我留下很深印象。这篇新闻选取的角度至今仍有参考价值。

【例文 1】

不比虚数比实绩

国家统计局首次用“增加值”向外发布信息

本报讯 2 月 18 日，在国家统计局举行的“1992 年国民经济和社会发展的统计公报”新闻发布会上，首次取消了工、农业总产值指标，增列一、二、三产值的增加值指标。

发言人解释说，这样做的原因，是为了引导各地从追求总产值转到提高经济效益上来；同时也是为了与国内生产总值相衔接，向新国民经济核算体系靠拢，也便于国际对比。

增加值，表示一年生产的可用于社会最终消费的物质产品和服务价值总和，不包括中间消耗转移的价值，因而能更真实地反映社会的活动成果。国家统计局公布的1992年我国工业增加值为10116亿元，农业增加值5808亿元，第三产业增加值为6623亿元。

从阅读习惯上来说，新闻作为最新发生事实的传播文体，应当越短越好。站在读者的角度考虑，读者需要在最短的时间内，知道发生了什么就可以了。因此，作为新闻的提供者，媒体记者、编辑必须为读者提供更加丰富的新闻内容。这就要求在有限的版面之内，提供更加丰富的内容。所以，把新闻写短，并且要写好看，这是新闻从业者必须考虑的。

【例文2】

“贫困地区”官员待遇远超总统

美小城官员高薪引发众怒

美国加州一贫困小城的市政经理因年薪近80万美元引发众怒而辞职。

美国加州的贝尔市人口不到4万人，其中近四分之一生活贫困，是洛杉矶大都会地区最贫穷的城市之一，但其市政经理罗伯特·里佐年薪却高达78.7637万美元，相当于奥巴马年薪40万美元的近两倍。

贝尔市其他官员的年薪也高得惊人。该市的市政副经理一年拿37.6288万美元，警察局长的年薪也达 45.7 万美元，比相邻的洛杉矶警察局长高近 50%。

贝尔市人口以拉丁裔移民为主，其市民的平均薪资只有全美的一半。因此，《洛杉矶时报》公布这些官员的工资之后，许多愤怒的居民纷纷要求里佐和其他官员下台。他们连续多日在市政府前抗议，要求调整薪资结构。

贝尔市市长奥斯卡·埃尔南德斯发表声明说，市政经理罗伯特·里佐、市政副经理以及贝尔市警察局长一起辞职了。

加州目前正在竞选州长，民主党候选人布朗的办公室发表声明说，贝尔市薪水事件让人“震惊和难以容忍”。

【例文 3】

泰晤士报：为提高学生成绩　英官员求助孔子

英国官员求助孔子提高学生成绩。

中国最著名的哲学家将解答英国的教育问题。

英国儿童、中小学与家庭事务部负责学校事务的国务大臣吉姆·奈特想将中国古代哲学家的教育思想引入英国教室，希望借此能够提高英国学生的考试成绩。

他宣布，每一名学生都应当进入能够学习中文的学校，并起草了一系列旨在传播中国最知名的“圣人”的智慧的计划。

他说：“从中国文化和孔子身上我们能够学到很多。孔子说，在学习知识的过程中，需要进行思考。学习不仅是学到知识的过程，而且也是学会尊重教育和家庭的过程。我希望这种局面能够出现在英国文化中，就像在中国一样。”

不久前，奈特对中国进行了访问，旨在调查英国学校应当怎样从中国教育方法中获益。他回到英国之后即出台了这项非同寻常的政策。

儿童、中小学与家庭事务部希望了解，为什么中国背景的学生在英国的表现超过了任何别国背景的学生。

在访问中国的过程中，奈特参观了北京的孔子学院。他在那里商讨了在英国公立学校建立一个教授中文和中国文化的“孔子教室”网络的议题。

他说：“我想在英国学校中推广孔子教室和进一步推广中文。私立学校的学生也应当有接触和学习中文的机会。中国学生在英国国家课程考试中的成绩优于任何一个国家学生的表现。”

奈特说：“这是因为中国文化尊重和重视家庭和教育。”

【例文 4】

富豪征婚如选妃　拜金狂潮卷神州

一场名为“全球私人甄选佳丽”的相亲海选，在广州、深圳、北京、上海同时拉开序幕，据说全球约有 5 万名单身女性报名参加。18 名富豪对参选女性的形象、身材、学历等设定了重重关卡，不少人因为没有圆下巴、直鼻子的“旺夫相”而直接被淘汰。

这场所谓富豪征婚的闹剧，让人联想到古代的皇帝选妃活动。

据媒体报道，有富豪对未来太太的要求是，年龄比自己小 20 岁，身高要 1 米 65 以上，身材要“黄蜂腰、蚂蚱肚”，相貌要旺夫旺财，而且要经过风水师法眼的考验。

即便要求如此之高，但出于“钓得金龟婿”的向往，众多女性为之疯狂。殊不知，这些可怜可悲的女人正在成为娱乐集团的玩物。这个富豪相亲闹剧，折射出拜金狂潮席卷神州的现实。

富豪高高在上，将应征者当成货物挑挑拣拣，明显是对女性的不尊重，但这种征婚态度非但没引起社会的抨击，反而被传媒津津乐道，广为传播，这本身就说明社会道德的沦丧。以富人的财势，何愁找不到合意之人，所谓的富人征婚活动，不过是商业主导下的财富猎艳游戏。

（摘自香港《东方日报》）

向古代经典短文学习

我国古代，有许多经典的短文章，甚至可以说，古代的许多经典文献，大多都是短小精悍的小文章。诸子百家，世说新语，直到明清小品文，古代文献中，留下了许多短文经典。

不仅文学、哲学、史学中优秀短文俯拾皆是，即便古代公文中，也有许多文章，堪称语言典范，简短、实用、明了是其共性。短短数十字，上百字，意思说得很明确。

古代文章之所以写得短，当然与当时的物质条件有关系，起初，文字要写在竹简或石碑上，文字长了写不下，后来发明了造纸术，纸张依然很珍贵，写文章受到约束，尽量往短里写。但从另一方面也说明，文章还是可以往短里写的。

今天的微博其实也是一个很好的约束。眼下微博正火，微博的好处在于，逼迫你必须在 140 个字内，言简意赅，挤去水分，挑选最重要的内容，把意思讲清楚。事实证明，现在很多微博，写得很精彩。许多重大新闻事件，照样可以通过区区 140 字将重要的新闻传播出去。

文章简洁不简单表现在多几个字少几个字，更重要的是体现出写作者的思维与语言的智慧。我国古代写作，历来讲究简洁。翻阅历朝历代公文，有许多写作简洁的典范，堪称古代“微博”经典。在中国历史上影响深远，甚至受到毛泽东高度评价的诸多帝王将相，如秦皇汉武、曹氏父子、唐宗宋祖，乃至后来的朱元璋、康熙、乾隆均发布过百字左右的经典公文。

秦始皇统一中国后，上来发布的第一个文告《除谥法制》，一共 77 字，把除谥法的理由以及今后怎么做说得清清楚楚。从这份公文中，能看出秦始皇是一个极度自尊的人，他在文中不希望将来被人议论、评价。一直传言秦始皇到处寻找不死药，觉得秦始皇是个挺怕死的人，文中可以看出，秦始皇不像传言说的那样，心里还是挺明白的，希望以后的皇帝就从二世三世开始，一直叫到万代。这里也可以看出，再伟大的人，也有很幼稚的地方，他死后没几年，就开始了天下大乱，秦朝也没有维持几年。后人有诗为证：万里长城今犹在，不见当年秦始皇。

著名的“约法三章”是汉高祖刘邦入关后发布的一份《入关告谕》，也把自己入关的原因、目的、纪律向老百姓说的很明白，全文不过百字。

历史上真实的曹操是非常爱惜人才的，为了打败竞争对手，“唯才是举”是他的著名口号，为了招揽天下英才，他先后发了三个公告，《求贤令》、《敕有司取士勿废偏短令》、《取贤勿拘品行令》，三篇令都不长，但真实传递了曹操思贤若渴的紧迫心情。曹操的儿子曹丕，发的公文更短，《日食勿劾太尉诏》、《禁妇人与政诏》数十语。

刘备临死前，写过一篇著名的《遗诏》，就是三国演义里讲到的刘备托孤。要把江山托付给儿子，刘备用了多少字？148 个字。

明太祖朱元璋，特别值得一提，这个草根出身的皇帝，对公文要求非常严，他不仅把口语引入公文，要求公文通俗易懂，还要求说话、写文章都要短，开国皇帝似乎都极其痛恶文章中的繁文缛节，著名的茹太素挨打就是因为朱元璋认为几百字能够说清楚的问题，这位大臣却用了洋洋万言。下面几篇短文，在历史上影响很大。放在今天，也堪称微博经典。

【例文 5 】

除谥法制

秦始皇

朕闻太古有号勿谥中古有号，死而以行为谥。如此，则子议父，臣议君也。甚无谓，朕弗取焉。自今以来，除谥法。朕为始皇帝，后世以计数，二世三世至于万世，传之无穷。

入关告谕

汉高祖

父老苦秦苛法久矣，诽谤者族，偶语者弃市。吾与诸侯约，先入关者王之，吾当王关中。与父老约，法三章耳：杀人者死，伤人及盗抵罪。余悉除秦法。诸吏人皆案堵如故。凡吾所以来，为父老除害，非有所侵暴，无恐！且吾所以还军霸上，待诸侯至定约束耳。

求茂材异等诏

汉武帝

盖有非常之功，必待非常之人。故马或奔踶(di)，而致千里；士或有负俗之累，而立功名。夫泛驾之马，跅弛之士，亦在御之而已，其令州郡察吏民有茂材异等，可为将相、及使绝国者。

求贤令

曹 操

自古受命及中兴之君，曷尝不得贤人君子与之共治天下乎！及其得贤也，曾不出闾巷，岂幸相遇哉？上之人求取之耳。今天下尚未定，此特求贤之急时也。“孟公绰为赵、魏老则优，不可以为滕、薛大夫”。若必廉士而后可用，则齐桓何以霸世！今天下得无有褐怀玉而钓于渭滨者乎？又得无有盗嫂受金而未遇无知者乎？二三子其佐我明扬仄陋，唯才是举，吾得而用之。

短新闻能够增强丰富性与可读性

从版面安排上，短新闻也是编辑最喜欢的。一是篇幅小，好安排；二是内容多样，好选择。从读者阅读心理来考虑，一般而言，一个版面上，如果能够在严肃、重大新闻之中，兼顾一些丰富多彩，特别是能够选择一些引起人们阅读兴趣的短新闻，这样的版面往往更有吸引力。

通常，除了那些特别重大的新闻之外，在报纸的版面上，一些短新闻更能引起读者的兴趣与关注。《参考消息》之所以办得成功，长年吸引固定的读者订阅，其中与短新闻的恰当使用有很大关系。下面是《参考消息》上的一些短新闻。

【例文6】

一家网站全球调查显示 英国女人列最丑榜首

据一项国际调查，全世界最丑的女性是英国女人，因为许多英国女性行为粗鲁，狂饮啤酒、打嗝、穿着品味可怕——而这些还只是较客气的评语。

据英国《每日邮报》(Daily Mail) 今天报道，在一项有关哪一个国家女人最丑陋的问卷上，全球各地的答覆如潮水般涌进，几乎都是迫不急待指出英国女人是如何臃肿、没有淑女味和肮脏恶臭等。

主要评语都指向许多英国女人"粗鄙"、"像男人般狂饮啤酒"以及"醉倒在臭水沟里"。

报道说，英国女性也被说成毫不知羞耻的当众放屁、打嗝、放任赘肉外露、全身覆盖粗俗刺青，狂妄自大亵渎时尚，穿着"绷紧的比基尼和运动衫"。

这些严厉评语，都是答复假日网站 Real Holiday Reports 贴出的问题。

英国女人轻松高居丑人榜首，得票率 22.4%，其次是美国女人，得票 16.7%。德国女人排名第 3，得票率 15.7%，接着是东欧和西班牙女人。土耳其女人排名最末尾。

【例文 7】

奥巴马教女挣钱

总统奥巴马的女儿可能会在白宫长大，但这并不意味着她们会缺少美国女孩成长过程中的一段必经之路——做一份代人照看小孩的工作。

奥巴马在一次电视采访中说，他还教两个女儿——12 岁的玛莉娅和 9 岁的萨莎——怎样存钱，什么是利息，如何管钱等等。

奥巴马在美国广播公司的《早安，美国》电视节目中说："现在玛莉娅和萨莎能从我这儿得到零花钱。她们开始长大了，到了她们或许能够通过代人照看小孩来挣一些钱的年龄。她们有自己的储蓄账户。"

任何一位总统女儿代看小孩都将受到高度关注，家长们可以期待他们的小宝贝会受到一整队特工的保护。

【例文 8】

乔布斯语录

苹果公司创始人史蒂夫·乔布斯一生接受过媒体无数次采访，他的言论中流露出他对待生活和商业世界一些与众不同的观点和看法。尽管我们很难真正深入了解乔布斯的思想和内心世界，但从他在新闻发布会、会议、苹果公司的声明，以及接受媒体的采访中，我们总会对他的思想管窥一二。

与俊杰在一起

"我们的创意在我们的想法之中、在我们的员工之中。它是激励我们每天一早去工作，去与那些优秀的人一起奋斗的动力。”

破旧立新

“我在寻找一个需要改革的企业，但其基础必须是坚实的。我做好了准备，要推倒山墙、搭建桥梁，并摧毁一切需要摧毁的东西。我有丰富的经验和充足的能量，还有别人所说的‘视野’，另外，我并不害怕从零开始。”

化繁为简

“苹果知道如何让非常尖端的技术变得简单。随着技术变得越来越复杂，苹果的这种关键优势将更有市场。”

“看看消费产品的设计：大部分都有非常复杂的外包装。我们试图做一些更有整体性、更简单的东西。当你试图解决一个问题时，无论是什么问题，最先想到的解决办法总是非常复杂的，很多人走不出来。但如果你继续思考，深入这个问题，像剥洋葱一样继续下去，有时候你就能找到又好又简单的解决办法。大部分人都不愿意在这个过程上花足够时间和精力。”

临终所愿

“躺在墓地的时候富有不富有对我来说无关紧要……我真正关心的是，当我躺下的时候会想到我们曾做过一件美妙的事情。”

行动而非等待

“我们最吸引这样一种另类人才：他不愿意为了获得一个结果去等待 5 年或 10 年，他时刻准备着努力去立即获得结果，令他在这个宇宙中留下印记。”

完美结果

“人们会用你做的事情来评价你，因此你要专注于结果。应该成为质量的样板。让出色的质量成为一种原则，但有人对此并不适应。”

抛弃不当者

“当你的人并不是世界上最优秀的，不得不解雇他是痛苦的，但有时候我的工作就是这样。抛弃那些不合适的人，我总是试图做得人性化一些。但是你必须这样做，这并不好玩。”

【例文 9】

宜家老板节俭为荣

作为全球第四大富豪，宜家家具的缔造者英瓦尔·坎普拉德驾驶的是一辆行驶了 15 年的轿车，经常乘坐飞机经济舱。他这么做的部分原因是，激励其全球范围内的 9 万名员工遵循节俭的美德。

这位 3 月 30 日就年满 80 岁的瑞典富豪在瑞士——这个他已经移居了近 30 年的国家接受了一次电视采访，访谈中他对自己富有传奇色彩的生活习惯进行了解释。

据《福布斯》杂志最新的统计，他的财产达 280 亿美元，仅屈居微软创始人比尔·盖茨、美国投资家沃伦·巴菲特以及墨西哥工业巨子卡斯·萨利姆之后。

坎普拉德对瑞士广播公司记者说：“人们说我是个吝啬鬼，我并不介意这种说法。我对于自己能遵守我们公司的规则深感自豪。”

当记者问他是否真的驾驶一辆老款沃尔沃轿车时，他说：“它就像新车一样，只不过 15 岁啦。”记者提到宜家的员工总被告知纸的两面都得写字。坎普德反问说：“为什么不呢？如果要进行良好的管理，这就是一个极好的例子，我必须让每位宜家员工都这样做。”他补充道：“我们挣来的一切都是必要的储备。宜家集团仍在发展当中。我们需要赚许多钱。”

宜家是世界最大的家具零售商，在32个国家和地区拥有202家零售店。宜家因其廉价的自行组装式家具而闻名。

【例文10】

萨科齐“赖账”

明年法国将举行总统选举，现任总统萨科齐已宣布参选。他的支持率一直在下降，因此必须全力以赴赢得选民的信任。于是萨科齐决定到选民中去，多接触一下老百姓。

萨科齐来到法国克勒兹省的一个村庄进行竞选宣传，走进当地的一家乡村咖啡馆喝了一杯咖啡，心情变得特别好，他对在场的顾客大声宣布："今天我请大家"，然后开始聊天。

萨科齐说，正是他将乡村咖啡馆的增值税降低到5.5%，使它们的日子好过起来。显然，总统十分投入地进行着竞选演练，走时竟然忘了付账。

女店主却一点都不责怪他。她说总统公务繁忙，"在出访时他得会见多少人，得克服多少困难啊，我还怎么好意思因这4杯咖啡跟他要6.6欧元"。

从萨科齐应埋单的咖啡杯数看，他在那儿的支持者实在太少了。

【例文11】

德国人怀念马克

10月上旬的德国首都柏林街头洋溢着一派怀念货币"马克"的气氛。

在一家快餐店里，一位四十多岁的男子以“想当年还使用马克的时候”一句开头，与店员畅谈起马克时代的美好。

在附近的一家中餐馆，一位六十多岁的男子突然做出弹吉他的姿势，哼唱起了披头士 1963 年推出的歌曲“Please Please Me”。

他说道 :“对于我们这个年龄的人而言，披头士和马克是充满快乐的经济高速增长时代的象征。欧元并非我们想要的，而是政治家们想要的。德国人经历了战后混乱、经济高速发展和东西德统一，现在又迎来了欧元危机。我们深知工作的乐趣与辛苦之处。谁也不应该只知道伸手要钱享乐，希腊人应该更努力地工作。”

第十二章

写好财政人

导　读

财政系统有许多优秀的干部，正是他们身上的闪光品质，构成了我们财政文化的宝贵财富。应该很好地总结、挖掘、宣传财政人身上的优良品质，让这些精神财富形成我们生生不息的财政文化传统。

财政系统能人很多。尤其是一些财政厅局长，他们作为各级政府理财的参谋助手，不仅对宏观财经形势十分熟悉，而且具有相当丰富的实践经验。

机关文化建设是做好财政工作的一个重要保障，也是新闻报道应当关注的重点。机关文化建设，听上去比较虚，但在新闻报道中，一定要写实。

都说财政是一座新闻金矿。其实，财政人同样是一座新闻金矿。只是，这座金矿更需要深度挖掘。

财政政策连着千家万户，涉及百姓生老病死，尤其是不断加大的民生财政投入，更是拉近了财政与百姓的距离。通常人们所感受到的不过是一项政策。而政策是人制定的，那么，政策为什么这样制定，政策背后的人是怎么想的？为什么这么想？他们是一群什么样的人？他们在做什么？在想什么？这是鲜为人知的。

在全国财政系统，有近50万人，其中多数在基层。这是一个默默无闻的群体。他们绝大多数人，一生勤勤恳恳、埋头做事、任劳任怨、无声无息，不为外人所知。然而这也是一个生机勃勃、人才济济、思想活跃的队伍。作为各级政府的理财者，他们普遍素质较高，对国家政治经济形势、对国情民情尤其基层民生有着深刻的体认，与他们接触、交谈越多，越能感受到他们身上的那种责任意识、忧患意识、改革意识。他们有的官居高位，有的是普通职员，更多的是长年生活在基层，但作为财政人，他们身上的理财经验，做人情操非常值得认真总结、提炼，并成为丰富财政文化建设，为财政人薪火相传的精神财富。

一、把财政人身上的理财思想和理财经验挖掘出来

财政系统能人很多。尤其是一些财政厅局长，他们作为各级政府理财的参谋助手，不仅对宏观财经形势十分熟悉，而且具有相当丰富的实践经验。由于他们处于管钱、分钱这样一个特殊的位置，相对而言，他们看问题比较务实，提供决策建议相对理性，说话一般比较谨慎——因为他们最清楚自己口袋里有多少钱，能办多少事，这也就自然养成了他们务实理性、寡言少语的职业性格特色。

可贵的地方正在于，这样的职业性格决定了他们看问题相对客观，处理问题相对低调、务实。在公开场合，他们可能不太愿意太多表述自己的观点，但是，在私下场合，尤其是建立起比较信任的关系之后，他们往往能够谈出精彩的观点。这些观点，可能没有合适机会见诸报端，也可能不合时宜，甚至可能让一些人听了不太舒服，但是，这些观点可能更客观、

更符合国情、符合实际。

通常，这些观点在他们规范的书面发言中一般很难听到，但是，作为记者，就应当捕捉到这种具有真知灼见的东西。其实，很多有价值的思想火花在正式场合不容易听到，他们也没有机会表达，但是在采访中却经常能够引出精彩的观点来。新闻就是要捕捉到这些灵光一闪的思想火花，并把它们凝固成文字，形成我们的财富。

通常这样的采访，在写作上有几种处理方式，一是用对话体。对话体的好处是，在表达方式上相对自由，思维比较跳跃，信息量大。但假如运用不当，也会带来主题不够集中，表述缺乏严谨等不足。二是通过采访消化后，记者个人的观察与叙述。这种新闻表述方式的好处在于，角度可以很小，文章短小精悍，但写作难度在于，记者必须抓住特点，用自己的语言叙述，还要有一定的可读性。我曾经采访过原河北财政厅厅长齐守印、内蒙古财政厅厅长王玉明，与同事一起写过原陕西财政厅厅长刘维隆等，这几篇写人物的报道，当时产生了较好地反响，其中写齐守印的报道，几年过去了，他见面还能够叙述文章的内容和结尾原文，让我非常吃惊。这也说明，成功的报道应该给人留下印象。

【例文 1】

让理论与生活都生机勃勃

——河北省财政厅厅长齐守印理财印象

“理论是灰色的，生活之树常青”——当歌德老人厌倦了书斋生活，而渴望过一种更能展示生命活力的生活时，他表达了一个诗人学者将理论与现实对立的偏激。事实上，只要理论根植于我们脚下实践着的土地，理论之于我们，就像空气一样是永远不可或缺的。特别是对于今天转型时期的中国而言，我们每迈出一步，更是不能缺少理论的科学引导。从某种程度上说，良好的理论素养往往能够让我们在一团乱麻的现实中，迅速找到解决问题的关键。

——记者手记

循着河北财政改革的路径，不难发现，在其近十余年来不断改革与创新的台前幕后，始终活跃着一个学者的身影：这个人是齐守印。

站在全国的大背景下看，河北的财力谈不上雄厚，但是在围绕财政改革方面，河北财政却表现出了立于潮头，领时代风气之先的特色。今天在全国财政系统人们耳熟能详的一系列财政改革实践，诸如：预算管理改革、因素分配法、绩效评价等等，均浸透了浓郁的理论研究成果的味道。

如果说，"第一个吃螃蟹的人"被称做英雄是因为其敢于冒险，那么，当河北财政人准备"吃螃蟹"的时候，他们已经非常清楚，他们即将下口的"螃蟹"是安全、美味的。因为，他们的理论研究走在了前面。

作为学者，齐守印是幸福的。从书斋到书斋，从理论到理论，当一个学者不断在学术上有所创新和突破，并不断在学术界发表动静不小的新观点时，作为学者，无疑是成功的。但是，如何将理论研究成果应用到现实，尤其是能够引导我们今天的改革并经受实践的考验，这又是许多学者没有机会实现的梦想。齐守印做到了。

事实上，这些年，河北成了财政改革的一个大舞台。"理论研究是为了解决现实问题，许多理论文章都是在现实中发现问题以后，经过认真思考写出来的，然后再用于指导实践。"齐守印特别强调，在河北这些年的财政改革过程中，他不过扮演了参谋助手的作用，如果没有省委省政府的大力支持，没有当年王加林同志任厅长时候的勇于尝试，河北的预算改革不可能在全国第一个推开。翻开齐守印的个人专著和一批刊发在全国重要的经济、财政刊物上的文章，我们会发现，河北的许多项财政改革，早在几年前他就已经开始了思想酝酿和理论研究，其中关于政府采购、规范转移支付、预算管理和财政体制改革的研究成果，都比较快地转化为河北省财政管理机制和财政体制改革探索的实践。

齐守印是一个勤于思考的人。他对经济、财政理论研究的兴趣多年一直保留了下来，因为他认为“与时俱进地学习和研究是一个领导干部的政治责任。”从1986年以来，他围绕财经改革与发展面临的突出问题，出版了三本专著，发表了200多篇学术论文。齐守印长年保持了自己动手写作的习惯，他说：“自己动手写和让别人按你的思路去写，不是一回事；说与写也不是一回事。只有自己静静地坐下来，思维才更清晰，更活跃，表达也更准确。”“他自己的研究文章和著作都是他亲自一字一句写出来的。”他的同事评价说。

从事学术研究，让齐守印在财政工作领导岗位上保持了一个学者理性的本色。例如，关于专项转移支付问题，怎么分配一直没有一个标准，也因此造成市县纷纷通过各种渠道公关的混乱局面，为此，1994年还是处长的齐守印便开始研究规范专项转移支付资金分配问题，他提出应当用相关因素构成数学公式计算分配公益性专项资金，具体办法拿出来以后，果然排除了各种因素干扰，实现了资金分配的科学、公正、透明，得到大家的拥护。1995年8月担任副厅长后，他相继在分管的贫困地区义务教育工程资金、老少边穷地区卫生建设资金补助、计划生育专款、城市居民最低生活保障资金等项目上，探索试行因素公式分配法改革。通过积极而大胆地实践，至今，这项改革已经覆盖到河北所有公益性专项资金分配上。

“用制度管钱”是河北财政的一大特点。从2001年开始，围绕各项财政资金管理，河北就研究制定了40余项制度和办法，汇集成册，印发到省直各部门和各市财政部门执行。到2003年齐守印担任厅长后，更是按照“讲科学、求规范、重创新，兴财政、促发展、为人民”的理财思路，在制度建设方面进一步加大了工作力度，并且将预算管理和财政监督制度上升为省政府规章。

论口才，齐守印不是善于雄辩的人。但由于深厚的理论修养和多年写作养成的习惯，他讲话思路清晰，语言简洁，不枝不蔓，听着听着，你就被吸引了，谈一个问题，如果现场有录音，整理出来就是一篇精彩的文章。他对许多问题都有自己的真知灼见。时下不都在讲财权、事权不相匹配的问题吗？齐守印这样解释事权与财权：政府之于社会和人民，首要的是责任，因而一级政府拥有事权的前提是事责，首先要弄清楚各级政府的责任，然后再赋予它办成事的权力，在此基础上再讲公共财政的支出责任划分，据此确定财力的划分以及转移支付。齐守印认为分税制是以支出责任划分为基础、收入划分为保障、转移支付为补充、内在逻辑严密的政府间财政关系制度。要构建科学的分税制，首先是要把这些基础理论搞清楚。

在全国财政系统有几位受到媒体关注和尊敬的学者型厅长，齐守印就是其中一位。私下里，大家都没有把他当厅长称呼，一遇到财税改革中的热点问题，大家都会不自觉地想起来：这个问题可以采访一下老齐。

大家这样称呼一位学者型厅长，觉得很亲切。

（摘自《中国财经报》　记者：苗福生　李毅）

【例文2】

“我们都是农民的后代”

——内蒙古财政厅厅长王玉明理财侧记

不管我们是生活在大都市还是偏远的山村，不管我们当下是腰缠万贯的富翁还是赤贫如洗的穷人，事实上，我们都是农民的后代。因为千百年来，我们从来都是一个农业国家，这块富饶也罢、贫瘠也罢的土地上一直养育了我们农民身份的祖祖辈辈。所以不管你愿不愿意承认，作为一名中国人，你的身体里都将别无选择地流淌着我们农民祖先的血液。

——记者手记

“圆梦行动”的忠实观众

有一段时间，王玉明成了一个电视栏目的忠实观众。

平时没有什么爱好，也几乎没有时间去爱好的王玉明被一个救助贫困大学生的栏目所深深吸引，这个栏目叫：“圆梦行动”。

2006年，在中央电视台这个栏目持续播出的几个月的时间内，王玉明坚持每天都看。如果因为公务活动错过时间，他会交代家人看，记下内容。王玉明关注这个节目的目的有两个：一是直观了解当前全国贫困大学生的情况；二是想看看，有没有内蒙古籍的学生。几个月过去了，当最后确信整个栏目中没有一个内蒙古考上大学的学生因为贫困而上不起学的时候，王玉明以及内蒙古财政厅的广大干部都长长舒了一口气。

这是值得内蒙古财政人骄傲的一件事。2006年，内蒙古自治区党委、政府在向全社会做出的庄严承诺中，其中一条：考上大学的学生，不能因为家庭困难上不起学。为此，自治区财政筹措专项资金6500万元，以助学金、奖学金和助学贷款贴息等形式资助大学生和职业院校学生5.4万名；各级财政筹集和社会捐赠资金2200万元，救助新录取的贫困大学生9500名，另将2.54万名在读大学生纳入城乡低保救助范围。此外，自治区本级财政还专门安排500万元预算用于支持那些财力困难的盟市。

记者了解，内蒙古作为西部地区，财力并不宽裕，但是年初在做这笔预算的时候，厅党组成员均保持了思想的高度统一。内蒙古财政厅党组成员有五人，其中多数出身农民，百分之百都有丰富的基层生活经历，对基层百姓的疾苦与艰辛有深切的体会，更重要的是，他们中的大多数人又都是“文革”结束后，国家恢复高考制度的最早受益者。

王玉明出身农民，如果没有当时国家的助学金制度，他也是上不起学的；一位副厅级领导在和记者的交谈中，更是念念不忘当初在外省上大学时的21.5元一等助学金。他们表示，没有国家的培养，便没有自己的今天。王玉明颇有感触地说，将近30年过去了，国家以及各级地方政府的财力及用于教育的支出都增加了几十倍，反而还有考上大学却因为家庭贫困上不起大学的，这说不过去。

教育是最好的扶贫

“我们都是农民的后代”，王玉明说到“农民”二字的时候，他有一种特殊的感情。王玉明告诉记者，尽管这几年自治区对基层群众生活困难加大了扶持力度，但是，还有不少群众生活仍然存在困难。群众有困难，应当帮助、救济，但是从长远看，改变困难家庭尤其是落后地区群众生活困难的最重要渠道之一是加大教育的扶持力度，一个家庭送出去一个学生，不仅能够改变一个贫困学生的命运，也能够彻底中断贫困家庭的代际转移。

内蒙古地广人稀，尤其针对世代生活在草原上的一部分牧民家庭，自治区近几年加大了教育资源的整合调整力度，让更多的农牧民子女也能享受到优质教育资源。数据显示，经过调整，内蒙古全区中小学由12490所减少到了7225所，减少42%；教学点由7114个减少到1998个，减少72%。王玉明算了一笔大账：通过免除义务教育阶段的学杂费、书本费，再适当提高寄宿学生生活补助标准，不仅让贫困家庭的孩子和城市里的孩子一样享受到良好的教育资源，而且通过这些孩子生活方式的改变，一部分农牧民也会逐渐从草原牧区搬出来，既加速了小城镇的建设步伐，也逐步缓解了日益脆弱的草原生态压力，是一举多得的好事情。

内蒙古自治区从上到下对教育的重视，尤其对农牧民教育的重视出乎我们的想象。从自治区到盟市、旗县，这几年除了落实好中央“两免一补”政策外，条件好的地方还程度不同地加大了对教育的倾斜力度。“办教育就是最好的扶贫”，“办教育才能保证可持续发展”，“从来没有因为办教育而办穷的”，内蒙古地处西部，但内蒙古人办教育的热情与远见却一点不比发达地区落后。为了办教育，我们注意到，经济发展快的盟市，还出台了“四免两补”政策，鄂尔多斯市的东胜区更是除了所有城乡九年义务教育阶段的学生外，也免除了外来打工者子女的学杂费和书本费。锡林郭勒盟对牧区高中阶段的学生也实行了“两免一补”，他们认为，只有高中毕业了，才有更多机会从草原走向城市。记者手上有一份王玉明在刚刚召开的自治区财政工作会议上的讲话，其中两个数据引人关注：“2006 年全区 81 个旗县（市）纳入到了义务教育经费保障范围，受助学生 208 万人，占全区义务教育阶段学生总数的 77.2%，给 150 多万个家庭减轻了负担。自治区本级另外安排城镇低保家庭‘两免一补’资金 1800 万元，受助学生 11 万名”，这在全国也属首创。

办实事更要做大“蛋糕”

内蒙古自治区每年都要向社会承诺为困难弱势群体办一些实事，2007 年的承诺有 7 件：让有就业能力的零就业家庭至少要有一个人就业；考上大学的学生，不能因为家庭困难上不了学；城镇最低生活保障补助标准每人每月提高 20 元；农村特困人口的补助面扩大到 60 万人，每人每天补助 1.2 元；新型农村合作医疗力争做到全覆盖，平均参合率达到 80% 以上；解决 60 万人的饮水安全问题；适当提高 47.8 万名寄宿制贫困初中生、小学生补助标准。以上实事，其中多数涉及农牧民。

巧妇难为无米之炊。限于财力，内蒙古自治区实际上还有很多涉及广大农牧民的实事想办而不能办。因此，促进自治区社会事业的全面发展，最终还是要靠做大“蛋糕”，王玉明与记者面对面聊天的时候，他除了谈到很多要办的实事外，他谈的最多的还是如何支持经济发展，最终做大财政“蛋糕”。

事实上，内蒙古财政近几年一直保持了快速增长的势头，增幅惊人。记者从一组数据发现，1978 年，内蒙古财政收入只有 6 亿多元，1990 年达到 32 亿元，1997 年突破了百亿大关，直到 2000 年也只有 150 亿元，可是从 2003 年以后出现惊人的增长速度，2003 年为 250 亿元，2006 年达到 712 亿元，2006 年增速高居全国第六位。面对内蒙古出现的财政经济大好形势，王玉明表示了谨慎的乐观，他不断向记者表达了一位地方理财者的忧患意识。他说，内蒙古经济的发展既取决于全国的大好形势，也与自治区党委、政府及时抓住机遇创造了一个良好的投资环境有关。

王玉明充分认识到了一个能源大省利用外来资金、技术、管理的后发优势。但他也表示，内蒙古经济结构还比较单一，财政必须在这样的大好形势下，配合自治区党委、政府的发展战略，充分利用公共财政的职能特点，以科学发展观为指导，为内蒙古打造一个更好的经济发展软硬环境，支持科技创新，引进培养更多各类人才，这样才能够保持可持续发展，把内蒙古财政的“蛋糕”越做越大。

（摘自《中国财经报》 记者：苗福生　史生荣）

【例文 3 】

抠门的“财神爷”

财政部门常被人称为“财神爷”。但我半路出家干财政没几年，竟也成了财政队伍中的一个“非著名老抠”。

因为我们北京市财政局局长杨晓超带头，全局上下人人抠、处处抠，产生了许多“著名老抠”。我在这里想不抠门？那真没门儿！

局长的“八大怪”

我的办公室紧挨着局长的办公室。2008 年3月，局长走马上任的第一天，下了班，我们俩在楼道里恰好相遇，我就很热情地摁住电梯，想给新上任的局长留个好印象。没成想，局长冲我一摆手，道了一声“再见”，转身拧开左侧安全门，步行下了楼梯。

局长走了，我纳闷加郁闷了好几天。

那天，有个重要的接待工作，局长依旧不坐电梯，早早地一步一个台阶走着下来迎接贵宾。事后，局长向我们解释说：“少乘点电梯，一年下来能省不少电。我已经养成了走楼梯的习惯。”

这时，我才知道，局长不坐电梯，原来是为了节省行政开支。

曾几何时，北京市财政局的大楼是西三环边、航天桥下的一景，人称“不夜楼”。因为咱财政工作“年年马拉松，天天短平快”，加班加点、挑灯夜战是家常便饭。无数个夜晚，市财政局楼上楼下彻夜灯火通明。

一天晚上，我去局长办公室请示工作，发现局长室内的三盏日光灯只开了一盏。我顺手要帮局长打开余下的两盏，局长却用不容置疑的口气制止了我：“不要开，能看清，别浪费！”

以前，每次召开局长办公会议，我这个记录员总是习惯性地抓上一大把签字笔，提前摆在每位领导的桌位上。那天，会议即将开始，局长进门落座，习惯性地一摸上衣兜，自言自语地说：“糟了，我没带笔！”我急忙起身示意局长桌上有笔，局长却冲我摆手摇头，说：“还是用钢笔好，签字笔都是一次性的，用起来太浪费，建议今后的会议少发或不发这样的笔！”然后大步流星回屋取来了钢笔。

局长在许多细节上都抠。他叮嘱我这个办公室工作人员，如果他全天在局外开会，就不用给他打开水，晚上回来加班时接上几杯也足够了；如果只有半天时间在局里，就只打半瓶开水。有一次，我不小心剩下了半瓶开水，刚倒进水池就被局长撞上了，吓得我低着头连大气也不敢出，一连好几天没敢跟局长打照面。

局长的那份抠，常常是不按套路出牌，动不动就冒出“雷人”之举。比如：局里的办公设备“粥少僧多”不够使，他就带头把笔记本电脑、数码相机等设备贡献了出来；局领导的办公室里有独立卫生间，他却说这玩意儿冲起水来太浪费，总是和大伙儿一起到公共卫生间里扎堆；局里有时在外面接待贵宾，他每次都要求自带酒水、茶叶、果品，还说这样能少挨点宰；局里的食堂供应一日三餐，他每次就餐都用一只土得掉渣的海碗盛饭打菜，还说这样能一碗搞定不浪费。

于是乎，坊间流传开了北京市财政局局长“八大怪”，那就是：电梯不乘走起来，有灯不开关起来；宝贝家当献出来，一次用笔收起来；一口开水省下来，盥洗设备封起来；坛坛罐罐带出来，老土的海碗端起来！

我觉得，这样的局长，那就是史上最牛的老抠。用现在流行的网络词，那就是“节俭哥”、“抠门帝”！倘若鲁迅先生地下有灵，他老人家一定会说：世界上本没有老抠，只不过北京有位财政局局长抠着抠着，这世上就有了老抠。

抠门是为民理好财

兵抠抠一个，将抠抠一窝。有了局长这个超级老抠，我们财政局慢慢形成了一股“抠文化”，人人以抠为荣，以不抠为耻。大家比着抠，攀着抠，使财政局成了闻名全市的“抠门局”。

为了省电，如今去11层会议室开会，局里很多同事是会前走着上楼、会后走着下楼，上下班也尽量走楼梯，办公楼里的两部电梯，有时就只开一部供外来人员使用；机关服务中心把各楼层公共区域的照明灯减少了一半，局里很多同志在单位也尽可能晚开灯、少开灯，并养成了人走灯灭的好习惯。财政局灯火璀璨的“不夜楼”，变成了星星点灯的“萤火楼”。

以前，局机关每个楼层都用一台小型电锅炉来烧水。如今，为了省水，变成了隔一个楼层用一台，还采取定时供水制，终日鼎沸的锅炉渐渐歇了下来。

为了省些耗材，局内的大小会议不再发笔、发本、发袋，打印纸都是双面使用，打印机、传真机实行多人共享，一些设备想“以旧换新”只能“以多换少”，局里过的日子可真是“新三年、旧三年，修修补补又三年”。

抠着抠着，我们抠出了规矩，抠出了精彩，抠出了名堂，抠出了效益。

由于市财政局自身的日子过得规规矩矩、紧紧巴巴，抠到不能再抠，所以抠起其他部门的“三公”等经费支出，就变得理直气壮、从不手软：在连续3年将全市行政事业单位一般性支出抠掉10%的基础上，2010年又抠掉5%。几年下来，先后抠出了好几百亿元，全部用在了改善百姓衣食住行等“刀刃”上。面对这份抠出来的成果，局长很有成就感，他说：“只有在别处抠得狠了，在改善民生方面的投入才能多起来。”

“要想管好人民的钱袋子，财政人，就得对自己抠点儿”。已经抠成习惯的北京财政人，手里拎着钱袋子，却从来不扯着口袋底儿敞着往外倒，而是伸进袋子里，一个子一个子地往外摸，真是“抠钱抠得手抽筋”。那架势，哪像管着上千亿人民币的“财神爷”，倒像口袋里没几文大钱的酸秀才。

谁说抠的名声不好听？在北京市财政局，同事们反而对抠这个词很受用，因为，我们越抠，人民越满意，党越满意。

有句古语说“吾貌虽瘦，天下必肥”。在我们财政局，同样有一句流行语：吾辈虽抠，人民必富！

抠海无涯，抠门有益。老百姓的幸福来敲门，离不开我们这些账房先生去抠门。我的局长和我的同事们，用理财不息、抠门不止的精神，创造了无限精彩，赢得了一片喝彩！

（摘自《中国财经报》　作者：陈以勇）

二、展示财政人的风采

财政人身上有许多宝贵的品质，他们有的身居要位，严于律己，始终保持艰苦朴素的生活作风；有的虽然管着大量的资金，大权在握，却在生活的点点滴滴中，能省则省，为财政节约每一分资金；有的工作在平凡的岗位上，但能够默默奉献，坚守职责。财政系统有许多这样的干部，正是他们身上的这些闪光品质，构成了我们财政文化的宝贵财富。我们这方面宣传的还很不够，我觉得我们应该很好地总结、挖掘、宣传财政人身上的优良品质，让这些精神财富形成我们生生不息的优秀文化传统。下面介绍的三篇例文，虽然文章都比较长，但是考虑到这几篇文章各有特色，从不同侧面，展示了不同岗位上的财政人的风采，我在选择例文时，犹豫再三，还是决定将这三篇文章一并选入。吴波是财政部老部长，在财政部德高望重，人们至今提到他，仍然以“吴老”相称。在财政部有几位老部长，人们都是以“老”相称的，这是带有相当的尊重与亲切在里面。他们身上都有着许多令人肃然起敬的故事。吴老生前不让写他，宣传他的文章很少，社会上知道他的当然也就很少。这篇文章是在他去世后记者通过采访他身边的工作人员写下的几个小侧面。像吴老这样的老部长，他们的故事是应该好好写一写的，这些都是财政系统的宝贵财富。本部分介绍的第二篇例文，是写项怀诚部长的，项怀诚部长在我国分税制改革、公共财政框架的建立、财政支出改革等方面贡献卓著，影响深远，作为财政部长，人们对他官员的身份可能知道得多一些，但是作为一个普通人的财长，尤其是从官位上退下来的财政部长，知道的人可能不多，这篇通讯正是从一个普通人的角度写了人们熟悉又不熟悉的财政部长《做人是一辈子的事》，相信，看过这篇文章，人们对项部长有一个新的认识，对如何理解做官做事做人有新的启示。这一部分的最后一篇例文，我选择了一个普通的财政干部，河北省基层财政局一个平凡、普通的财政干部。关于李红英，这里不再作具体介绍，一是文章做了详细的介绍，二是文章后面，本人曾经写过一篇评论，这篇评论也附在文后，算做对李红英的点评。这三个人物，地位悬殊，但作为财政人的特色，却都是鲜明的，他们官居要职，或者岗位平凡，但都构成了财政文化的重要组成部分。

【例文 4】

“我是一个无产者”

—— 工作人员追忆老部长吴波同志

题记：在采访过程中，我们一次次被人们深情的回忆所感染，情不自禁流出的热泪打湿了手中的笔记本。人生中，总有一种精神让人们感动。这一次，感动我们的是一位生活了将近一个世纪的长者，一位老共产党人的胸襟和人格的魅力。

一

春节刚过，北京依然是滴水成冰的气候。2 月 21 日，在北京医院，一位为共和国事业奉献了毕生精力的老人——原财政部部长吴波同志永远地合上了双眼。

接受采访人员的回忆，像一个个不断闪回的画面，将我们一次又一次拉回到老人的身边……

北京西城区大酱坊胡同 20 号，是一个看上去极为普通的四合院。房子很旧，两边厢房的房柱已经开始微微倾斜，地面上的青砖早就破损，有的已经断裂。在这个新中国成立初期国家分配给他的院子里，吴老一住就是 40 多年。

王秘书还记得第一次走进吴老家的情景：家具破旧，墙面的部分墙皮已开始脱落。一位工作人员告诉他，给吴老从厨房端饭到房间时，曾有好几次墙皮脱落掉进了饭碗里。

每一次提到维修房子的事儿，吴老总是摇摇头。好几位财政部领导去看望他时，也给他提出同样的问题，都被他一一谢绝。吴老总是说“我离休了，已经不工作了，不能再给国家添麻烦了”。

直到 1993 年，工作人员先做通吴老的夫人邸力（她是延安鲁迅艺术学院第一批毕业的老同志）的工作，再用“骗”的方式，让吴老出去呆了两天，利用这两天的时间才把房子粉刷了一遍。就为这事，吴老回来后还生了气。

吴老家有一个用了几十年的老式铁皮浴盆，四角有“腿儿”，盆沿很高，又旧又笨，洗浴时上下很不方便。但吴老的浴盆却有许多用途，除了洗浴外，洗完澡之后的水还要留在浴盆里，用来冲厕所。吴老家洗完菜的水也要用来浇花。他总说，北京缺水，要节约用水。

吴老年事已高，工作人员怕他摔倒，劝他换个浴盆，可吴老就是不答应。有一次，在洗澡时，由于腿脚不灵便，在迈过盆沿时，不慎摔了一下。工作人员借此说起换浴盆的事，但他仍不答应，只让维修人员在浴盆前加了一层砖，抹了些水泥，在浴盆边的墙上安了一个扶手。直到吴老 90 多岁高龄时，实在不方便洗浴，才给他“强行”换了一个。

在他的客厅里有一对破沙发，一溜半截高的书柜，1998 年搬家的时候，一挪动就全部散架了。收破烂的人看了一眼说，“你给我钱，帮你扔掉行。”后来，这些旧家具只能找人扔掉了事。

在物资短缺的时期，每逢过年过节，单位总要通过“后勤基地”给老干部们送些鸡蛋、肉禽和蔬菜之类，给他们补养补养身体，但这些东西拿来后，吴老就马上问，“要交多少钱?”工作人员告诉他，这是给老干部的福利。他总是摇摇头，让他的夫人拿出钱来交给秘书。这可难坏了秘书，因为单位没法给这些钱入账。有时实在推不过，秘书只好“糊弄”他，把钱转交给家里的保姆菊奶奶买菜用。

吴老从不愿麻烦别人，就连理个发也是如此。年岁大了以后，他坚持要上单位理发室理发。秘书提出请理发师来家里理发，可吴老就是不答应。他说，理发师不是只为我一人服务的，是为大家服务的。后来有一次，他来财政部理发，几位部领导知道后，专门暂停会议来看望他。回家后老人感到这样下去会耽误了部领导的工作，才同意让理发师来家里理发。

他的一件睡衣，穿了几十年，上面全是补丁，就是不让换。据一位跟他一起 20 多年的工作人员回忆，吴老几十年中只穿过两套中山装，一套灰色，一套浅灰色，还有一件灰色的大衣。他家里原有两部电话机，平时都放在他的书桌上，晚上睡觉时，他要把那部红色专线电话放在他的床头，可他家连一个床头柜都没有，只好临时放在一条方凳子上“凑合”。

离休后的吴老，也不出去旅游。天气好时秘书劝他，出去走走，晒晒太阳，有利于健康，但吴老不接受这个建议，他的理由有两个，一个是自己是个“懒人”，不爱动；另一个理由就是怕麻烦别人。

工作人员小杨照顾老人 12 年，只记得他外出过 3 次。一次是 1997 年春天去北京植物园，自己买的午饭，不愿惊动当地政府；一次是部里组织老干部去世界公园游玩；一次是身边工作人员“动员”他去了一趟大兴县的西瓜节。好不容易答应了，到了那儿后，吴老怎么也不肯接受当地政府准备的午餐。推脱了四十多分钟，工作人员为了说服他，只好说，“吴老，您不吃饭，大家还要吃啊，是不是？”吴老想了想后同意了，可是吃完饭后，他一定要付了账才安心离开。

吴老平时特别注意节约。在他患了老年帕金森氏综合症后，手总是不停地颤抖。有时吃饭，饭粒掉在地上或桌上，他总是用颤抖的手一粒一粒捡起来吃掉。他还经常教育身边的工作人员说：“粮食来之不易，一定要勤俭节约”。

二

吴老对家人要求非常严格。

他的几个儿子都先后去了基层工作。大儿子当年支边去甘肃时，吴老只送给了他一句话，“去，就一定要坚持到底，不能回来。”这样，大儿子就到了甘肃舟曲县工作。当时，那是个连“兔子都不拉屎”的穷地方，生活条件十分艰苦。同去支边的不少同学都偷偷跑回了家，但他的大儿子却一直留在了甘肃。即使是三年困难时期，再苦再饿，也没有回来。

吴老从来不让别人利用他的关系为子孙们谋私利。他的大儿子从甘肃回来看他，拎着许多行李，可吴老却没有让车去接他，让儿子自己坐出租车回家。在吴老的观念中，公车只能用来办公家的事，私事是绝对不能沾的。他的夫人邸力，患有严重的风湿病，合同医院离家很远，上医院看病也是自己坐公交车或出租车去。有一次吴老夫人染上急病，需要马上送医院，吴老仍然坚持不用公车送。对此吴老夫人也十分赞同，最后还是让自己离休的单位北京电影学院派车去了一趟医院。

有一年吴老去延安视察，他的一个孙女当时在西安外语学院读书，听说爷爷奶奶到了延安，便跑来看望他们。准备回去时，吴老身边的工作人员想为她安排公车送一下，两位老人坚决不同意。最后，邸力老人“押”着孙女走了好远的路，直到目送她上了公共汽车才返回。

在吴老身边待了12年的小杨，从来只见吴老轻言细语地说话，惟独有一次，吴老说话声音高了一点，那是因为小杨在打扫办公桌时无意中动了一份文件，吴老说，“这是重要文件，不要看。这是原则问题。”

吴老患病的后期，虽然有时记忆已不太清楚，但不能以权谋私这根弦却始终绷得紧紧的。一次，工作人员小杨的爱人到医院看望吴老，吴老误以为自己是在外地出公差。等小杨的爱人走后，他告诉小杨，“我们在外出差是不允许带家属的。你既然带了，我也不能赶她回去。但她所有的开销，必须从我的工资里扣掉。”

三

吴老对家属、对孩子如此“苛刻”，但对身边工作人员的生活却又想得十分周到。

在吴老的前院，曾经长期住过为他开车的司机蔡师傅一家。蔡师傅家境困难，吴老一直给他接济，把他家的人当自己家人一样对待，就连他家的房租、水电费也给代交。蔡师傅的儿子们也都是在吴老身边长大的，吴老平时对蔡师傅的孩子，也都像对自己的孙子一样。逢年过节，吴老总是让她的夫人邸力给工作人员的孩子们买衣服，发“压岁钱”。

一个党的高级干部和一个普通的工人两个家庭就这样长期生活在一起，那么融洽，那么和谐。

吴老家住的胡同对面，也是一个四合院，住了几户百姓人家。因住房紧张，这些人家在吴老家住的山墙后面搭建了一些小棚子，使本来已经很窄的胡同更窄了。对此，吴老从不说什么，也不让秘书给反映。他说，那些群众住房很困难，不要去责怪他们。

他在人大财经委工作期间，遇到会议开得比较长时，如果他在会议上吃饭，总是忘不了给家人打个电话，交代家里人给他的司机多加一个菜。

吴老不但在生活上关怀工作人员，对他们的思想和政治上的进步也非常关心。只要有时间，他就常会同身边的工作人员谈心。一位曾经为吴老开车20年的司机师傅，就是在吴老的帮助和教育下，积极靠近党组织，成为了一名党员领导干部。他还多次对负责行政后勤管理的同志说，要多帮助那些思想上要求进步的工作人员，要多教育、多培养他们。

1985 年，财政部办公厅研究处开党小组会，讨论一个青年同志的入党转正问题。当时的吴老已是年届 80 岁的高龄，组织关系仍在研究处党小组，大家担心他的身体“吃不消”，在要不要请吴老出席会议时有点“犯难”。可是开会那天吴老却准时出席。在讲话时，吴老说：“我的秘书就今天是否参加会征询我的意见。我觉得作为一个党员，应该经常参加组织生活。不能因为我年纪大了，行动不方便了，特别是因为我过去的身份就能例外。”接着，吴老还对年轻同志的成长讲了许多勉励的话。

工作人员小杨来他身边工作后，吴老就把西屋单独辟出来给他住，还让他有空就多学习，他说：“你不可能一辈子呆在这里，你要好好学习，以后才能真正走向社会。”从这以后，小杨就抽空学了个文秘函授，吴老一看见小杨学习就特别高兴，连声夸奖：“学习好，学习好。”自己从来舍不得买衣服的吴老，虽然自己穿得很破旧，但在小杨来了不到一个月，就让老伴给小杨买了件新衣服。

离休后，吴老常常对身边的秘书说，不要老呆在我这儿，你的工作应该是在单位的案头上。秘书说，我们的工作就是为您服务，您这儿是“吴办”嘛。吴老也开玩笑地说，“吴办，吴办，无事可办嘛”。

大凡和他接触过的人都这样评价吴老：这样的人，和他相处，能使人心灵净化。

有一位曾经跟随吴老多年的部下，在文革期间却错误地“站出来”给吴老贴大字报，要揪斗吴老。事隔多年，这位同志内心十分愧疚，他主动找到吴老的秘书，要求找个机会，当面给老领导道歉、认错。

某一年的春节，这个同志来到了吴老家里，一进门就开始流泪。吴老耐心听完他的话后，非常平静地对他说，“我，不记得你说的事了。人老啦，好多事记不清了”。那人听了这些话，更是羞愧，跑到吴老隔壁的房间里哭了一个多小时……

四

吴老常说的一句话："搞财政的人一定要做老实人，做人要正。"

1985 年，吴老出差到延安。当地政府安排他住进了宾馆的套房，吴老坚决不同意。他说，"延安还很穷，你们让我住这么好的地方，我怎么睡得着觉呢?"等接待的同志走了以后，他自己换了一个标准间。他告诉随行人员，当年，周总理来到这里后就批评说，国家这么穷，怎么修这么豪华的楼。吴老说："我一躺在床上，总理当年的话言犹在耳，你说，我怎么睡得着呢?"

说起吴老的工资，陈秘书又讲了一个故事。国家刚开始发行国库券时，买的人很少，吴老就动用自己的全部积蓄买了国库券。以后，他每个月的工资都必须拿出一部分买国库券。国家每个月给他 52 块钱的保姆费，他全交了党费，保姆费则从自己工资里扣。

他经常给社会捐款。吴老家乡的人有困难，只要给他写信，他就从自己的工资中拿出一部分救济父老乡亲。

1985 年，他的秘书陪吴老去陕西出差，回来后写了一篇《吴波同志二三事》，登在《中办通报》上，后被《人民日报》转载。吴老知道后，批评了他整整一个星期，并且"下令"不准他以后再在报上刊登类似的文章。

吴老认识许多书法家，跟他们关系都很好，可他从不让人给他送字画。他的家里，唯一珍贵的一幅字，就是陈云同志亲笔书写的，上书"实践是检验真理的唯一标准"。

一位老共产党人走了，清清白白地走了。

在他去世后的第二天，根据老人的遗愿，他的家属将他的遗体交给医院做病理化验。

吴老逝世后，留下的存款不到 3 万元。除去丧葬的费用，几乎没有什么剩余。留给几个孩子的就是几大柜子书籍：二十四史、财政学书籍……

吴老生前给组织上写过一份遗嘱，其中写道，"我是一个无产者。"

他以一个无产者的清白，最终践行了自己的诺言，就连他生前住过的房子在他“走”后也要交还给国家。

点滴见精神，平凡存风范。请记住这个名字——吴波，记住这位走过将近一个世纪的老人，记住这位老共产党员，一个真正的无产者。他一无所有地离开了我们，但是他的风范，他的人格魅力，却给后人留下了取之不竭的珍贵遗产，一笔光照后人的精神财富。

（摘自《中国财经报》　记者：蔡劲松　李琼）

【例文 5】

做人是一辈子的事

——访财政部原部长项怀诚

大学中文系毕业，做了 18 年科员，却在改革开放后脱颖而出，成为备受瞩目的财政部部长——项怀诚，本身就像一部传奇。

风和景明的一个上午，北京金融街全国社保基金理事会项怀诚的办公室。

依然是充满磁性的声音，依然是纵论天下的风采，记者面前的项怀诚，睿智而亲切，深邃而诙谐，年近七旬仍一如既往。一件朴素、家常的淡蓝色布衫，使这位半年之前退下来的前任理事长，在雍容儒雅之间，更多了些普通人的平易与自然。

与财政结缘

2003 年 3 月 20 日，财政部礼堂。

台下，是财政部数百名处以上干部，台上是刚刚离任的上届部长项怀诚。

在这个讲台上讲话，对项怀诚而言，不计其数，但没有一次像这一回这样让他难以平静。

面对着台下一张张熟悉的面孔，项怀诚敞开心扉：“我从 22 岁进财政部，到现在整整 41 年。这中间，除了有三年半调到国家税务总局工作，其他所有的时间我都是在财政部度过的。我从一个不懂事的小青年，慢慢地入了党，提了干，一茬一茬的老同志手把手地教我。没有他们的关心和支持，我什么事情也做不成……”

老部长一番肺腑之言，把人们带进他的内心深处，也把人们带进他所走过的人生历程。

1960 年 7 月，项怀诚从山东大学中文系毕业，分到中国科学院计算技术研究所做了研究实习员。但不久他所从事的中俄机器翻译研究项目下马，项怀诚不得不面临工作调动。许是沾了“翻译”二字，他先被安排去做外语教师。“教中文还马马虎虎，教外文我哪行。”项怀诚知难而退。“那财政部你去不去？”第二个孩子就要出生，项怀诚想：只要不离开北京就行。

1962 年冬天，项怀诚到财政部税务总局报到。办公室的同志带他见了处长，又去领了 3 斤黄羊肉、半斤花生油。“那是 1962 年的冬天啊，正是困难时期。我就这样成了财政部的干部——3 斤黄羊肉、半斤花生油就把我‘收买’了。”爽朗的笑声中，充满了对往昔岁月的深深眷恋。

从那以后，这位中文系的大学生，便和财政结下了不解之缘。为此项怀诚常常调侃自己误入歧途：“学中文的人本来挺高雅的，我却成天和孔方兄、赵公元帅打交道，翰墨香没有了，倒多多少少有了一点铜臭味。”

几十年的财税实践，不但使项怀诚成长为一名成功的财长，也使他成为一位出色的财税专家，但他却说，自己“只不过是一名财税从业人员”。

偶然里其实有着必然

1956 年，项怀诚在上海读中学。高考前，父亲对他做了一个试验：随机念出 10 个电话号码，让他复述。当时上海的电话号码是 5 位数，10 个号码项怀诚只背出来俩。父亲又从新民晚报上选了一篇小小说念给儿子听，然后让儿子复述小说情节。恰巧那篇小说项怀诚看过，故事自然复述得详尽而流利。父亲认定，儿子的形象思维强于逻辑思维，于是对儿子报考中文系大开绿灯。

实际上，项怀诚的数学相当不错，尤其考进大学后，他不但旁听历史系的课，还去旁听数学系的课。这些知识，在他以后的财政工作中全都派上了用场，用他的话说，“歪打正着”。

而对财政数字的敏感则是在财政工作中逐步培养起来的。

“在财政部工作时间长了，满脑瓜子都是数字，慢慢地就对数字有了感情。周恩来总理曾把王丙乾部长称作数字篓子，问他什么他都讲得出来。我们那时候的奋斗目标就是向丙乾同志学习，当个数字篓子。”项怀诚回忆道，“其实，数字也是有规律的。只要你经常接触它，自然就会记住了。所以我积累数字，与其说是天赋，不如说靠的是苦功。”

在项怀诚办公室的书橱里，整齐有序地排列着大小不等的二十几本笔记，都是他当年作的记录。而在他的旧办公室里，这样的笔记本有十几箱，这还不算“文革”时项怀诚忍痛烧掉的60多本笔记。

一直到他当了部长，每个月的财政和经济数据，也都是他自己收集，从不假手于人。有时候秘书要查个什么东西，反而要到他的笔记本里去找。

所以，项怀诚任财政部领导时一直提倡，人要四勤：手勤，腿勤，嘴勤，脑子勤。直到现在，无论走到哪儿，项怀诚勤奋好学的习惯一点没变，遇到什么事情都要刨根问底一番。

温暖的记忆

项怀诚常说，他是财政部土生土长的干部，是十一届三中全会以后幸运的一茬。

由于历史的原因，从1963年到1981年，项怀诚整整做了18年的办事员，他曾戏称，做办事员都“成精”了；1963年，他向党组织递交了在财政部的第一份入党申请书，待组织问题解决，已是20年后的1983年。然而自1982年9月项怀诚担任副处长，到他1986年6月担任财政部副部长，这中间却只用了短短不到 4 年的时间。提拔的跨度与速度如此不同寻常，也足见财政部党组“不拘一格降人才”的勇气与魄力。

官越做越大，项怀诚却从来没有忘记过那些平凡岁月里温暖的记忆，至今提起，这些记忆仍让他感到弥足珍贵。

1979 年涨工资，30%，并非人人有份。那么多年大家都没涨过工资了，领导说，干脆，拿这一级给你们两个人分吧。一级 7 块钱，一个人 3 块 5 毛钱。现在听来似乎有些荒唐，可在当时却让人倍感温暖。

改革开放之初，开始提拔干部。名额有限，第一批没有项怀诚。项怀诚是知识分子，那时有个外号叫老九。一位老党员便打抱不平：提拔干部为啥没有老九？

“这样的一种氛围中，虽然工资不高，职位不高，但心情很好。”说着话，项怀诚给自己点着一支香烟，思绪似袅袅烟雾，如丝如缕。

到江苏出差，住在招待所楼梯下面的一间黑屋子里。晚上，新四军出身的汪冰石副省长前来看他，走前特意叮嘱招待所所长：“换个房间。”一天一块钱的大灶也换成了条件好一点的中灶。

当年的甘肃省委书记宋平，是位经济专家，每次和财政部对账，都会点着名说：把那个小项叫来，他能说得清楚。

1982 年，副科长项怀诚跟随处长金鑫带领中国人民大学一批学生到江苏实习。那时项怀诚已开始在中国人民大学讲课，现任国家税务总局局长肖捷便是那班里的学生。

项怀诚晚金鑫一天到江苏。金鑫请省厅办公室一位科长“去接接小项。”科长不吭气，因为省里有规定，处长以上才能派车接送。在江苏省厅当过预算处长的金鑫便说，那我去车站接他，你给我派车吧。科长这才开着一辆嘎斯 69 去了火车站。那是项怀诚第一次单独享受汽车接送，而以往出差，下了火车，一般都是抱着行李，坐在自行车的后座上。若乘坐公共汽车，能买到司机旁边的票，就是头等位置了。

随当时的司长田一农出差到四川，自贡盐场一辆破旧的嘎斯 69 前来接站，走到半路车就抛了锚；在成都恰逢周末，想到远郊的景点转转，借上三辆自行车就出发了；在重庆，田一农司长去看夜景，烟瘾上来了，陪着去的财政厅预算处段丙仁处长跑到摊儿上买回 4 根香烟，在场的 4 个人一人一根。

“那样的一种人际关系，那样的一种社会风气!”项怀诚不禁感慨，“真的让人非常留恋。”

“其实，很多中央领导都给我们做出了表率。”项怀诚进而说道，“我们以前跟朱镕基同志出差，都是要交饭费的，虽然交得不多，一天 10 块钱。跟温家宝同志出差，他每顿饭都是单独在房间里吃，四菜一汤，也不喝酒，吃完了晚上还要开会。这些都是我们非常宝贵的财富。”

平民本色

2002 年 7 月，项怀诚赴丹麦参加亚欧财长会。

去首都机场的路上，他身上的裤子引起随行同志的注意。“猜猜，我这条裤子多少钱?”项怀诚顺势问道。大家仔细瞅了瞅，谁也没敢贸然开价。“十几块! 不像吧?”项怀诚微微一笑，“前些年，三里河市场大棚拆迁，正赶上他们处理。”谁能想到，在国际财经舞台上叱咤风云、气度不凡的一国财长，居然会穿着十几块钱买来的裤子!

生活中的项怀诚，其实就是这么不“讲究”。记者采访他的时候，他身上的那件蓝布衫据说也是 50 块钱买来的。

类似的故事，从熟悉他的同志那里可以听到很多。

财政部办公楼用的是中央空调，节假日或下班后都要关掉的。项怀诚当部长时常常加班，盛夏时节，便常会看见他穿件和尚衫在办公室里办公——那和尚衫上，星星点点，净是窟窿。知情的同志也都清楚，他的睡衣睡裤常常也都是打了补丁的。1982 年那次带着学生去江苏实习，他花七八块钱买了件衬衫，穿了多年一直舍不得扔，直到前不久才处理掉。

实际上，项怀诚倒也并非刻意节俭，只是对他来说，衣服穿的时间长了就有了感情，便不肯轻易舍弃。包括有时在单位吃早点，吃剩的小吃、点心之类，他也舍不得扔掉，而是用纸包上带回家去。

说到吃，项怀诚同样不讲究。面条伴他过了大半辈子，光《闲话面条》他就为本报写了好几篇。当部长时，忙得顾不上吃午饭，他时常到对面的值班室找到值班人员："给我来包方便面。"值班人员提议："还是让食堂送点吧。"他总是一口回绝："送什么呀，早就营养过剩了。"

他是不愿意给人添麻烦。赶上节假日有事用车，他很少用他自己的司机，而是直接打电话给部里的值班司机，有什么车用什么车，从不挑剔。偶尔还会自己打的。一次他在首都宾馆参加完一个活动，一招手拦下一辆出租车就坐了进去，引得身后的邓楠同志直开玩笑："项部长这是去哪儿幽会？"甚至当年出席国务院总理办公会，他也总是"蹭"随行的楼继伟副部长的车一起去，既可以少用一辆车，又能少麻烦一位司机，一举两得。他常说："司机跟着我挺辛苦，不容易。"他的司机远光至今已跟了他20多年，被他称为自己的助手。

不但蹭车，项怀诚蹭烟也是出了名的。大家都知道项怀诚抽烟，但想抽一支他的烟却很难，因为他的烟都是"伸手牌"——想抽了，就伸手跟别人要一支。据说现在才有了点转变，兜里也开始装烟了。

待人以诚

财政干部做人难，财政部长做人更难。

项怀诚常说："财政系统的同志不能吹大牛说大话。白花花的银子，有就是有，没有就是没有。给国家理财，还是手紧一点为好。"也许正因为这样，有人开他的玩笑，说他脖子后边的那根筋有点毛病——只会摇头，不会点头。"我们有些同志很厉害呀，骂人都是不带脏字的。"项怀诚大笑。

熟悉项怀诚的人知道，他骨子里还是个书生，对于官场上的一些繁文缛节是不习惯的。当财政部长期间，项怀诚很少出去吃请、应酬。他讲，要都吃也吃不过来，干脆都不去吃，免得别人说你看人下菜，厚此薄彼。一些省市主要领导到部里谈工作，他很少亲自迎送。他认为只要该说的话说了，该办的事办了，未必非要讲究那些礼数。

担任财政部长期间，项怀诚把工作重点放在了建立公共财政框架方面，立足于建立比较规范的财政转移支付制度，削减随意性较大的、一事一议的财政专款。虽然常常因为不能满足别人要钱的要求得罪人，但公共财政框架的建立，却使他与财政部党组在财政史上留下了一抹重笔。

“事繁勿慌、事闲勿荒，有言必信、无欲则刚，和若春风、肃若秋霜，取象于钱、外圆内方。”黄炎培先生的这几句诗项怀诚可谓刻骨铭心，而“外圆内方”，更成为他做人做事的一把尺子。

他常对身边的同志说，一个人活着无非三件事：求知、做事、为人。最最重要的是为人。做官永远是暂时的，做人是一辈子的事。然而做人，知易而行难。在熟悉他的人眼里，项怀诚是个充满了亲和力与人情味的同事和朋友。他念旧。每次到外地出差，遇有机会，总要把已经退下去的老厅长们请到一起吃顿饭，聊聊天。

2004 年 3 月，财政部的一位老司长去世，生前曾因故背了处分，这让其家人多少体味到一些世态炎凉。当秘书临时报告项怀诚，次日上午要为老司长送别时，项怀诚立即调整了工作安排，准时出现在告别现场，令所有到场的老同志心头一热。

在北京的大学同学，隔三差五地总要聚上一次，这已是多少年形成的习惯。饭馆只要干净就行，酒水自带，轮流做东。没有什么地位、等级的界限。

对下面的同志也是一样。项怀诚有什么事情，经常抓起电话直接打给处长、副处长，不讲那么多的“规矩”。担任社保基金理事会理事长时，有一次他给新疆财政厅办公室的一位副主任打电话。事后，那位同志将信将疑：真是项部长吗？这么高级的领导怎么可能直接给个小兵打电话。熟悉项怀诚的人却并不奇怪，这可不就是他的风格。

脉脉亲情

江苏吴江是项怀诚的故乡，但其祖先却是徽商八大家之一，并有过四代大夫、五子登科的荣耀，清代嘉庆年间，从安徽歙县迁移到苏南一带。

“曾祖父曾捐了个湖北道员。相当于现在的厅局长吧。如此说来我也是干部子弟啦。”项怀诚不失时机地开了个玩笑。

项怀诚的启蒙教育来自他的曾祖母，他叫太婆，因曾祖父早逝，也叫她太公。太婆是清代末年人，识文断字。四岁时，项怀诚就跟着她念经、认字、背唐诗。太婆家是当地望族，“863 计划”倡始人之一、原中国科学院力学研究所所长杨嘉墀便是她的侄孙子。

项怀诚的祖父开过丝行和珠宝店，后遭强盗劫掠，家业殆尽。父亲承其父业，从事丝绸技术工作，生前为中国丝绸公司的高级工程师，母亲则是一名医生。“算是小知识分子家庭吧。”项怀诚如此定性。

父亲是个很正直的人。抗战期间，他在四川一家毛纺织厂担任副厂长，打得一手好算盘。1945 年抗战胜利后，他从内地回到上海，找不到工作，便进了国民党的一家金融机构，在里面做个小职员。但他不参加国民党，人家给他的申请表，他扔在抽屉里始终没有填。

父母对项怀诚的教育，集中在三个方面：要好好读书，要勤快，要正派。这三条，对项怀诚影响至深。

项怀诚的老伴是他从中学到大学的同学，毕业时和他一起分到北京，从参加工作到退休，几十年都在回民中学做语文老师。项怀诚后来当了副部长，他的爱人又是山东大学中文系的老大学毕业生，按说安排到财经学院教教公共课，对他也只是一句话的事情。但他没有这样做。

老伴也非常理解他：“我在这儿挺好，还不愿意沾你的光呢。”项怀诚在财政部工作 37 年，老伴从来没有因为自己和家里的事情给部里添过麻烦。

“其实在财政部，像王丙乾部长、刘仲藜部长的爱人，包括田一农、李朋等部领导的夫人也都是这样。这一点，受财政部老部长吴波同志影响最大。”项怀诚充满感情地说，“一种好的作风，无论在机关还是在家族，其实都是薪火相传的。”

项怀诚调到税务总局工作时，大女儿是税务总局的一个副处长。项怀诚对女儿说，“老爸在这个地方当局长，瓜田李下，你在这里没法提拔。你要觉得委屈，就自己找出路，但不要去经商。”女儿也争气，凭本事考进了安达信会计师事务所。

“孩子们现在都很出息，都比我强。”说起两个女儿，项怀诚的脸上挂满慈祥与欣慰。

项怀诚极重亲情，跟外孙女相处如同朋友。家里温馨和谐，其乐融融。退休后，项怀诚给本报写了不少散文杂谈，老伴是他的第一读者，时常会用挑剔的眼光批评文章立意或主题不够鲜明，提出一些建设性意见。

退休后的三件事

退休后的项怀诚，充实而丰富，精力主要放在了三件事上：做慈善、打桥牌、读书写字。

早在担任财政部长时，项怀诚就一直关注与支持慈善事业，退居二线之后更是到处为慈善事业奔走呼号。目前，他不仅担任着中华健康快车基金会的监事长，还被聘为宋庆龄基金会的顾问。

他曾在《光明使者——健康快车》一文中写道：“我在‘健康快车’基金会做义工多年，从第一线退下来后我的工作重点已部分转移到‘中华健康快车’基金会。

共和国的部长们曾三次为‘健康快车’筹集善款举办歌唱会。这些老部长的年龄大多在70岁上下，以前都是各条战线上叱咤风云的人物。我曾与他们同台演出，与他们一起排练，深深为之感动。前文化部副部长高占祥说过一句话：搞慈善事业要‘硬着头皮，厚着脸皮，磨破嘴皮。’像高占祥那样实践着‘三皮主义’的人，为慈善事业奔走呼号的人，他们的心灵都特别美丽。

我常常感到做得不够。还有那么多的人依然生活在黑暗中。希望有更多的人来关心这个弱势群体，给他们以更多的爱，这是我心中的呼唤。”老部长深情的呼唤令人动容。

桥牌是项怀诚非常钟爱的一项运动，说起来他的牌龄并不长，只有短短的10多年。20世纪90年代，项怀诚因工作关系结识了时任农业部长刘江。一天，刘江问他：周末干些什么？项怀诚实话实说：不干什么。“那跟我打牌去吧。”刘江邀他。于是刘江成了把项怀诚领进桥牌大门的第一人。随后，项怀诚拜师学艺，很快掌握了桥牌的基本打法。但这当然不够。一天，桥牌高手丁关根“批评”他道：老项，你打牌没有章法，要看看书呀。项怀诚于是找书来看，对桥牌的兴趣也越发有增无减。当财政部长时，为了换换脑子，他偶尔也会在网上过过牌瘾，起名“户部尚书”。网上牌手哪会想到他真是财政部长，有时还会“抢白”他几句，但他并不介意，依然乐此不疲。

去年9月，被称为“高水平桥牌迷”的项怀诚，担任了中国桥牌协会主席。用项怀诚自己的话说，“这是人家抬举我，看我办事认真，我哪有这个水平呀。”而同期担任名誉主席的李岚清却对此评价：众望所归，是个合适的人选。

在项怀诚看来，桥牌不但是门大学问也是一门完美的艺术。早在20世纪90年代初财政部成立桥协时，他就对桥牌有过一个很精到的评价：桥牌和财政工作一样，都要精打细算。

项怀诚长于书法，目前担任着国际书协名誉主席。他的字，清秀洒脱，如同他的为人，一派学者气息。书法于他，一来修身养性，二来也在慈善事业中一展身手，不少人以向他求得一字作为幸事。

项怀诚堪称书痴。他看书，文史经哲，杂陈百家，看小说尤其入迷，包括时下流行的各类武侠小说。一册在手，沙发上一歪，一看就到后半夜。老伴常常嗔怪，看起书来像个孩子，管都管不住自己。

所以，退下来的项怀诚不寂寞，不失落。“做官一时，为人一世”同样知易而行难，但项怀诚做到了。能上能下，心态平和，正所谓大家风范。

（摘自《中国财经报》　记者：孟秀敏）

【例文6】

在平凡的岗位上

——追记河北省大城县财政局国库科原副科长李红英

“祝愿——我关心的人们，都能好好的！这是最最衷心的祝愿。”

这是27岁生日当天，李红英在QQ空间里许下的心愿。满怀着感恩的心情，她在夜深时写下了这篇《生日小感》，抒发了自己对人生的感悟，也写下了对亲朋好友的感激和祝福。

谁也没有想到，一年之后，就在李红英28岁农历生日这天，她永远地离开了人世，离开了她所关心和牵挂着的挚爱亲朋们。

李红英，女，1982年6月出生，河北省秦皇岛财经学校毕业，2001年9月参加工作，2005年加入中国共产党，2010年6月6日因患结肠癌医治无效去世，年仅28岁。生前任河北省廊坊市大城县财政局国库科副科长、局机关妇委会副主任。

个人简历只有寥寥数语，100来字，没有惊天动地的壮举，也没有曲折离奇的经历，这是一位普通的基层财政工作者，九年如一日在自己的岗位上默默无闻地奉献着，用青春和生命，书写了一段不平凡的人生。

每天3小时，用知识充实自己

2001年9月，不满20岁的李红英从秦皇岛财经学校毕业，来到大城县财政局预算股工作，负责全县在职公教人员工资信息管理、预算外财政专户收支、部分行政单位支出报账业务审核等业务。

和大多数刚走上工作岗位的年轻人一样，李红英也满怀着憧憬，立志要在财政岗位上干出一番让人刮目相看的成绩。然而，真正接触到具体业务，她便发现在学校里学到的知识远不能适应岗位工作的需要，别人半天就能完成的工作自己要用一天，有时晚上还要加班加点。那段时间，她对自己的能力和最初的热情产生了怀疑。在同事和家人的鼓励下，她很快调整好心态，开始刻苦钻研和自学。为了尽快进入角色，她对各项工资相关政策文件进行了认真研读，遇到不明白的地方就向领导和同事请教；同时尽快熟悉繁琐的流程、数据、微机软件及财会技能。通过努力，她很快做到了工资政策“问不倒”、信息数据“一口清”，逐渐成长为能够独当一面的业务骨干。

工资信息管理和发放的大量工作需要通过工资软件管理，李红英一开始对专业性很强的财政软件并不熟悉，可她硬是凭着一股执着劲儿，在很短时间里就将复杂的工资管理软件运用得娴熟自如。在2004年河北省财政厅举办的“财政供给单位人员管理系统软件培训班”上，李红英对软件掌握的熟练程度令许多“老财政”叹服。在培训中，她结合实际工作经常提出一些针对性很强的问题，发表自己对完善工资软件的独到见解。培训结束后，她被省厅留下来参与软件的后期完善工作。在两个月的时间里，她给软件开发团队的每一位成员留下了深刻的印象。人们在惊讶她扎实业务功底的同时，更为她孜孜钻研和肯于吃苦的作风所感动。省厅相关领导也给予这个唯一来自基层的业务骨干很高的评价。

中国著名画家、书法家李苦禅先生有一句名言——“鸟欲高飞先振翅，人求进步先读书”，李红英将这句话压在办公桌的玻璃板下，作为自己的座右铭。由于深感自己学历的不足，2000年，中专还未毕业的她就参加了河北电大法律专业的学习，两年中，她边工作边学习，顺利取得了大专学历。2007年，她通过自学考试顺利考取了河北经贸大学本科班，实现了自己的大学梦。

为了充实自己，李红英不断给自己定下新的目标。2004年5月，她通过助理会计师考试，取得初级职称；2009年5月，她通过会计师资格考试，取得中级职称。

承担着近万人的工资管理工作，她忙得就像一个停不下来的陀螺。可就在工作之外，她也丝毫不放松学习，给自己制定了长期的学习计划，每天回到家里，还要自学至少 3 个小时。白天的劳累使得她在晚上学习中总是犯困，为了集中精力，她经常喝咖啡、浓茶提神，有时用湿毛巾擦脸。就这样，她坚持了 9 年。

谈起李红英的刻苦，婆婆刘广茹总是有些心疼。每次全家人吃完晚饭，李红英都要抢着干家务，哄孩子睡着后，很晚才开始看书学习，经常半夜两三点才睡。有一次刘广茹半夜起床，见儿媳还在看书，就劝她早点休息，李红英笑了笑，说还有一点点，马上就看完了，让婆婆不用担心。

李红英的好学也为伙伴们作出了一个榜样，国库科副科长王亚娟记得自己参加会计师资格考试那年，因为工作的忙碌和家务的繁重，好几次想要放弃。李红英知道后，不停给她打气，还把自己的笔记借给她。那本《经济法》笔记写得密密麻麻，记录着李红英在自学看书时的心得，凝聚着她的心血，可她却毫无保留地借给了别人。每次想到这里，王亚娟都会感动不已。

李红英是个闲不住的人，每当完成了一个目标，都会给自己制定新的目标，用她的话说，要给自己找到一把钥匙，能让自己重新上紧发条，向着目标前进。对于 2010 年，她曾经有过很多的憧憬，她想报考注册会计师，还想和好姐妹一块学开车……可这些梦想，永远也不能实现了。

工作9年多，热情丝毫不减

李红英对工作始终抱有极大的热情。刚来财政局时，这位谦虚勤奋的 80 后小姑娘就给很多老同志留下了深刻的印象。当时的预算股股长戴秀云非常喜欢这位年轻的同事，经常在其他同事面前夸她“做事又利索又仔细”。2007 年，戴秀云调离县财政局，任县政协副主席，听到红英去世的消息后，她唏嘘不已，连声说“可惜”。

“她对工作的热情从来没有改变过，始终如一。”大城县财政局信息中心主任李杰说。她清楚地记得自己刚来财政局时，和李红英在一个办公室，桌上的收支月报和决算报表堆积如山，查找起来很不方便，红英就将这些资料装订成一本本册子，并按年份打印出封皮，用胶水一张张粘起来。闲暇的时候，她踩着凳子爬上爬下，将这些册子按顺序放进档案柜，以便查阅。“可以说，份内的事情她做了，不是份内的事情，她也做了。”李杰说。

在红英的记事本扉页上有 7 个大字：严、细、精、深、实、快、好，这是河北财政工作作风理念，她不仅记在了本子上，更体现在工作的每一个环节中。由于科室职能转化，人员分流，红英一直担负着两三个人的工作量。就拿工资管理来说，每次调工资都要协调县编办、组织部、人事局等多个部门，做大量繁杂细致的工作。县里财政统发工资人员近万人，每个人信息 10 余项，共有 10 万多个数据需要审核和调整。数不清她每天要接待多少位来查询工资的人，数不清她每天要开出多少张更改信息的证明，数不清她每天要录入多少张信息表……她把自己负责的每一项工作都做得认真细致、精益求精，只要账目上有一点点出入，她就要重新核查，一遍又一遍对账，直到找出问题所在。

对此，大城县教育局人事股股长商艳会深有体会。有一次他拿一份调资表到财政局给李红英录入，在更新数据的时候，发现差了一块钱，这事如果搁在一般人身上也就算了，可李红英硬是挤时间把所有信息又重新核对了一遍，终于将所有信息都核对清楚。

正是凭着这份严谨认真的态度，在工作的 9 年时间里，李红英经手过无数的账目和报表，却从未出过纰漏。工作中，李红英严守财经纪律，坚持原则，细致审核，对那些不符合资金用途、使用不合格票据、手续不全的报账，不管怎么解释、谁来说情，她都坚决拒付，不少单位的财务人员都领教过她的“铁面无私”。也许正是因为这种认真与执着，李红英很快便成为让领导和同志们放心的业务骨干，而领导也越来越习惯把重活、难活、细心活都交给她。

在李红英看来，基层是财政运行的末端，更具有在实际工作中改进创新的优势。因此，她为自己立下了要尽责更要尽善的工作要求，在日常工作中，除落实好各项工作任务外，还注重抓好工作创新。2002年之前，公教人员工资只有基础工资等大项，没有细分项。李红英接手以后，发现核对工资、查询信息很不方便。经过反复研究琢磨，她集中利用一个月时间加班加点，对全县万余人的工资由原来的几大项细分为14小项，并逐一进行了审核检查。细分之后，各项工资数据都一目了然，更便于查询，也为2005年公务员工资改革测算全县津补贴总额提供了详实的基础数据。

自2002年起，全县公教人员工资由县工商银行代发，李红英常常听到乡镇人员反映，到县工行支取工资路途远、不方便。于是她及时向局领导反映，建议将乡镇公教人员工资调整到网点多的农村信用社代发，并很快得到了采纳。这一做法得到了全县乡镇公教人员交口称赞，也得到了县行风办及人大代表、政协委员的充分肯定。此外，她所提出的通过电子邮件下载工资发放表并反馈意见、建立标准信息更改表等建议被局领导采纳，大大提高了工作效率。

除了具体的业务工作外，李红英也喜欢思考一些宏观方面的问题，由她主笔和参与撰写的《构建政府公共预算体系的探索》、《合理确定乡镇财政管理体制研究》、《大城县财政风险的成因及对策》、《我县财政经济运行形势的调查与研究》等调研文章多次在廊坊市财政科研课题评选中获奖。

2009年10月，大城县义务教育学校教师绩效工资改革拉开了序幕，按市县要求，到年底必须将绩效工资发放到教师手中，李红英又投入到紧张忙碌的工作当中，常常加班到深夜。没有上下班的准确时间，没有周六周日，有时候甚至要连续加班十五六天，而对家里年幼的孩子、年迈的父母，她都无暇顾及。

王亚娟清楚地记得，一天晚上，她在加班的间隙路过李红英的办公室，发现里面的灯还亮着，推门进去，只见她正在伏案工作，儿子在一旁哭闹着要回家。李红英说，忙完手头这点事就回去。然而，当王亚娟再次路过她的办公室时已经是晚上九点，李红英还在忙碌，孩子已经坐在椅子上睡着了。

李红英去世后，这个场景在王亚娟的脑海中久久盘旋，最终定格成了一副画面——白炽灯下，电脑前一个忙碌的身影。“每次见她都是在埋头干活。”王亚娟说。

灿烂的微笑，温暖着服务对象

李红英不仅对工作充满热情，对服务对象，她也同样报以热情，用真诚的微笑，温暖着每一个人的心。

由于历史因素和财政困难的现状，大城县的工资水平较低，社会上存在很多不理解的情绪。李红英负责工资管理工作，每天都要接待许多来咨询工资政策和核查个人工资信息的人。有些人是带着怨气而来，有些人提出的问题不在财政职能范围之内，可不管遇到什么情况，她总是笑脸相迎，热情接待，耐心细致地解释。

有一次，正当她忙得不可开交时，一位老大爷走进办公室，向她询问调工资的事情。见此情景，李红英立刻放下手中的事情，耐心向老大爷解释有关政策。老大爷年纪很大，又有些耳背，讲了半天就是不明白，就连一旁的人都有些不耐烦了，可她却始终面带微笑，不厌其烦地一遍又一遍讲解，直到老大爷完全明白。

这样的事情，几乎每天都在发生，可同事们从来没有见李红英为此着过急、发过脾气，她给人的印象永远都是一副灿烂的笑脸。

她很体贴，很多预算单位的财务人员因为平时本单位工作忙，经常是快下班了才到财政局来，可不管多晚，她总是当场把事情办完，免得让人再多跑一趟。

她很尽责，经常周六周日主动加班，同事们都劝她把工作留到下周工作日再办，她却说工资的事情是着急的事，自己这里晚一天，可能大家的工资就得晚好几天，自己累点也绝不能延误工资的发放。

她很聪慧，因为工资的人员信息经常会有变动，她就做了个制式表格，在电脑里存着，按单位归类。一旦信息出现变更，她就调出相关文档打印出来，盖个章就完成了。既简化了工作流程，又提高了工作效率，为服务对象减轻了不少负担。

“她并没有太多轰轰烈烈的事迹，可就是这些点滴小事，让人感觉无比贴心，一想起来，心都是热的。”大城县公安局财务科会计赵凤云说。

生命的最后，仍惦记着工作

2009 年 4 月起，李红英的身体开始出现不适，胃肠总是隐隐作痛，饭量骤减，经常失眠，人也渐渐瘦了下来，本来圆润的鹅蛋脸变成了瓜子脸。大家都以为李红英在减肥，总是拿这事开玩笑，李红英也只是笑笑，并没有太当回事。

“那时候正是她本科学位考试和会计资格考试的冲刺阶段，我们都以为是因为考试压力太大引起的，也就没有太在意。”回想起对女儿病情的疏忽，父亲李福武仍后悔不已。本以为考试结束后有了充足的休息就能恢复，谁知考完后，身体状况还是不见好转。家人这才意识到问题的严重性，拉着她去医院做检查。

由于县城医院医疗条件有限，加上对疼痛部位的判断出现误差，一开始所有人都以为问题出在胃部，去县城医院检查，却找不出任何毛病，只能开些中药调养。

那段时间正是大城县义务教育学校教师绩效工资改革的关键阶段，这时的她已经被病痛折磨得每天只能吃小米饭、热面条，体重已由原来的 130 斤降到 105 斤，剧烈的疼痛让她晚上睡觉不能躺着，只能抱着枕头整宿整宿地坐着。可是面对堆积如山的人员信息报表，李红英没有请过一天假。同事们经常见她一只手捂着肚子，一只手操作键盘，纷纷劝她抓紧做个全面检查，可红英却总说没什么大事，一拖再拖。

此时，李红英的病情已经非常严重，甚至出现便血症状。母亲急了，亲自跑到财政局替她请了个病假。李红英却说：“还有一个礼拜就忙完了，再给我一个礼拜，忙完这段我就去看病。”

2009年12月31日，像往年一样，李红英和她的同事们依然忙碌在各自的工作岗位上，准备为自己一年的工作划上圆满的句号。因为身体的虚弱和一天的忙碌，她苍白的脸上一直挂着细细的汗珠，当时的国库预算科科长吕志强看到后，劝她回家休息。李红英却擦了擦脸上的汗，笑着说："关键的时候我怎么能当逃兵呢，放心吧，我能坚持！"凌晨一点多，连续多日坚持加班加点的她最后一次核对完人员信息，报送完最后一张财政收支月报表后，拖着疲倦的身体回家了。谁也不会想到，这一走，她竟再也没有回到办公桌前，永远地离开了她热爱的工作岗位。

"2010年1月5日，我们带着红英上廊坊市人民医院做了个全面检查，肠镜刚下到20公分就再也下不去了，肠壁上全是疱疹。"李福武说这话的时候，李红英的姐姐李红梅早已泣不成声。

确诊为结肠癌后，李红英被送到北京的海军总医院治疗，为了稳定她的情绪，家人向她隐瞒了病情，也没有向同事们透露过。很多不知情的同事和服务对象依然会通过手机向李红英询问工作方面的事宜。每次接到这样的电话，已经被病魔折磨得毫无气力的她总会打起十二分的精神，强忍病痛把问题解释清楚。后来，见电话实在太多，为了不影响治疗，李福武强行没收了女儿的手机，这才使她能够安心养病。

2010年5月29日，经过五次化疗之后，李红英的病情有些好转，于是办理出院手续，开车回大城。车刚开到廊坊，李红英便发起高烧，并且持续不退，经过连续几天的抢救，红英还是离开了人世。

得知李红英去世的消息，认识她的人说得最多的两个字就是"可惜"，同事们回忆着红英的音容笑貌，都泪流满面；服务对象想着红英的体贴善良，都扼腕叹息；在河北省财政内网的文化论坛上，很多和李红英素不相识的网友，也深感惋惜。

大城县综合执法大队会计魏淑香和红英相交多年，得知噩耗，懊悔不已。"因为工作关系，我和红英成了好朋友。好几次来财政局办事都没有看到她，问其他人都说请假了，如果我当时能多问一句，也许就能知道她生病的消息，哪怕去医院看看她，安慰安慰也是好的。没见到红英最后一眼，这是我今生最大的遗憾。”她说着，眼圈红了。

大城县财政局党组副书记、副局长王海河感慨地说道：“李红英同志参加工作9年来，处处严格要求自己，虽然工作岗位很平凡，任务很艰巨，身体又承受着病痛的折磨，但她没有提过任何要求。她的心里时刻装着工作，总是加班加点、任劳任怨、精益求精地做好每一项工作，她是真正把工作当作自己心爱的事业来对待。”

满满的爱，化作春泥更护花

在所有人的印象里，李红英都是个细心体贴的人。在财政局几个关系要好的女孩当中，李红英年龄最小，可每次大家一起聚会，她总是忙前忙后，照顾着其他的人。女孩子之间磕磕绊绊闹个别扭，也经常由她出面调解。“她虽然年龄小，可办事周全，特别成熟干练。”王亚娟说。

想起李红英对自己的帮助，李杰的泪水就忍不住往下掉。刚来财政局的时候，教师出身的李杰对财政业务不太了解，都是李红英手把手教她，怎么做报表，工作流程是怎样的，甚至还教会她操作电脑。现在，李杰已经是县财政局信息中心主任，虽然比李红英年龄大，可在她心里，这个热情开朗的小妹妹却是自己财政工作的启蒙老师，如果没有李红英，或许她的工作不能那么快上手，更别提走上科室领导岗位了。

李红英曾对好姐妹说过，总觉得亏欠家人太多。可在家人眼里，李红英是个乖巧懂事的好女儿、好儿媳、好妻子、好妹妹。

“她特别孝顺，每次削苹果都会先给我们两个老人。平常工作那么忙，可总惦记着我们老两口。有一天她下班回来，手里拎着个生日蛋糕，我问她买这个做什么，她说，今天不是您的生日吗?”婆婆刘广茹说到这里，不禁老泪纵横。“我的生日，我自己都忘了，可这孩子记着。”

翻开李红英的相册，只有屈指可数的几张单人照。“每次全家出去玩，她总是拿着相机帮别人拍照，却没给自己留下几张照片。”李福武说。

打开红英的QQ空间，整整20页，300多篇空间日志，慧黠灵动的文字，优美细腻的文笔，充分展示出这个女孩丰富的内心世界。

李红英很要强，她给自己定了很高的目标，无形中增加了自己的压力。工作的压力、学习的压力、家庭的压力全压在她柔弱的肩膀上，可她都独自默默承受着，从来不跟父母、家人、朋友提起。只有在QQ空间里，才会偶尔看到她的迷茫、她的纠结、她的无助。她总是把快乐和微笑留给大家，压力和痛苦留给自己。

李红英很细腻，她热爱生活，会搜罗各种生活常识和菜谱；她爱好文学，唐诗宋词总是信手拈来；她时尚个性，经常转帖一些时下流行的网络小文和段子；她多愁善感，能为一场雪而开心，也会为一杯茶而伤感；她幽默智慧，禅宗哲理时常会在文中迸发。

生如夏花般绚烂，死如秋叶般静美。看似平凡而短暂的一生却如同她的名字一样，留给人们的是美丽和芬芳。

（摘自《中国财经报》　记者：贺斌　李毅

通讯员　赵建国　崔盼来）

【附文】

你的名字叫“财政人”

如果不是英年早逝，我们许多人或许不会知道这个叫李红英的财政女干部。然而，当我们仔细回味这位普通干部在平凡岗位上所走过的短暂人生时，我们发现，她所做过的这些平凡小事不仅感动了她周边的人，也深深感动了我们所有的人。

感动我们的是什么？一般而言，当我们说起一位先进人物时，按照我们惯有的思维定势，我们会习惯性地在他们身上找到一些英雄壮举来，并因此自觉不自觉地将先进人物与普通人区分开来，让我们觉得先进人物固然先进，但是在现实生活中却离我们很远。而在李红英年轻的生命当中，我们看不出她和别人有什么不同，我们甚至可以说，她简直太普通了，太平凡了，可是，也正是在她的普通、平凡当中，我们发现，她是如此真实，离我们是如此地近，让我们如此熟悉，就像我们身边的许许多多的普通财政干部那样。可是，她感动了我们。

通过李红英生前在工作岗位上所做的点点滴滴，让我们发现了渺小中的伟大，平凡中的不平凡，让我们看到了蕴藏在千千万万财政干部身上熠熠生辉的金子般的品格。她让我们再次确认并坚定这样一个朴素的认识，无论在什么岗位，无论从事什么工作，无论职位高低，只要把平凡的工作做好，就是不平凡。

财政是与数字打交道的，某种程度上说，从事这项工作是十分枯燥的，但是，由于每一笔数字背后都意味着利益的分配，它又直接、间接地与社会方方面的利益群体和个人在打交道。这个工作特性决定了，一方面这个岗位即便在非和平年代也很难涌现出惊天动地的英雄人物，很多时候，意味着绝大多数财政干部终其一生都在从事着默默无闻的工作；另一方面，因为你在替政府管钱，这个特性又决定了你必须表现出严谨、踏实、耐心、低调的职业素养，在一定的时候，还要表现出遭受委屈时坦然接受的良好心态。这就要求，财政干部不仅要有过硬的业务素质、政策水平，还要有良好的个人修养。

这些，李红英都做到了。她学历不高，但她挤出时间去不断学习新知识，掌握新政策；她是一名国库科的干部，这个岗位决定她每天都在和枯燥的数据打交道，她做到了踏实严谨，一丝不苟；她的工作与百姓有关，她做到了和颜悦色，耐心解释。她也是一个有血有肉，有着丰富感情世界的普通人，但是即便在生活中有迷惑，有不开心，她也能够清醒地将职业角色、生活角色很好地区分开。什么是优秀的财政干部，怎样才能做一名优秀的财政干部？在李红英身上，我们看到了作为一名优秀财政干部的基本特征。李红英出生在20世纪80年代初，是80后的优秀代表，在她身上我们看到了财政系统一以贯之的优良传统。

全国财政系统有 49 万多人，有近 80% 的人在县以下财政部门工作，这些年，全国财政系统涌现出了像沈浩这样闻名全国的优秀干部，也有一大批像李红英这样默默奉献在平凡岗位上的普通财政干部，许许多多的人，我们不知道他们的名字，但我们知道他们有一个共同的名字，叫“财政人”。

（摘自《中国财经报》 作者：苗福生）

三、重视财政机关文化建设的报道

财政系统历来重视机关文化建设，随着财政职能的转变，财政机关文化建设更是提到前所未有的高度。机关文化是一个外延相当宽泛、内涵十分丰富的概念。大致包括制度建设、队伍建设、组织管理等多方面的内容。因为内容丰富，所以人们统称之为机关文化。机关文化建设，其核心是队伍建设，也就是对人的建设。一个单位、机关形象如何、作风如何，最终落实在这支队伍身上，具体表现在每一位干部身上。因此，机关文化建设之所以受到各级财政部门领导班子的高度重视，就在于要建设一支政治合格、业务过硬、作风良好的干部队伍。这些年，在全国各地财政系统推进的科学化精细化管理、岗位责任制、首问责任制、廉政风险防控以及大大小小的各种培训，其目的就在于提高干部队伍的整体素质。

机关文化建设是做好财政工作的一个重要保障，也是新闻报道应当关注的重点。机关文化建设，听上去比较虚，但在新闻报道中，一定要写实。要把虚的概念，变成实的内容。在采访中，一定要找到比较实的角度切入，切忌以空对空。

机关文化建设可写的内容很多，一定要抓住特点，后面介绍的三篇文章，其实就是从不同角度展示了机关文化的特点和亮点。

【例文7】

将节约理念渗透每个细节

——财政部厉行节约工作侧记

把"节约"二字与掌管全国财政资金的部门联系在一起，有人或许会诧异：财政部不是管钱的吗？现在全国财政收入年年大幅提高，去年已经突破了10万亿，财政部还差钱？

财政这些年在"三农"、教育、社保等许多方面花钱很大方，投入的资金成千上万亿。可在财政部机关，节约每一度电、每一滴水、每一张纸、每一分钱的理念，已经渗透在日常管理的每一个细节当中。

就说办公条件，平均10多平方米的办公室，科级、处级干部三四人挤在一起办公，司局级领导也不能保证一人一间。第一次走进财政部大楼办事的地方或其他部门的同志，常常会惊叹：没想到财政部办公环境竟然如此拥挤。

在财政部内部有个不成文的规定，地方领导同志到财政部办事如需就餐（包括宴请外宾），一律安排在机关食堂。好客是中国人的传统，这样接待会不会有失面子？负责接待工作的人员说，这是国际惯例，在美国和欧洲不少国家举办国际活动，到了用餐时间，每人一份简单的工作餐，很正常。

财政部每年召开一次全国财政工作会议，这是系统内规模较大的会议。出于保密、便利等考虑，按照过去惯例，一般都在北京城区固定的饭店。但为了节约会议经费，近几年，财政部将会议改在位于首都北五环外的北京国家会计学院举行。参会代表从财政部领导、司局长到全国的厅局长均住培训公寓，吃学员食堂。会议期间，分组讨论需要若干个小会议室，会计学院负责会议后勤的同志就把教室改为临时会议室，将学生课桌一拼，围成一圈，铺上素色的桌布，会议代表照样在这里认认真真地讨论财政大事。办公厅的同志说，选择在学校开会，不仅可以节约经费，还可以利用学院教学、培训的空档，将闲置的教学设备利用起来，一举两得。据粗略统计，一次全国财政工作会议就可节约经费近40万元。现在，在北京国家会计学院召开一年一度的全国财政工作会议成了新的惯例。

财政作为政府的综合经济部门，每年开会和出差任务都不少。为了节约差旅费、会议费，财政部严格管理，注重源头控制。有效利用视频召开工作会议成为财政部近几年的又一特点。开国内会议如此，开国际会议也如此。据统计，2011年，财政部对外财经交流办公室召开的电视、电话会议有几十次。仔细算下来，仅此一项节约的出国经费就是一笔不小的数目。

随着我国经济实力和国际影响力进一步提升，国际社会日益重视中国经济发挥的作用和影响，同中国合作的意愿普遍增强。作为国家的重要经济部门，财政部对外经济交流与合作的广度和深度日益拓展，需要参加的国际多双边会议、财经对话和工作谈判明显增多。仅承担国务院交办的与有关国家开展财经对话的具体工作，涉及所有机制化的双边合作的国家达10个，如中美战略与经济对话等。几年来，财政部的出国经费实现了零增长。

据了解，为了保证正常的国际交往活动不受影响，财政部从制度改革入手，对《财政部外事工作制度》进行全面修订，对外事事项审批、外事财务制度及出访管理等事项提出更为明确、具体的要求。在此基础上，尽量压缩组团人数、次数。为便于掌握出国情况，主管部门还将外事经费的季度监测分析升级为月度监测分析，根据监测数据进行动态分析，查找问题，提出建议。

能省则省，将节约理念渗透在日常管理当中，是财政部多年形成的一种机关文化。为了不断强化这种节约理念，财政部内部每年都要举办一次“节能宣传周”活动。已经履职几年的“财政部节能工作领导小组”，办起事来有板有眼，毫不含糊，先后“出台”了许多节能的具体规定。比如，鼓励职工上班尽量少乘电梯；对财政部大楼内空调的开启时间、控制温度作出严格规定：夏季不低于26度，冬日不超20度。

有人说，财政干部有一个特点，就是特别抠。走进财政部机关大楼，的确能处处感受到这种抠。

为了省水，有的人会亲自将头天或者开会后暖水瓶中剩下的水，集中到一起，用去浇花或保洁。机关大楼洗手间里，水龙头全部是按压或感应式的，连负责安全警卫的驻部武警战士的浴室，也都安装了太阳能供水系统。过去浇花用的皮管子，如今改成了手动喷淋。

为了节电，除了照明灯具比原来减少三分之一外，还全部换成了节能灯。在办公区，采取“隔二停一”的办法，地下照明采用一天分三段时间设定出照明回路的开关时间。这样一年仅照明系统实现节电近50%。

在加强耗材办公用品管理方面，除了尽可能做到无纸化办公，一般的文件打印、复印，基本上是双面用纸。车辆使用更是严格控制。严格遵照公务车辆配置标准和管理制度，压缩配置规模，减少使用高耗油车辆，报废超编车辆。

财政部机关服务中心的一位负责人表示，“关于节能，能想到的我们几乎都想了，欢迎大家多出好主意。”

近年来，在国务院机关事务管理局、北京市水务局等部门组织的相关节能评比中，财政部机关节能工作多次获奖、得到好评，其经验还被介绍到其他部委机关。

（摘自《中国财经报》　记者：齐小乎）

【例文8】

“软实力”换来硬效益

——湖北省宜昌市加强财政文化建设纪实

从一次获奖说起

“杨二姐”官不大，名声却不小，从湖北省财政厅，到宜昌市的乡镇财政所，再到兄弟县市的同行，可以说是无人不知、无人不晓。而这得从一次获奖说起。

在今年的湖北省财政系统“薪火相传党旗红，为民理财谱新章”演讲比赛中，宜昌市财政局干部施维弢摘得了全省唯一的一等奖，打动评委和在场观众的不仅有施维弢的口才，更有施维弢讲述的《“杨二姐”的理财人生》。

“杨二姐”，何许人也？

她是宜昌市财政局教科文科科长杨淑贤，一位普通而又不寻常的财政干部。杨二姐一毕业就进入宜昌市财税局，在多个岗位上任过职。她的事迹也很普通：入职不久就代表湖北省参加全国珠算比赛，获得优胜奖；管社保基金时，面对多家银行的公关，不为所动；在义务教育经费管理上，她创造性地开展工作，用公平约束分配，用预算控制支出，探索出一条义务教育经费科学化精细化管理之路，“管”出了义务教育的均衡发展……

当地人告诉记者，“杨二姐”是宜昌财政干部的一个缩影，一个代名词。宜昌市财政局局长王金建说：“财政干部从事的就是一份平凡的工作，但能把普通的事情干好、把平凡的事做到极致就是非凡，就是伟大。”

人人都是“杨二姐”

在企业科，记者的采访多次被中断，因为科长赵俊然实在太忙。三峡全通、万达广场、生物产业园等重大招商引资项目，创造出“财政速度”；财政发力自主创新、节能减排、环境保护、清洁生产、可再生能源建筑，宜化、兴发等一大批骨干企业如鱼得水……这些都让赵俊然倍感欣慰，他说：“做不到对企业情况了如指掌，就别来当企业科科长。”

预算科的宁红练就了这样一身“本事”：无论是在上班开会，还是走路买菜，任何时候问起他任何一项指标的数据和用途，他都能对答如流。

曾经因为家庭条件优越、工作随意而被称为“玻璃小伙”的万勇，如今是财政局派驻联系村楠木溪村村民口中的“小万书记”，2 年来，他带领着村民整修排洪沟渠、打通环库道路、带领农民致富，今年，该村农民人均纯收入预计超过 6600 元，增幅超过 12%。

在宜昌市财政局，这样的故事和这样的人并不新鲜。

对此，王金建给出这样的回答：“人管人累死人，制度管人管住形，文化管人才能管住魂。”王金建向记者解释道，财政文化是在财政发展过程中创造、积累和形成的精神财富，体现的是财政的本质特征和做好财政工作要求的理财观念、思维方式、经验做法、价值取向及制度规范、行为准则。“她是财政工作的灵魂。比财政知识的层次更高、比财政政策的含义更深、比财政资金的力量更大。”

4 年前，宜昌市财政局提出“为公理财、为民服务”的财政文化核心理念，这个看似抽象的概念，在宜昌财政工作实践中，变成了一件件、一桩桩看得见、摸得着的事：财政资金管理得怎样、在支持经济发展上又有了哪些新举措、服务的“含金量”有多少……

把自己定格在“服务员”的位置上

进入 7 月份，宜昌市财政局 10 多个业务科室的干部纷纷“走出去”。来年预算怎么编制？有哪些新的政策出台？预算执行情况怎样？带着这些问题，他们走遍 300 多家单位，听意见、讲政策、摸实情。

王金建告诉记者，这种走访机制在宜昌市财政局已经坚持了 4 年，有效避免了年度预算编制“基数＋增长”的“闭门造车”。近几年来，400 多件建议提案在财政干部上门走访人大代表、政协委员过程中办理。

在宜昌，每一位财政人把自己定格在“小岗位、大财政”、“小管家、高效益”、“小出纳、大服务”的位置上，“财力有限、服务无限，资金有限、服务无限”。

因此，涉及资产处置的所有事项，预算单位只需与一个职能科室接洽即可。企业申报科技创新、技改贴息、节能减排等各类项目，从项目的筛选、论证、评估到申报材料的审核、盖章、报送，一个职能科室全程跟踪。扩内需项目完成招投标程序后 2 个工作日内预拨启动资金，资产处置平均比规定时限提前 5 天，“一口进出、分口办理”此类公文每年超过 7000 件……

这种服务还体现在对民生的关注上。2009 年的宜昌财政最为困难，该局不遗余力集中资金 3.6 亿元，保证了市直及城区新增民生支出的需要。今年，该市进一步调整优化财政支出结构，1 月—9 月，全市地方一般预算民生类支出 54.22 亿元，同比增加 20.15 亿元，增长 59.2%。

良好的财政服务也赢得了人心，宜昌市财政局连年被评为市直“群众满意机关”，今年以来先后两次受到省部级表彰。他们的实践也印证了“只有服务好他人，才能发展好自己”这个基本道理。

埋头拉车、抬头看路两不误

今年以来，宜昌市财政局先后两次通报了共 25 家提现金额超过授权支付额度 30% 以上的预算单位名单，较去年减少了 49 家。自 2009 年推行公务卡结算方式改革，宜昌市直 315 家预算单位累计办卡 10382 张，累计刷卡消费 4367.1 万元。

“吃不穷，穿不穷，算计不到就是穷。”王金建说，弘扬规范与精细的财政文化，就是要对照科学化精细化管理的要求，考量财政干部服务市场主体做得真不真、服务预算单位做得细不细、服务人民群众做得实不实，从而认真研究工作方法，注重工作细节，提高工作水平。

既能埋头拉车，又会抬头看路，是宜昌财政人检验自己工作水平的标准。

他们把财政“蛋糕”算计好，预算管理实现了一个“盘子”编预算、一个“笼子”管收入、一个“口子”控支出。

他们将市本级预算编制体系细化为部门预算、政府专项等 5 本支出预算与政府采购预算、政府债务预算等 4 本复合预算。预算执行形成了“指标跟着预算走、计划跟着指标走、支付跟着计划走”的资产拨付“流水线”，并实现实时监控。

政府采购实现网络化流程“一条龙”管理。更新、新增车辆严格按照“单位集中申报、财政集中审核、政府集中审批、政府集中采购”流程管理。市直行政事业单位房屋土地租赁实行“统一合同”管理，“单位申报、机构评估、公开拍卖、财政审批、资金入专户”资产处理规程把好资产“出口”关。

理财队伍素质是关键

施维弢告诉记者，他的演讲才能是在财政局练出来的。当着全局职工的面公开演讲，在宜昌市，并不是中层干部的专利。每年的中层述职，也是年轻同志述职的时间。

预算科的肖汉龙对此也深有体会，2009 年年底被通知参加述职时，他刚到财政局 3 个月，想着要跟科长们一起登台演讲，肖汉龙紧张得几天睡不着。但无论是科长们，还是普通干部，他们向记者表达的一个共同感受是：登台演讲很锻炼人。

在翻阅宜昌市财政局提供的材料时，记者偶然拾得从一本书中掉出的几个小书签，上面是一段段读书心得。“以前是被逼的，王局长要不定期抽查。现在写读书心得体会变成了一种习惯。”姚琪，这位四川大学的高材生告诉记者，来到财政局，依然能找到研究生时期导师的影子。

而对人事科科长张劲松来说，培训和学习工作来不得半点马虎，因为稍有懈怠，她一准会被王金建“请”到办公室。

“财政文化的积累、形成和传承，关键因素在人。”王金建说，宜昌作为湖北的副中心城市，没有一支高素质的理财队伍，是很难适应时代发展需要的。

文化已成为宜昌市财政局不可或缺的气息。走廊里的名言警句、绘画作品抬头可见；职工的演讲、文体活动展板透露着生活的每一个细节；楼上阅览室里定期轮换的近万册图书，是每天滋润着职工的精神食粮。

宜昌市财政局目前建立完善了学习制度，学理论、学廉政准则、学沈浩先进事迹、学公文写作、学现代信息技术等内容丰富，支部组织学、专家辅导学、青年学习小组集中学习形式灵活多样。“在宜昌市财政局，工会从来不差钱。因为从局领导到各科室负责人，情愿少吃一段饭、少坐一次车，都要支持文体活动的开展。”工会主席刘行成告诉记者，今年局里组织了 9 个文体活动兴趣小组，个个都开展得有声有色。

对每一位年轻人，这种学习、培训更为细致和贴心：刚入职，有为他们量身定做的财政青年干部义务培训班。针对个人所学专业的缺陷，还有“一对一”的培训计划。条件成熟了，就送他们到基层锻炼……“通过文化理念潜移默化的熏陶，财政干部队伍精神状态得到提升，潜能得到激发，活力得到释放。”王金建说道。

在宜昌百姓最爱去的休闲之地——夷陵广场，记者遇到陕西姑娘小杨，从三峡大学毕业后她选择了留在宜昌：“因为生活在宜昌很幸福。”其实，无论是本地人，还是外来者，他们一个共同的感受是宜昌越变越美，发展越来越快。“十一五”时期，宜昌地方一般预算收入规模由 22.53 亿元提高到 70.2 亿元，年均增长 25.5%。财政累计投入 297.87 亿元，支持经济发展和城市建设，年均增长 49.83%。

采访结束时，杨二姐执意要带记者看看宜昌的城市风貌。从夷陵广场到被评为“全国市州级发展典范”的广电中心，再到生物产业园，曾经三次到过宜昌的记者却恍如初见，忍不住慨叹：一年一个样。杨二姐笑着说：“每每听人说起宜昌漂亮、宜昌发展真快，我就很开心，总觉得自己的工作有意义。”

的确，一串串跳跃的数据、一个个喜人的案例、一串串生动的故事，见证了蝶变中的宜昌，见证了财政文化的力量，也见证了宜昌财政人的默默奉献。

（摘自《中国财经报》　记者：柳青　林毓卿

通讯员　李仁贵　谢作材）

【例文9】

最美是山城那万家灯火

——重庆市财政局队伍建设纪实

编者按：

“近3年来……积极推进财税体制改革，加强队伍建设，转变工作作风，财政工作出现了新的面貌。同时，2006年财政工作的任务是艰巨的……”去年12月，中共中央政治局常委、国务院总理温家宝对财政工作作出上述重要批示。

细细品味总理的话语，如何将其贯彻落实到财政工作中去？财政系统作为政府的职能部门，最终能否真正体现以人为本的执政理念？一个很重要的衡量标准就是要看有没有建立一支高素质的理财队伍。今天我们报道的重庆市的做法，就是全国各级财政系统在队伍建设方面的一个缩影。

年终总结：12分钟的演讲

在重庆市财政局，这几年出了许多新鲜事。

就拿年终总结来说吧，每逢岁末年初，各个处室都要对一年的工作进行总结，写成文字材料，报局领导。进入2006年，改了。今年1月份，局党组要求每个处室的负责人，将上一年的工作在全局大会上演讲。全局职工参考处室演讲的情况，对该处室一年的工作进行打分。演讲限时12分钟。如果超时，听众就要用热烈的掌声将演讲人“欢送”下台。

这项小小的改革对中层干部造成了不小的冲击。

“时间够用吗？”我们问几位处长。

处长们的回答耐人寻味。一位处长说，每个处室一年内都做了很多的工作，12 分钟肯定很紧。但是可以用一个筛选法，首先把过去的那些套话、客气话甚至假话统统删掉，然后再把不重要的或者是大家都知道的事不说或者少说，剩下来的就是把最主要的工作陈述清楚。有一位处长感叹到，没有想到，时间少了，反而说得更清楚，给大家留下的印象更深了。

“财政论坛”上摆擂台

当着全局职工的面公开演讲，对于重庆市财政局的中层干部来说，不是第一次。

2005 年财政局党组别出心裁，在局内搞了一个财政论坛，每月举办一次。让一些业务处室的负责人上台演讲，要求全局从领导到职工都必须参加。处长们要在两个小时之内，将处室主要业务的政策演变、当前现状、未来工作打算等说清楚。然后，留出一个小时的时间给大家提问。

台上一分钟，台下十年功。不少处长说，虽然自己从事财政工作几十年，但是要说清楚，不容易；有的反映，仅准备演讲材料，就至少花了 10 多天。但是他们都有一个共同的感受：登台演讲，很锻炼人，同时还把自己从事的业务进行了一次很好的梳理。我们顺便在财政局的内部网上查找了几个处的演讲稿，关于社保、农业、预算、教育等的内容，写得真好。坦率地说，这也成了我们了解重庆市财政局这些业务的学习资料。

财政论坛在重庆市财政系统产生了很大的影响，连司机都来听讲了。一位负责车管干部工作的老同志，从四月份第一期论坛开始，每场都不落，一共听了 8 期。财政局长马千真觉得奇怪，问他为什么场场都要听，他回答说，自己在财政局工作，经常搞接待，如果对业务一点不清楚，怎么能胜任接待工作呢? 后来，在重庆市辖区内的 40 多个区县的财政局干部听说了论坛的事，也纷纷要求来听讲。

财政局长马千真是听讲最认真的人之一。她每次都来参加，每次一丝不苟地记笔记，提问题。马千真对我们谈了局党组举办论坛的初衷：“财政系统的各种培训很多，但是由于财政是一个综合部门，有业务联系的部门沟通多，而各处室之间的交流少，实际上现在的财政改革是你中有我，我中有你。还有处室之间干部要轮岗交流，相互之间的业务必须熟悉。同时这也是考察一位处长，让广大职工了解一位处长的好机会。”而全局上下对论坛反应的热烈程度，却超出最初的设想。

压力和动力

周庆良有几年很少过周末了。到了周末，他似乎比平时上班还要忙。每个周末的早上，他大约 6 点多钟起床，匆匆忙忙洗漱完，简单吃几口早点就出门了。他要坐近一小时的公交车，然后赶到重庆大学上课。周庆良是财政局教科文处的处长。1998 年从部队转业到地方后，本以为财政局是一个清闲舒服的单位，但是一上班，他发现这些年财政推出的一项又一项改革，不学习根本不能适应工作。最早，他参加过局里和财政部科研所举办的研究生班，而学完以后，他又自费参加了重庆大学的 MBA 班的学习。他说，学习收获太大了，这样想来，放弃周末的休息是值得的。他特别补充说，局里的许多同志都在利用周末学习，所以这不算什么。

我们自从走进预算处长祝轻舟的办公室，他的电话就没有停过。祝轻舟头两年被派往新加坡南洋理工大学学习一年，授课老师是从世界许多国家聘请来的著名学者。他告诉我们，一年的学习收获很大，最重要的是视野开阔了许多，毕业论文做的是建国以后的中国财政预算体制研究，回来后到了预算处工作，对业务特别有帮助。

这些年，学习、培训成为重庆市财政局工作的热点之一。据财政局人事处的统计，近五年来，局机关共举办各类培训班、专题讲座近 150 期，培（轮）训财政干部 2 万余人次；选送财政干部参加财政部、市委组织部、市人事局及市外有关培训 200 余期，选派业务骨干到区县任副县长、副镇长挂职锻炼 11 人次。干部轮岗交流力度加大，其中市财政局推荐到区县、市级机关有关部门任局长、处长就有 10 人。

特别值得一提的是，财政局党组成员全部参加过财政研究生班，现在财政局还与重庆大学共同举办了一期EMBA班，财政局处级以上和区县的业务骨干30多人参加了学习，其中局党组成员2名。财政局的办公室工作可以说是最繁杂的，即便如此，办公室主任周俊勇参加了EMBA班的学习，而郑钢业余时间则在读博士学位。在财政局，还有许多干部利用业余时间参加各种各样不同学历的学习和培训。

财政局一位局领导对我们说，重庆直辖以后，城市发展很快，作为一个快速发展的国际大都市，没有一支高素质的理财队伍，是很难适应时代发展需要的。

从“棒棒军”那里听民声

今年春节过后上班第一天，农业处就组织全处干部，对今年的中央一号文件认真学习了一整天。处长左良伦从抽屉里取出一摞大家写的学习体会以及他平时从报纸上收集到有关“三农”的材料，他说，学习文件完全是工作的需要，如果农业处的干部不了解“三农”政策，不了解“三农”的政策走向，就是失职。左良伦介绍，农业处的干部每年下基层调研的次数很多。

在重庆市的街头巷尾，经常能够看到一些手拿扁担和绳子找活干的农民工，他们靠出卖体力替人扛活而被称做“棒棒军”。左良伦说，通过和这些“棒棒军”接触聊天，也能及时掌握政策的落实情况。重庆是一个大都市，也是一个大农村，左良伦告诉我们，下班以后，他经常会到郊区农村去走一走，了解一下农村的情况。

深入基层，调查研究是重庆市财政局这几年特别强调的工作作风。我们在财政局采访期间，财政局正在设计详细的调查问卷，局党组将把这几年新考入财政局的年轻大学生全部派往农村，吃住在基层，通过扎扎实实的调查，取得基础数据，为新农村建设的具体政策出台作好充分的准备。

有一位不愿意透露姓名的处长，长期以来自己先后默默资助了12名贫困学生。他在当地电视台看到一部反映山区贫困学生生活状况的专题片后，自己刻录了许多套光盘，他说用来送给住在城市的亲朋好友。他也送了一套给我们，他动情地说，拿回去给孩子看看吧，对教育子女有好处。我们从他拿出的一个大信封袋里看到，里面有很多那些他资助过的贫困学生的来信，有的上了大学，还像对待父亲、长辈、朋友一样地给他谈思想、谈学习。他对我们说，通过这些通信，他能够听到比到基层调研更真实的声音。

理财观念变了

研究生毕业，通过公务员招考进入重庆市财政局的山东小伙子包西柱说自己很幸运，刚到财政局不久就被派往美国印第安娜州大学学习近半年。在财政局内部网上，每年出去学习回来的人，都要写一份心得或者考察报告等贴在网上。包西柱觉得学习最大的感受是观念的变化。美国是一个发达社会，但是大家仍然非常节约，公务员的服务意识，普通老百姓回报社会的意识都很强。他在学习期间，与几位中国的同事报名参加了一次林肯列车展览的自愿者活动，参加活动的都是普通人，大家的劳动完全是义务的，不要任何报酬。

我们问财政局长马千真，这些年经过种种的培训、学习、锻炼，财政干部最大的变化是什么？她不假思索地回答，是理财观念的变化。她进一步发挥说，理财观念的变化体现在服务意识上，而服务意识再往深里说，就是对资金的管理水平。她强调，作为一般的服务，财政干部也必须做到我们制定的首问责任制以及文明用语，热情待人等，但是这些容易做到，而财政干部真正的服务要体现在代表政府的一个职能部门，为政府理好财的管理水平上。她深有感触地说，过去有一少部分财政干部，以为自己管钱，手中权力很大，时间一长，就滋生了一些坏习气，开口闭口“我财政”，财政怎么是你的呢？

马千真举例说，过去预算追加，业务处室都留有待分配资金，在分配这一部分资金的时候就由处室和分管领导定了。从 2003 年开始，局里对预算追加实行听证制度，这样一来，中层干部自己对追加的事项观念就发生了变化。过去为什么追加没有人去问，现在听证，处室负责人必须对事情的来龙去脉进行认真分析，然后才能上会，以应对其他人的各种提问。这种变化具体表现在：追加预算不是个人行为，而是规范行为；马马虎虎的工作态度行不通了；绩效评价还要跟上。

观念的转变还表现在对财政职能越位、缺位、补位的及时调整上，也还表现在对资金的精细管理上。我们在教科文处了解到，为了核对“普九”留下的债务情况，教育部门报上来的数字是 26 亿元，而财政最后核准的是 20 亿元，这几亿元差距背后的工作是：聘请 12 家会计师事务所，用近半年的时间，对 9600 多笔债务逐笔统计出来的，一袋一袋堆积起来的材料有上千斤。

重庆这几年的发展很快，利用了不少外国政府贷款，为了规避风险，政府第一次在省级以下财政部门运用国际上的一种专业化操作方法：调期保值。连东部金融管理发达的省市都感叹，重庆有这样高的金融管理水准。

从“账房先生”到现代理财人

财政是干什么的？大概是 10 年前吧，本报记者曾经问过几位著名演员。他们的回答至今仍让我们记忆犹新：有的说是发工资的吧，有的说是管钱的吧，还有的比较谦虚地表示，说不好，不太清楚。而再追述到 20 年前，一位财政干部说，那时社会上对财政更是陌生，记得有一次她在商店里给单位买东西要发票，服务员居然把财政局写成了“材证局”。如果再往前追溯，不少人会说，财政不就是头戴瓜皮帽，手拿算盘的“账房先生”吗？

随着时代的变迁，随着公共财政思想的不断深入人心，那么，财政究竟是干什么的呢？而我们今天又需要一支怎样的财政队伍呢？

听听重庆市财政局的干部怎么说。有的说，财政干部应当是一支具有国际视野的理财专业化队伍；有的说财政干部应当是一支具有良好理论素养和丰富实践经验的公务员队伍；有的说财政干部应当是一批知识丰富、眼界开阔、德才兼备的理财好手。不管怎么说，概括起来，一句话，财政干部应当是用一个“财”字，处处体现政府执政为民的优秀公务员队伍。不是吗?

重庆市财政局这几年获过很多奖，有国家级的，有省市级的，据财政局机关党委和人事部门的统计，一年之内，不下百种，而许多干部最引以为荣的是，在由多项指标构成的市政府的目标考核中，财政局在政府几十个部门中，得分连续三年荣获第一。在2004年，获得重庆市“市级文明单位”、市直机关“党建先进单位”、市直机关“先进职工之家”等多项荣誉。2005年又获得市直机关“模范职工之家”称号、通过了市文明办“市级文明单位”复核验收。重庆人讲话热情豪迈，在他们特别强调这个“三年第一”时，我们听得出那种有意放慢了语速的声调，加上重庆人讲话时的抑扬顿挫，自豪感全在里面了。

2005年，财政局还获得了“全国群众体育先进单位”称号，这事儿重庆市财政局干部说起来有点自豪。重庆市财政局的群众体育的确开展得有声有色。据机关党委的负责同志介绍，财政局内自发组织了各种体育兴趣小组，再忙，大家也要集中在一起举行一些比赛活动。有不少项目，在全市比赛，成绩都是呱呱叫。局党组的6位成员每人都参加了不同的小组。马千真几年前参加了重庆的一种极具地方特色的群体活动——广场舞。只要有时间她每天晚上8点左右准时出现在跳广场舞的人群当中。时间久了，她和这些姐妹们打成一片，成了舞友。

马千真喜欢这种融在城市普通百姓当中的感觉。每天，在城市广场，伴着优美的音乐，跳完舞，出一身汗，走在回家的路上，望着山城错落有致的万家灯火，她说，感觉特别好。到过重庆的人感叹，这几年城市一年一个变化，越来越漂亮了。重庆人对我们说，重庆的白天漂亮，夜景更加漂亮。

的确漂亮。望着这座城市无边无际的万家灯火，我们能体会到这万家灯火代表的是温馨，是和谐，是经过一天劳作之后，回到家里，每一盏灯下老百姓实实在在的小康日子。而谁能说，这万家灯火的背后没有财政人的默默奉献呢?

（摘自《中国财经报》2006年3月3日　记者：苗福生　童加跃）

四、尝试用文学手法写财政

宣传财政，仅靠新闻是不够的，还应调动多种手段宣传普及财政，而文学这种形式是扩大财政影响的重要手段之一。

文学是人学。文学的手法就是以讲故事的方式，写财政人的故事。文学形式是多样化的，散文、诗歌、小说、影视、报告文学、舞台剧等，相对而言，小说、报告文学、影视作品应该是当前影响更为广泛的文学形式。一个打动人的文学作品，对塑造财政人形象，营造良好的财政改革舆论氛围，能起到意想不到的效果。如何写好财政人，在财政部财政文学协会成立之初，本人曾写过一篇文章，谈了一些不成熟的想法，这里一并附在后面，供大家参考。

【附文】

财政人写的文学与写财政人的文学

——财政文学随想

一

全国财政系统有许多喜欢文学的人，如果把喜欢这个词定义在日常阅读这个范畴，财政系统的这个读者人群可能会很大。从宽泛的意义理解，文学的范畴很广，在我国古代，文史哲不分家，诸子百家、春秋、史记、汉书、资治通鉴、世说新语等等经典，其中许多既是历史、哲学名篇，也是文学经典。毛泽东主席就把《红楼梦》当做我国封建社会的一部百科全书来评价。

人们喜欢文学，这不奇怪。说到底，文学就是人学，与文学相比，没有哪一门学科比文学与人丰富的内心世界更靠近。夜深人静，一盏台灯，我们斜靠沙发或者背靠床头，当我们津津有味地在阅读一部文学经典时，我们穿越时空与大师进行的心灵对话并且由此产生的内心喜悦恐怕是很难用言语表达的。

有时候，我们还会产生写作的冲动。

财政系统不仅有一大批喜欢文学的人，还有不少利用业余时间孜孜不倦创作文学作品的人。有些人在诗歌、散文、小说、评论、影视剧本等方面已经取得了一定的成绩。

但是，财政人光靠喜欢文学或者写一些文学作品这显然是不够的。我们现在，真正期待并且渴望的是，拿出反映财政人的文学作品。然而，话虽这么说，难题很快来了，什么是财政文学?

二

财政文学，这是一个新提法。本来，文学不应以行业、职业或者人群来划分，但是，既然我们提出了财政文学，那么这个文学一定是与财政分不开的。我理解，财政文学应该是反映财政问题特别是体现财政人工作特点与精神风貌的文学。一句话，是围绕财政而创作的文学作品。然而，至少到目前为止，我们还没有看到一部真正反映财政人的文学作品。这是文学的一个空白。

我在财政系统听到不少关于反映财政人精神风采的文学、影视作品的呼吁，据说，有的地方财政厅领导还付诸行动，试探着和个别知名作家接触过，但是，时至今日，这样的作品还没有问世。我觉得财政文学作品之所以没有出现，恐怕有以下原因:

一是财政是一门独特的专业，这一点首先让一些优秀的作家望而却步，进入不了财政的门槛。二是人们觉得财政和数字打交道，数字往往显得枯燥，枯燥的数字是没什么可写的。三是社会上对财政抱有一种神秘感，而财政本身不重视宣传，也造成了与社会的隔膜。最后，最重要的是财政主要体现在幕后工作，财政人在社会上的形象，很大程度上是默默无闻的。

三

在不同场合，我听到不少财政系统内的朋友提出要“讴歌”财政人的想法。作为财政人，我很欣赏对财政的这份感情，但是，老实说，我觉得应当慎提“讴歌”。“讴歌”，听上去有一点先入为主、人为拔高的嫌疑，而这往往是文学写作中的大忌。在我们已有的思维惯性中，一旦“讴歌”，就容易矫情，容易陷入假大空的路数。我特别害怕这样的“讴歌”，听上去文采铿锵华丽，语句气壮山河，但是，仔细阅读，文章却无实质内容，就像一盆漂亮的塑料花，外表漂亮，就是没有生命。财政人不是我们印象中的英雄，想写财政英雄，估计很难做到，和平年代本来就少有英雄，财政，作为一种特殊的职业，就更难出英雄。

有人会说，沈浩不是我们财政系统涌现出来的英雄吗？沈浩确实是我们财政系统的优秀代表，也是我们的骄傲。但是，冷静下来思考，我们会发现，沈浩作为财政人的特色似乎提炼、挖掘的不够。我们除了知道沈浩是安徽省财政厅一名财政干部外，沈浩作为财政干部的鲜明特色似乎没有给我们留下太深印象。换言之，假如我们不知道沈浩是一名财政干部，说他是税务干部、工商干部、宣传干部以及所有的政府部门的干部，似乎都可以。那么，作为财政干部特色的沈浩是什么呢？

沿着这个话题进一步往下说，我们就提出了这样一个命题，我们的财政文学，如何写好财政人。

四

财政人有什么特点？财政人的特点很大程度上受财政这个既平凡又特殊的职业影响。这个职业特性也就形成了财政人不同于许多其他行业的集体性格特点。概括起来，财政人的职业思维有三个特点，我称之为财政人的“三讲”：

讲大局。由于财政替政府理财，财政人考虑问题就必须站在政府工作的大局进行理财。相对于许多部门，财政很少有自己的部门利益。有一位地方的财政局长曾说，在该市最没有部门利益的只有三个人：市委书记、市长和财政局长。这话乍一听，觉得这位财政局长说话真是有点狂，仔细一琢磨，还真有道理。除了党政一把手之外，一般政府的副职领导都有自己分管的部门，在资金的安排上，会多少受到屁股指挥脑袋的影响，会自觉不自觉地为自己分管的部门说话。

讲公平。公共财政的特色之一就是公平，抽象地讲，人人都希望我们这个社会能够追求公平与正义，但是在现实生活中，每一个个人、团体，特别是利益集团都希望个人与本部门的利益最大化。当财政部门在资金分配上不能满足人们的过高期望时，财政就必然处在矛盾的焦点上。而公共财政的本质天然地决定了它必须坚持公平与正义的立场，坚决地站在公共利益与弱势群体的一边来切好财政蛋糕，替政府理好财。

讲效益。财政干部能算账、会算账，也喜欢算账，有时候让人觉得财政干部太斤斤计较，其实，这些都和财政人讲效益分不开的，讲效益，说到底就是每一分钱，到底该不该花，花的效益如何。

以上三点决定了财政人思考问题的基本出发点，也因此影响了人们对财政人的基本评价。社会上不同人对财政有不同的评价：有人说财政人懂政策、讲原则；有人说财政人古板认真，不灵活；有人说财政人办大事、识大体；有人说财政人抠门、小气、谨小慎微；有人说财政人埋头做事、任劳任怨；有人说财政人只会算账，不会来事等等。所有的这些评价可能都对，也可能都不对。但，把这些特点放在一起，似乎的确很能反映出财政人这个特殊职业的集体特色。

鲁迅先生曾经用两句诗来做他的自画像：横眉冷对千夫指，俯首甘为孺子牛。我改一下：慈眉善对千夫指，俯首甘为人民牛。以此作为财政人的集体画像。

（摘自《中国财经报》2011年4月28日　作者，苗福生，
原载《财政文学》，本文有删改）